Das Buch

Die Nationale Volksarmee der DDR existierte knapp 35 Jahre. So lange war auch der Autor des vorliegenden Buches dabei. Hans-Georg Löfflers Lebenslauf steht stellvertretend für viele Offiziersbiographien der NVA. Sehr viele, die in ihr dienten, sahen den Dienst in einer Volksarmee als Beitrag zur Sicherung des Friedens. So war die NVA Zeit ihres Bestehens an keinem Krieg beteiligt.

Nicht jeder wurde General, aber jeder hatte die Chance, es zu werden. Auch darin erfüllte sich der Name »Volksarmee«. Selbstbewußt reflektiert der Autor den militärischen Teil seines Lebens. Ohne Einschränkung kann er sagen, es war notwendig und richtig, was in diesen 35 Jahren war. Das schließt nicht aus, daß er manches mit heutigem Wissen anders beurteilt und auch kritisch sieht.

Der Autor

Hans-Georg Löffler, Jahrgang 1937, stammt aus einer mecklenburger Eisenbahnerfamilie. Nach einer Maschinenschlosserlehre zog er 1955 die Uniform an.

Im Gründungsjahr der NVA 1956 war er an einer Offiziersschule. Von 1958 bis 1966 diente er als Truppenoffizier in Rostock, danach besuchte er drei Jahre die Frunse-Akademie in Moskau. Von 1980 bis 1982 studierte Löffler an der Generalstabsakademie in der sowjetischen Hauptstadt.

In der NVA absolvierte er mit Ehrgeiz und Eifer eine bemerkenswerte Laufbahn.

Am 1. März 1987 ernannte ihn der Vorsitzende des Nationalen Verteidigungsrates der DDR zum Generalmajor. In der ersten Novemberwoche 1989 wechselte er planmäßig ins Verteidigungsministerium und wurde Chef der Verwaltung Organisation (STAN).

Am 2. Oktober 1990 ging Löffler zunächst in die Arbeitslosigkeit. Später fand er Arbeit in einem Ingenieurunternehmen der Bahn.

Seit 2000 ist Hans-Georg Löffler im Ruhestand und lebt mit seiner Frau in Werder/Havel.

Hans-Georg Löffler

Soldat der NVA von Anfang bis Ende

Eine Autobiographie

edition ost

*Dieses Buch widme ich meiner Familie
und
meinen Weggefährten in der NVA.*

Inhalt

Admiral a. D. Theodor Hoffmann
Vorwort 9

Prolog 11

I.
Der Beginn des Soldatenlebens 13
Die Offiziersschule in Döbeln – 18. Januar 1956, der eigentliche Gründungstag der NVA – Nur noch eine Offiziersschule – Teilnahme an einer Übung der 1. Mot.-Schützendivision – Posten 5: Hubschrauber der US-Army bewachen – Am 7. Oktober 1958 wurde ich Unterleutnant

II.
Offizier im Rostocker Mot.-Schützenregiment 28 37
25 Kilometer zum Schießplatz (und zurück) marschiert – Das »chinesische Modell«, mein Kommandeur wird Soldat – Offiziers-Ehrengericht – Ausbildung – August 1961, Einsatz in Berlin – Übung in Polen – Kandidat für den Besuch einer Militärakademie

III.
Fern der Heimat – als Militärstudent in Moskau 69
Hoher Anspruch ans Lernen, sehr gute Lehrer – Feldlager und Exkursionen im großen Land – Heimweh – Sewastopol, die weiße Stadt am Meer – Mit der »Admiral Nachimow« nach Odessa – Auf dem Truppenübungsplatz des Odessaer Militärbezirks – Das 3. Studienjahr in Moskau – Der militärische Konflikt im Fernen Osten – Diplomarbeit

IV.
Wieder in Mecklenburg – das »4. Studienjahr« 103
Im Kommando des Militärbezirkes V – Erste Einblicke in die Operative Planung – Versetzung ins Mot.-Schützenregiment 3

V.
Harte Bewährungsproben im Mot.-Schützenregiment 3 ... 111
Zur Geschichte des Mot.-Schützenregiments 3 – Mein Dienstbeginn im MSR-3 – Stabsdienstausbildung und Weiterbildung der Offiziere – Gewährleistung der Gefechtsbereitschaft – Kommandeur des MSR-3 – Vorbereitung des Ausbildungsjahres 1973/74 – Ortskampf, ein neuer Schwerpunkt der Ausbildung – Neue Dienstgrade: Fähnrich und Unterleutnant – Zur Ausbildung im Regiment – Zum Umgang mit der Militärtechnik – NVA-Soldaten zum Blauhelm-Einsatz? – Yassir Arafat und andere Gäste besuchen unser Regiment – Ausbau von Flugplätzen, Nachwirkungen des Nahostkrieges 1973 – Vereidigungen junger Soldaten – Divisionsübung »Lawine-77« – Waffenbrüderschaft – Zusammenarbeit mit dem Stellvertreter für Politische Arbeit – Dienstreise nach Moskau, in den Stab der Vereinten Streitkräfte – Abschied vom Regiment

VI.
Vom Kommandeur zum Stabsarbeiter ... 155
Aus der Arbeit der Operativen Abteilung – Ich darf »Sperrliteratur« lesen – »Winterschlacht« zur Jahreswende 1978/79 – Vom V. Armeekorps zur 5. Armee – Intensivierung der Gefechtsausbildung – Immer wieder Übungen – Gemeinsame Truppenübung »Udar-80« – Kommandostabsübung »Wesna-80« in Polen – Abschied von Neubrandenburg

VII.
An der Generalstabsakademie in Moskau ... 175
Die deutsche Lehrgruppe – Das Studium beginnt – Olympische Spiele, lokale Kriege und Krisen – Zum Krieg in Afghanistan – Lebensbedingungen in Moskau – Exkursionen und Übungen – Vorbereitung auf Prüfungen und Diplomarbeit – Wieder im Kommando des Militärbezirkes V – Ich erhalte eine neue Aufgabe – Intensivierung der Ausbildung der Stäbe

VIII.
Kommandeur der 1. Mot.-Schützendivision ... 201
Die 1. Mot.-Schützendivision – Besonderheiten – Zusammenarbeit mit den Kommandeuren und Führungen der Truppenteile – Die operative Aufgabe der 1. MSD – Mit dem Fla-Raketen-

regiment in der Kasachischen Steppe – Paraden in Berlin –
7. Oktober 1984, Tag der Ehrenparade – Paraden zwischen Pro
und Kontra – Erlebte Waffenbrüderschaft – Abschied von der
1. MSD und von Potsdam

IX.
Im Kommando des Militärbezirkes V 233
*Im Oberkommando der Gruppe der sowjetischen Streitkräfte in
Deutschland – Ernennung zum Generalmajor – Die neue Militärdoktrin der Warschauer Vertragsorganisation – Intensivierung der
Ausbildung – Neue Militärdoktrin und Operative Planung –
Die neue Militärdoktrin und Übungen – Erste Begegnung mit
Offizieren der Bundeswehr – Abrüstungsmaßnahmen in der NVA
– Zerfällt der Warschauer Vertrag? – Versetzung ins Ministerium
für Nationale Verteidigung*

X.
Das letzte Jahr der NVA – im Verteidigungsministerium . . . 261
*Erste Versuche einer Militärreform – Einsatz als Chef der Verwaltung Organisation – Von der NVA zum Territorialheer Ost? –
Dienstreise nach Bonn-Hardthöhe – Abschied von unseren sowjetischen Waffenbrüdern – Nach 35 Dienstjahren, Abschied aus den
Streitkräften – Epilog des Autors – Auf dem Weg ins gemeinsame
Deutschland*

Wenn man die Großkopfigen reden hört,
führens die Krieg nur aus Gottesfurcht
und für alles, was gut und schön ist.
Aber wenn man genauer hinsieht,
sinds nicht so blöd, sondern führn die Krieg für Gewinn.

Bertolt Brecht,
in: Mutter Courage und ihre Kinder

Vorwort

*Von Admiral a. D. Theodor Hoffmann,
Minister für Nationale Verteidigung der DDR 1989/90*

Hans-Georg Löffler ging den Weg, der typisch war für viele Berufssoldaten seiner Generation: Er wollte die DDR, den Staat, der eine Alternative zum imperialistischen deutschen Staat darstellte, mit der Waffe in der Hand schützen. Er wollte mit seinem Dienst dafür sorgen, daß der Frieden erhalten blieb.

Deshalb entschloß er sich, den Beruf eines Offiziers zu ergreifen. Er ahnte damals noch nicht, wie sich sein Dienst einmal gestalten würde. Auch nicht, daß er den Rang eines Generals erreichen würde. Mit Klugheit, gesundem Ehrgeiz, Zielstrebigkeit und Einsatzbereitschaft hat er jedoch eine bemerkenswerte Entwicklung genommen.

Hans-Georg Löffler teilt uns mit, daß an seiner Entwicklung viele Anteil hatten: seine Vorgesetzten, die ihn anleiteten, erzogen und förderten, seine Lehrer an den militärischen Lehreinrichtungen, und vor allem seine Unterstellten, die seinen Einsatz und seine Fürsorge mit hoher Leistungs- und Einsatzbereitschaft dankten.

Unerläßlich war für ihn auch sein familiäres Hinterland. Besonders seine Frau hat Freud und Leid mit ihm geteilt. Ohne Murren hat sie die vielen Umzüge auf sich genommen und neben ihrer eigentlichen Arbeit dafür gesorgt, daß er ein gutes Zuhause hatte. Damit teilte sie das Schicksal vieler Berufssoldatenfrauen, die auch noch den Hauptanteil an der ordentlichen Erziehung der Kinder leisteten.

Hans-Georg Löffler kennt und beschreibt das Leben der Soldaten von der Pike auf. Er hat fast alle wichtigen Kommandeurs- und Stabsarbeiterdienststellungen bekleidet, die die Nationale Volksarmee bereithielt.

Ich lernte Hans-Georg Löffler kennen und schätzen während meiner Tätigkeit als Stellvertreter des Chefs des Stabes der Volksmarine für operative Arbeit. Auch später hatten wir oft miteinander zu tun. In der gemeinsamen Arbeit zeichnete er sich aus durch Kreativität, Einfühlungsvermögen, Einsatzbereitschaft und Kameradschaftlichkeit, vor allem aber auch durch militärisches Können.

In seinen Erinnerungen läßt er uns teilhaben am Leben der NVA. Dazu gehören der militärische Alltag, die Gefechtsausbildung, Übungen der Nationalen Volksarmee und gemeinsame Manöver der Armeen des Warschauer Vertrages genauso wie die Freude der Soldaten über eine erfolgreiche Erfüllung der Aufgaben und ihre Sorgen und Problemn.

Als Autor widmet sich Hans-Georg Löffler auch Fragen des Einsatzes der NVA, soweit diese aus der Anlage von nationalen und gemeinsamen Übungen des Warschauer Vertrages ersichtlich sind. Diese Fragen unterlagen früher der Geheimhaltung. Heute sind die Archive der NVA geöffnet. Sie werden jedoch nicht nur genutzt, um die NVA und ihren Beitrag im östlichen Bündnissystem objektiv darzustellen. Deshalb ist es wichtig, daß ehemalige Soldaten den Einsatz der NVA so darstellen, wie sie ihn erlebt haben – als Einsatz zur Erhaltung des Friedens!

Durch hohe Gefechtsbereitschaft den Frieden zu sichern – darin bestand für die Soldaten der NVA der Sinn ihres Dienstes.

Dem wurde die Nationale Volksarmee gerecht.

Niemals hat ein Soldat der NVA in kriegerischer Absicht das Territorium eines fremden Staates betreten.

So hatten die Angehörigen der NVA auch einen großen Anteil daran, daß die Ereignisse im Herbst 1989 friedlich verliefen. Für sie galt das Wort des Verteidigungsministers der DDR, Armeegeneral Heinz Keßler, vom 4. Oktober 1989: »Soldaten der NVA schießen nicht auf das eigene Volk.«

Am 2. Oktober 1990 wurden die Dienstflaggen der NVA eingeholt. Die Nationale Volksarmee wurde mit der Herstellung der Einheit Deutschlands aufgelöst. Das war in der Lebensplanung von Löffler und anderen Berufssoldaten nicht vorgesehen. Generalmajor a. D. Löffler betonte wiederholt, daß ein Übertritt in die Bundeswehr für ihn nie zur Debatte stand.

Es war auch von der Bundesregierung nie vorgesehen, Generale der NVA zu übernehmen.

Hans-Georg Löffler kehrte ins Zivilleben zurück und fand eine interessante Arbeit in einem Ingenieurunternehmen.

Prolog

Am 18. Januar 1956 beschloß die Volkskammer der DDR die Gründung der Nationalen Volksarmee. Am jenem Tag war ich Offiziersschüler der Kasernierten Volkspolizei (KVP). Der 1. März 1956 wurde zum »Tag der Nationalen Volksarmee« erklärt. In dieser NVA diente ich 34 Jahre. Der 2. Oktober 1990 war ihr letzter Tag. Am 3. Oktober 1990 begann die schrittweise Auflösung der Truppenteile, Verbände und Stäbe.

Mir ist bewußt, daß es nicht einfach ist, über die jüngste Geschichte zu schreiben. Daher möchte ich mit den Erinnerungen an die Dienstzeit in den Streitkräften der DDR nicht das Prädikat einer wissenschaftlichen oder militärgeschichtlichen Arbeit erlangen, obwohl Namen, Orte oder im Buch genannte Daten sorgfältig verifiziert sind.

Es ist ein Zeitzeugenbericht eines Berufssoldaten.

Die vorliegenden Erinnerungen geben Erlebnisse und Erfahrungen wieder, die hunderte Angehörige der NVA, besonders Angehörige der Landstreitkräfte, in ihrer Dienstzeit als Wehrpflichtige, Unteroffiziere oder Offiziere machten.

Ich stütze mich auf 57 Erinnerungsberichte, die ich dankenswerterweise von Weggefährten aus dem Mot.-Schützenregiment 3 (MSR-3) und dem Mot.-Schützenregiment 28 (MSR-28), aus dem Stab der 1. Mot.-Schützendivision (1. MSD) und aus dem Kommando des Militärbezirkes V erhalten habe. Beachtung fanden ebenfalls Hinweise von den Generalen a. D. Manfred Grätz, Paul Kneiphoff, Gerhard Link und Horst Stechbarth. Weiterhin nutzte ich den umfangreichen Fundus an Geheimen Kommandosachen, Geheimen Verschlußsachen und VS-Dokumenten der NVA im Archiv in Freiburg im Breisgau, in den Bundeswehr-Fachbibliotheken in Strausberg und Potsdam sowie einer besonderen Behörde. Eine solide Arbeitshilfe boten die Publikationen der »Arbeitsgruppe Geschichte der NVA und Integration ehemaliger NVA-Angehöriger in Gesellschaft und Bundeswehr« beim Landesvorstand Ost des Deutschen Bundeswehrverbandes.

Am 2. August 1955 wurde ich freiwillig Soldat der Kasernierten Volkspolizei (KVP) und entschied mich für ein Studium an einer Offiziersschule. Als Norddeutscher wollte ich anfangs zu den Seestreitkräften. Man überzeugte mich jedoch, meinen Soldatenweg an einer Offiziersschule in Döbeln in Sachsen zu beginnen. So wurde ich Infanterist, Mot.-Schütze.

Die Erziehung in meinem Elternhaus, an der Schule und während der Berufsausbildung beeinflußte meinen Entschluß, Berufssoldat zu werden. Zugleich wollte ich in Erinnerung an den Zweiten Weltkrieg und dessen furchtbare Folgen mit beitragen helfen, daß es keinen neuen Krieg auf deutschem Boden geben und auch keiner von hier wieder ausgehen sollte. Ich wollte einen persönlichen Beitrag zur Sicherung des Friedens leisten.

Mit dem vorliegenden Buch wird der Leser mit verschiedenen Vorgängen und Ereignissen in den 34 Jahren des Bestehens der NVA, mit kollektiven und persönlichen Erfolgserlebnissen, Konfliktsituationen und Widersprüchen innerhalb und außerhalb des Lebens als Soldat bekannt gemacht bzw. an diese vielleicht wieder erinnert. Der Leser wird registrieren können, daß der Autor mit einem gewissen Stolz, Respekt und Dank an all jene zurückdenkt, die mit bester Einsatzbereitschaft und hohem Leistungswillen zur Erfüllung der vielfältigen Aufgaben in den Landstreitkräften der NVA beigetragen haben.

Das Buch soll aber auch dazu dienen, unrichtige Darstellungen über die Nationale Volksarmee, über das Leben und Wirken ihrer Soldaten und Zivilbeschäftigten korrigieren zu helfen. Wir, die in der NVA dienten, sollten mehr als bisher in der Öffentlichkeit über unsere Armee berichten. Wer könnte es besser als wir?

Die meisten Angehörigen der NVA unterstützten im Zusammenhang mit der Herstellung der Einheit Deutschlands eine ordnungsgemäße Übergabe der NVA an die Bundeswehr – wohl wissend, daß sehr viele von uns mit der Entlassung in die Arbeitslosigkeit zu rechnen hatten.

Auch ich suchte nach der Entlassung aus der NVA am 2. Oktober 1990 mit 54 Jahren einen beruflichen Neuanfang.

Es war nicht einfach, doch es gelang.

Hans-Georg Löffler,
Januar 2006

I.
Der Beginn des Soldatenlebens

Am 2. August 1955 begann mein Leben als Soldat. In der für mich zuständigen Kreisregistrierabteilung, dem Vorläufer des Wehrkreiskommandos in Güstrow, hatte ich mich bereit erklärt, zehn Jahre als Soldat zu dienen. In den frühen Morgenstunden jenes Augusttages verabschiedete ich mich von meinen Eltern und fuhr mit der Deutschen Reichsbahn nach Döbeln. Dort sollte ich mich im Objekt der Kasernierten Volkspolizei (KVP) melden.

Wo lag Döbeln überhaupt, und was erwartete mich dort?

Eine Industrie- und Kreisstadt in Sachsen, hieß es, mit etwa 25.000 Einwohnern.

Auf dem Leipziger Hauptbahnhof, am Bahnsteig, wo der Zug nach Döbeln abfahren sollte, sammelten sich viele junge Männer mit dem typischen Handgepäck: Koffer, Rucksäcke und Persilkartons. Dann kamen auch Bahnpolizisten und Angehörige der KVP in khakifarbener Uniform.

Der Zug nach Döbeln setzte sich in Bewegung. Anfänglich wurde in den Abteilen noch gescherzt und gelacht, doch je näher wir dem Zielort kamen, desto ruhiger wurden wir. Das Soldatwerden kannten wir bisher nur aus Filmen, aus Erzählungen ehemaliger Soldaten der Wehrmacht oder von jenen, die sich nach 1945 für den Dienst als Polizist oder Angehöriger der KVP verpflichtet hatten.

Die uniformierten Begleiter erteilten bei der Ankunft in Döbeln erste militärische Weisungen. »Mit dem Marschgepäck vor dem Bahnhofsgebäude in Kompaniekolonne antreten!«

Was ist eine Kompaniekolonne?

Ein Orchester der KVP-Schule war aufmarschiert und schmetterte ins Horn. Das Gepäck wurde auf Lastwagen verladen. Mit Unterstützung unserer Begleiter in Uniform traten wir in »Kompaniekolonne« an und folgten dann im Gleichschritt dem Orchester. Irgendwann öffnete sich ein großes, blechbeschlagenes Kasernentor, durch das wir in eine bis dato fremde Welt eintraten.

Auf dem Exerzierplatz erfolgten anschließend Feststellung der Vollzähligkeit und die Einteilung in Gruppen und Züge. Als Gruppenführer wurden uns Offiziersschüler des 2. Studienjahres und als Zugführer Offiziersschüler des 3. Studienjahres zugeteilt.

Die DDR, keine sechs Jahre alt, besaß keine regulären Streitkräfte und folglich auch keine entsprechenden Einrichtungen.

Gleichwohl schien kein Weg an einer »Wiederbewaffnung« vorbeizuführen: Der Kalte Krieg forderte Konsequenzen, und die Führungs- und Besatzungsmacht Sowjetunion forderte nicht erst seit dem Koreakrieg eine »Erhöhung der Verteidigungsanstrengungen« seiner Verbündeten. Doch weil der Aufbau nationaler Streitkräfte sich konspirativ vollzog (obgleich es jeder wußte), hieß die Infanterieschule Döbeln nicht Infanterieschule, sondern »A-Schule«. Ihr Leiter war Generalmajor Heinrich Heitsch.

Heitsch war Major im Generalstab der Wehrmacht und bis 1949 in sowjetischer Kriegsgefangenschaft, sein Stellvertreter und Leiter Ausbildung Oberstleutnant Alfred Voerster. Er hieß nur »der Preuße«, weil er in Sprache, Auftreten und Befehlston wie der klassische preußische Offizier wirkte. Gleichwohl genoß er unsere Achtung und unseren Respekt. Nicht minder zackig war Major Karl Mey (»der Zackige«), Hauptmann Hans Wrobel und unser Kompaniechef Klaus Bethke, ebenfalls Hauptmann.

Die Offiziersschule in Döbeln

Die Grundausbildung ging vom 3. bis 31. August. In jenen vier Wochen wohnten wir gruppenweise in den Dachstuben des Stabs- und Lehrgebäudes. Dieses Gebäude stammte noch aus der Kaiserzeit und zählte schon 70 Jahre. Stuben, Waschräume und die langen Korridore mit den quer geriffelten Fliesen waren nicht im besten Zustand.

Die Offiziersschule bestand aus Gebäuden, Garagen und Werkstätten, die zwischen 1885 und 1939 gebaut worden waren. In dieser Kaserne lag einst das 1887 gebildete 11. Infanterie-Regiment Nr. 139 der Königlich-Sächsischen Armee. Es folgten nach 1918 die 14. und 15. Kompanie des 11. Infanterie-Regiments des Reichsheeres. Auf der Basis dieses Truppenteils entstanden im Verlauf des Heeresaufbaus nach 1933 Teile des Infanterie-Regiments 101. Von 1945 bis 1949 nutzten Truppenteile der Sowjetarmee dieses Areal.

Die Kaserne hatte, wie alle in Deutschland, also eine sehr wechselhafte Geschichte. Doch danach fragten wir nicht. Es war auch nie Thema. Ich weiß nicht, warum das so war. Vielleicht hat uns das wirklich nicht interessiert. Oder man wollte nicht an unheilvolle Traditionen erinnern.

Die ersten Tage vergingen sehr schnell. In kürzester Zeit sollte aus einem Zivilisten ein Soldat gemacht werden. Äußerlich gelang das rasch: Uniform an, Haare runter. Alles andere aber mußte uns oft sehr mühevoll beigebracht werden.

In jener Zeit war die Anzahl der Bekleidungs- und Ausrüstungsstücke recht bescheiden. Wir bekamen eine Ausgehuniform, eine Dienstuniform, eine Sommeruniform (Drillich), einen Mantel, das kleine Sturmgepäck mit Brotbeutel, Kochgeschirr und Feldflasche, eine Zeltplane und einen Rucksack, die noch aus Wehrmachtsbeständen stammten, mit einer Wäschegarnitur sowie den kleinen Feldspaten, der ebenfalls noch vor 1945 produziert worden war.

Die Uniformen der Kasernierten Volkspolizei und der Volkspolizei-Luft ähnelten sehr den Uniformen der Sowjetarmee. Das

Offiziersschüler Hans-Georg Löffler, 1957

betraf Farbe und Schnitt. Auch die Paspelierung, die sogenannte Waffenfarbe an Kragenspiegel und Schulterstück, war identisch. Die Infanteristen, zu denen auch wir Kursanten der A-Schule rechneten, hatten »malino«, ein Farbton zwischen rot und violett.

Uniformknöpfe und das Koppelschloß waren aus Messing und mußten vor Ausgang und Urlaub auf Hochglanz gebracht werden. In lebhafter Erinnerung ist auch das Üben des korrekten Einnähens der Kragenbinde – nur 2 mm durfte der weiße Rand über dem Kragen des Uniformrockes zu sehen sein. Und die Mantelreinigung nach der Ausbildung im Gelände, wir hatten schließlich nur einen, und der mußte auch im Ausgang getragen werden.

Der Gruppenführer, schon ein Jahr bei der KVP, war für uns eine große Hilfe. Er war ein kameradschaftlicher Partner. Mit größter Sorgfalt vermittelte er uns das Einmaleins des Soldatseins und manchen Trick bzw. Handgriff, um schneller und möglichst fehlerfrei gestellte Aufgaben zu erfüllen.

Zu den Ausbildungsfächern in der Grundausbildung gehörten die Exerzier-, Schieß- und Pionierausbildung. Einige Stunden erhielten wir taktische Ausbildung im Gelände, hinzu kamen Sport- und Politunterricht.

Unsere Ausbilder praktizierten manche Ausbildungsmethode aus der Wehrmacht. Schließlich waren auch einige Lehroffiziere und Hauptfeldwebel (»Spieß«) durch diese Schule gelaufen. Wir schrieben, das darf nicht vergessen werden, das Jahr 1955. Das Dritte Reich war erst seit einem Dezennium Geschichte.

Eine Ausbildungsmethode prägte sich besonders ein, denn diese trug zum schnellen Erreichen der Lern- und Ausbildungsziele bei und förderte ein positives Klima in den Einheiten sowie zwischen den Vorgesetzten und Unterstellten. Diese Ausbildungsmethode bestand aus drei Bausteinen: 1. »Ich erkläre«, 2. »Ich zeige vor« und 3. »Wir üben«. Das funktionierte tadellos.

In der Ausbildung wurden wir in keiner Weise geschont. Für uns Offiziersschüler gab es im Vergleich zum Tagesablauf eines Soldaten oder Unteroffiziers in einem Infanterie- oder Panzerregiment keine Erleichterungen. Die Regeln der Innendienstvorschrift (10/3) galten auch für uns. So begannen die Werktage um 6.00 Uhr mit dem Wecken und endeten punkt 22.00 Uhr mit dem Ruf »Nachtruhe«. Von 6.05 bis 6.25 Uhr folgte der Frühsport – bei jedem Wetter.

Vor dem Beginn der Ausbildung hatte der »Spieß« das Sagen. Er kontrollierte stichprobenartig nach Wehrmachtsart die Sauberkeit der Kragenbinden und den Stiefelputz.

Ab 8.00 Uhr folgten sieben Stunden Ausbildung – entweder im Unterrichtsraum oder auf dem Standortübungsplatz. Damit sich keiner »verlief«, wurde kompanieweise zum Frühstück, Mittag- und Abendessen marschiert. Und wenn wir im Gleichschritt das Pflaster traten, mußte gesungen werden, egal, ob es zum Essen ging, ob wir von der Ausbildung kamen oder zum Schießplatz durch den Ort mußten.

Der Nachmittag war ausgefüllt mit der Vorbereitung auf den Unterricht und dem militärüblichen Ritual der Putz- und Flickstunde.

Der Ausgang in die Stadt war sehr limitiert, unsere Freizeit sehr begrenzt. Kino und Sporthalle, das war's. Das schmale Angebot wurde jedoch ausgiebig genutzt.

Ausbildung und Erziehung inklusive der Vermittlung politischer Bildung fußten auf Dienstvorschriften und Ausbildungsanleitungen der Sowjetarmee. Das erklärte manche Härten, über die wir aber nicht nachdachten oder sie gar kritisch reflektierten. Das war so und basta. Erst später, vor allem in besonders kritischen Momenten meiner Dienstzeit, verstand ich den Sinn eines Buchtitels des sowjetischen Romanciers und Kriegsberichterstatters Konstantin Michailowitsch Simonow: »Man wird nicht als Soldat geboren«.

Ende August 1955, wenige Tage vor Beginn des 1. Lehrjahres, fand eine Leistungsüberprüfung statt. Sie entschied, ob man künftig als Gruppenführer und Gehilfe eines Zugführers eingesetzt wurde.

Dieses Ziel erreiche ich nicht. Ich blieb Offiziersanwärter.

Am Vorabend des 1. September 1955 erhielten wir neue Schulterstücke. Der Offiziersschüler im 1. Studienjahr hatte Schulterstücke wie ein Unteroffizier, jedoch war am unteren Ende ein Querbalken – auch silberne Tresse – und darüber ein silberfarbenes A wie Aspirant oder Anwärter. Dieser erkennbare »Aufstieg« erfüllte uns Achtzehnjährige mit Stolz.

Vergrößert wurde unsere Freude durch den Wechsel ins Unterkunftsgebäude, in jenen Bereich, in dem bis Ende August die Offiziersschüler gewohnt hatten, die jetzt ihren Dienst als junge Offiziere in der Truppe antraten.

Die Offiziersschüler des Jahrgangs 1955 sollten eine dreijährige Ausbildung erhalten. Bis 1953 hatte es lediglich halb- und ganzjährige Kurse gegeben, in denen Zugführer und Kompaniechefs der KVP im Schnellverfahren ausgebildet worden waren. Das hatte sich als ungenügend erwiesen.

Auf die Probleme bei der Entwicklung eines eigenen Offizierskorps in der DDR in jener Zeit machte auch das im Umfeld der Bundeswehr erscheinende Periodikum *Kameraden* im Heft 7–8/2000 aufmerksam. »Während sich das Offizierskorps der Bundeswehr in den ersten Jahren ihrer Aufstellung vor allem aus Angehörigen traditioneller Bildungseliten des Kaiserreichs und der Weimarer Republik zusammensetzte und beim Aufbau der westdeutschen Streitkräfte gezielt auf die ehemaligen Offiziere der Wehrmacht, darunter 780 Inhaber des Ritterkreuzes, zurückgegriffen wurde, entstand in der DDR unter dem Zwang der ideologischen Verhältnisse innerhalb einer Dekade ein Offizierskorps, das sicherlich das Prädikat der Einmaligkeit in der deutschen Geschichte in Anspruch nehmen konnte. Die SED hatte hierbei unübersehbar an Vorstellungen der alten KPD angeknüpft und damit auch sicherheitspolitisch ein bewußtes Gegenbild zur militärischen Entwicklung der Systemkonkurrentin Bundesrepublik gezeichnet.«

Weihnachten 1955 – daheim

Diese Aussage ist meines Erachtens richtig. Natürlich erfolgen Aufbau und Entwicklung jeder Armee nach politischen Maßgaben und Absichten. Doch bei Ausbildung, Ausrüstung und Struktur orientiert man sich pragmatisch an anderen Streitkräften. Darum konnte die politische und militärische Führung der KVP bei kritischer Analyse von Niveau und Qualifikation des Offiziers- und Unteroffizierskorps nicht zufrieden sein. Die Ausbildung der künftigen Führungskräfte mußte grundlegend verbessert werden. Das geschah nunmehr.

Wir erhielten Exerzier-, Taktik-, Schieß-, Schutz(ABC)- und Pionierausbildung sowie Dienstvorschriften, Militärtopographie, Militärsport, Artilleristische Grundausbildung und die Technische Ausbildung an Panzern (T-34), Selbstfahrlafetten und Kraftfahrzeugen. Daneben gab es eine politische Schulung, wir beschäftigten uns mit der Geschichte der deutschen Arbeiterbewegung und lernten Russisch.

Nach Abschluß des Studienjahres erhielten wir Zwischenzeugnisse. Jedes Ausbildungsfach wurde benotet. Aber eben auch, wie es in der Sowjetunion üblich war: Dort war die Eins die schlechteste, die Fünf hingegen die beste Note. Wer nur Fünfen hatte, war also kein Sitzenbleiber, sondern der Primus.

Erst nach dem Studium – sei es als Kompaniechef oder Stabschef eines Regiments – wurde mir bewußt, welche Fächer nicht im Lehrplan standen, obwohl sie dorthin gehört hätten. Die Lücken offenbarten die Defizite. Uns Offizieren fehlten Kenntnisse in Pädagogik/Menschenführung, Militärökonomie/Betriebswirtschaft, in Psychologie und zum Verständnis des Rechts. Die militärische Ausbildung hingegen war solide.

Die politische Schulung, auch als Politunterricht bezeichnet, erfolgte fast ausschließlich in Form von Lektionen. Den Abschluß eines Themenkomplexes bildete ein Seminar. Große Dispute oder Diskussionen mit Pro und Kontra wurden vermieden. Günstig war, wenn es gelang, bei Fragen den entsprechenden Lektionsinhalt zu wiederholen. Das war kein Ort konstruktiver Auseinandersetzung, kein Platz zum Austragen kontroverser Ansichten. Wer Fragen hatte, trug Zweifel in sich, lautete die unausgesprochene Botschaft. Und wer zweifelte, war nicht hundertprozentig von »unserer Sache« überzeugt. Aber wer mochte sich das schon nachsagen lassen? Eigene Auffassungen und Meinungen wurden sehr häufig als politisch negativ bzw. störend bewertet. Die Folge: nach mehreren Zurechtweisungen äußerte man besser nur das, was der Parteisekretär, Politoffizier oder mancher Vorgesetzter hören wollte.

Schon am ersten Tag in Uniform wurden wir mit »Genosse« angesprochen. Nur wenige von uns waren Kandidat oder Mitglied der SED, wo diese Anrede üblich war. Doch auch hier hatte das sowjetische Beispiel Schule gemacht (und nicht nur in der DDR). Die Anrede in den sowjetischen Streitkräften lautete »Towarischtsch«, was mit Genosse, Kamerad, Kollege, Schulkamerad oder Studienkollege übersetzt werden kann. Das »Kamerad« war irgendwie belastet, »Kollege« klang sehr zivil, Schulkamerad oder Kommilitone waren deplaziert. Blieb also das keineswegs ehrenrührige »Genosse«.

Allerdings wäre es ein wenig blauäugig, ausschließlich semantische Gründe für diese Anrede geltend zu machen. Natürlich war diese Anrede in den bewaffneten Organen auch Hinweis auf das politische Selbstverständnis: Der Staat der Arbeiter und Bauern galt als Machtinstrument in den Händen der herrschenden Klasse, die DDR verstand sich als Diktatur des Proletariats, und deren führende Kraft war die SED. Armee, Polizei, Grenzer, Zöllner, MfS etc. waren folgerichtig Organe, Institutionen, Instrumente, mit denen der Staat regiert, gesteuert und beherrscht wurde. Der Genosse Soldat war darum wie der Genosse Generalsekretär Teil der staatstragenden, der sozialistischen Idee.

Breiten Raum in der Ausbildung nahmen die Bundeswehr und deren Integration in die Strukturen der NATO ein. Die »Seite Blau« – die Streitkräfte der NATO – beschäftigte mich von Anbeginn der Ausbildung bis zum Ende meiner Dienstzeit.

Uns wurde im Unterricht vermittelt, daß beim Aufbau der Bundeswehr bereots vorhandene polizeilich-militärische Kontingente genutzt wurden. Dazu gehörten die Dienstgruppen und der Bundesgrenzschutz. Die Dienstgruppen, vorrangig bestehend aus ehemaligen Soldaten der Wehrmacht, waren eine respektable Kaderreserve. Für die britischen Streitkräfte sollen 1946 ca. 140.000 Mann der »German Service Organisation« angehört haben, mit ca. 15.000 Mann unterstützten die »Labor Service Units« die US-Streitkräfte, und rund 8.000 Mann dienten in der »Formations auxiliaires« der französischen Streitkräfte im Westen Deutschlands.

Ein Hauptfach bildete die Schießausbildung. Mit sehr viel Sorgfalt wurden uns die Grundlagen des Schießens (Schießlehre) vermittelt. Ergänzt wurde die theoretische Ausbildung mit der Waffenkunde und der praktischen Ausbildung auf den Schießplätzen, dem Schießdienst. Die Ausbildung erfolgte an Waffen aus sowjetischer Produktion. Die Schießübungen wurden auf dem in der Nähe der Offiziersschule befindlichen Schießplatz absolviert.

Vor der Ausbildung im Gelände erlernten wir die Grundlagen der Taktik, begriffen bald die Rolle des Soldaten und der Schützengruppe in der Verteidigung, im Angriff, beim Marsch oder beim Überwinden eines Flusses. Zahlen und Begründungen für Abstände, Zwischenräume, Schützenmulden, Angriffstempo, Kommandos usw. wurden uns geradezu eingehämmert. Mit viel Mühe nur habe ich das verkraftet. Es fiel uns nicht leicht, alle Forderungen in der Ausbildung mit guten Ergebnissen zu absolvieren. Für die Geländeausbildung nutzte die Offiziersschule einen Übungsplatz in der Nähe des Dorfes Miera bei Döbeln.

Ein Höhepunkt im 1. Studienjahr war die Teilnahme an der Taktischen Übung einer Mechanisierten Bereitschaft (Stab: Dresden) auf dem Truppenübungsplatz Nochten im Februar 1956.

Im Oktober 1990 wurde der Truppenübungsplatz Nochten zum Truppenübungsplatz »Oberlausitz« der Bundeswehr.

Der Übungsplatz war nach 1945 von der Sowjetarmee angelegt und von ihr vorwiegend als Panzerschießplatz genutzt worden. 1953 übernahm ihn die KVP und auch das sowjetische Truppenlager. Eine Woche wohnten wir in diesen Baracken. Jede Kompanie erhielt eine Baracke, jede bestand aus zwei kleinen Räumen für die Offiziere und den Hauptfeldwebel sowie einem großen Schlafsaal mit einem riesigen Doppelstockbett, besser gesagt zwei Liegeflächen, für jeweils 40 Soldaten. Das war, um es freundlich zu formulieren, für uns ein wenig ungewöhnlich.

Im Verlauf der Übung – wir Offiziersschüler handelten im Bestand eines Infanterieregiments – erlebten wir das bisher Gehörte über den Angriff bzw. die Verteidigung ganz real und unter Winterbedingungen in der Praxis. Das begeisterte uns durchaus.

Der Kommandeur der Mechanisierten Division, Oberst Pilz, ermöglichte für die Offiziersschüler eine Waffenschau. Erstmalig konnten wir schwere Kampftechnik sehen, anfassen und bei Vorführungen erleben. Hierbei vergaßen wir die unwirtliche Unterbringung im Truppenlager. Der Lakonismus, mit dem ich berichte, ist der Abgeklärtheit des Alters geschuldet. Dennoch möchte ich festhalten: Wir hatten uns freiwillig zum Militär gemeldet, ohne deshalb alles toll und begeisternd zu finden. Wie bei allen Heranwachsenden zu allen Zeiten mischten sich in uns Begeisterungsfähigkeit mit skeptischer Distanz. Wir waren aufgeschlossen, neugierig, interessiert und von uns ziemlich überzeugt.

Diese Mechanisierte Division gehörte zum Bestand der Territorialverwaltung Süd (Leipzig), später Militärbezirk III. Sie bestand aus dem Stab mit Führungs- und Sicherstellungseinheiten, drei Mechanisierten Regimentern, einem Panzerregiment, einem Artillerieregiment, einem Flak-Regiment, einem Aufklärungsbataillon, einem Fernmeldebataillon, einem Pionierbataillon, einem Lehrbataillon und einer Kfz-Fahrschule sowie Werkstätten.

Im ersten Jahr besuchten wir auch die Artillerieschule Dresden (B-Schule) und die Pionierschule Dessau (S 3-Schule). Wir besichtigten Lehrklassen, Technik und wohnten Lehrvorführungen bei.

18. Januar 1956, der eigentliche Gründungstag der NVA

Am 18. Januar 1956 beschloß das DDR-Parlament, die Volkskammer, das Gesetz über die Schaffung nationaler Streitkräfte. Willi Stoph wurde zum Minister für Nationale Verteidigung berufen.

Die Gesamtstärke, einschließlich der See- und Luftstreitkräfte, sollte 120.000 Mann betragen. Ab April 1956 erfolgte die schrittweise Überführung der Kasernierten Volkspolizei in die regulären Streitkräfte der DDR.

Auch eine neue Uniform gab es! Wir Offiziersschüler waren begeistert. Die Tatsache, daß das Feldgrau stark an die Wehrmacht erinnerte, war leichter zu ertragen als der Umstand, fortgesetzt mit Sowjetsoldaten verwechselt zu werden. Neugierig betrachteten wir Veröffentlichungen und Fotos von der ersten Parade der NVA am 1. Mai 1956 in Berlin.

Mit Beginn des Aufbaus regulärer nationaler Streitkräfte wurde die politische Arbeit verstärkt. Zur Tätigkeit der Politoffiziere gehörte die Gewinnung von Offiziersschülern für die SED. Auch

Mit dem Vater, 1958

ich wurde angesprochen. »Also, wer Offizier werden möchte, der muß selbstverständlich Mitglied der Partei sein.«

Ein sehr überzeugendes Argument, wird man heute zurecht ironisch einwenden. Für mich und meinesgleichen bewegte sich das in der Logik jener Jahre. Parteien waren damals nicht, wie heute üblich, Einrichtungen zu politischer Meinungsbildung und Machtausübung und Hilfsmittel, um Karriere zu machen, sondern Ausdruck von Überzeugungen und Haltungen. Man bekannte sich zu dieser DDR und jener Partei, die sich als die führende verstand. Also schloß man sich ihr an. Ich wurde erst Kandidat und nach zwei Jahren Mitglied der SED.

Die Offiziersschüler Fischer aus der Oberlausitz, Ullenboom und Nadela aus Berlin und ich gehörten zu den Arbeitskommandos, die die Ausgabe der neuen Uniform vorzubereiten hatten. Diesmal verlief die Einkleidung wesentlich sorgfältiger als am Tag der Einberufung im August 1955. Wir alle bemühten uns, eine Uniform zu erhalten, die auch paßte.

Zugleich begannen Schulungen, mit denen Schnitt und Ausstattung begründet wurden. Denn offenkundig sahen die Zuständigen in der Anleihe ein Problem. Tatsache ist, daß die ersten Uniformentwürfe sich stark an sowjetischen Mustern orientierte. Diese wurden nachweislich von den höchsten Militärs der UdSSR mit der zutreffenden Begründung verworfen: Ihr seid eine deutsche Armee, keine russische! Also wurde das traditionelle Steingrau wieder reaktiviert.

Daß die »Seite Blau« vom gleichen Ehrgeiz befallen war, der Führungsmacht auch bei der Bestimmung der Uniform zu gefallen (und dabei keinen Widerspruch erfuhr), verriet ein Militärhistoriker in der Zeitschrift *Heer* 6/96:

»Wie sollen die neuen Uniformen aussehen? Dieses war auch eine der viel diskutierten Fragen, als 1955 die Gründung der Bundeswehr beschlossen wurde. Die Gründerväter suchten einen völligen Neuanfang auch im Erscheinungsbild der Streitkräfte, und sie fanden Anleihen bei den Alliierten. Noch heute zeugen die Streifen der Mannschaften und die Winkel der Feldwebeldienstgrade von der mehr westlichen Orientierung der Bundesrepublik Deutschland in den 50er Jahren. Bald nach Gründung der Bundeswehr wurden aber auch wieder einige Elemente der deutschen Uniformtradition übernommen. Schon 1956 lösten zum Beispiel die deutschen Kragenspiegel die nach amerikanischem Vorbild übernommenen Metallabzeichen ab.«

Der Verteidigungsminister der DDR Willi Stoph hingegen schlug den Bogen viel weiter und ließ das »Intermezzo« Wehrmacht völlig aus, als er im Vorwort der Broschüre »Uniform und Tradition« erklärte: »Die Angehörigen der Streitkräfte der jungen Nationalen Volksarmee der DDR werden mit Stolz ihre neue Uniform tragen. Diese Uniform, deren äußeres Bild an die nationalen Traditionen unseres Volkes anknüpft, indem sie Abzeichen und Symbole, die uns Deutschen vertraut sind, verwendet, hat eine lange Vergangenheit. Diese Vergangenheit hat einen ihrer nationalen Höhepunkte in dem Volksheer der Befreiungskriege, an dessen Traditionen wir bewußt anknüpfen, nicht nur im Äußerlichen der Uniformfarben und Abzeichen, auch im Geiste der damaligen großen Neuerer, eines Blücher, Scharnhorst, Gneisenau, Clausewitz und Boyen, der Landwehren und Freiwilligen von 1813.«

Auch der Stahlhelm war noch vor 1945 entwickelt, aber

damals verworfen worfen. Als M 56 wurde er noch im Gründungsjahr der NVA eingeführt.

Nur noch eine Offiziersschule

Anfang 1955 gab es in der DDR 18 Ausbildungseinrichtungen für künftige Offiziere und eine Hochschule für Offiziere. Sogenannte A-Schulen (Infanterieschulen) gab es in Döbeln, Erfurt und Naumburg. Anfang Juni 1956 erfuhren wir bei einem Schulappell, daß die Schulen Döbeln, Erfurt und Naumburg zu einer Infanterieschule zusammengeführt werden sollten – und zwar in Plauen im Vogtland.

Die theoretischen Kenntnisse und praktischen Fertigkeiten der Offiziersschüler sollten so verbessert werden, daß sie nach dem Abschluß einen MG- oder Infanteriezug führen konnten. Neu war, daß im jeweils letzten Abschnitt des 2. und 3. Studienjahres ein Truppenpraktikum anschließen sollte.

Die Infanterieschule blieb nur bis 1963 in Plauen. Am 2. Dezember 1963 wurde in den Städten Löbau und Zittau/Oberlausitz die Offiziersschule der Landstreitkräfte gegründet. Dadurch wurde die Konzentration der Offiziersausbildung fortgesetzt.

Im Juni 1956 wurden Kommandos zusammengestellt, die den Umzug nach Plauen vorbereiten sollten. Ich gehörte zu einem der Vorkommandos. Vor der Verlegung nach Plauen leisteten wir den Fahneneid. In sehr feierlicher Form und unter Teilnahme vieler Bürger der Stadt Döbeln wurde die Zeremonie auf dem großen Exerzierplatz der Infanterieschule durchgeführt.

Der Text des Fahneneides war am 12. April 1956 vom Ministerrat der DDR bestätigt worden. Uns war bewußt, daß wir damit nicht nur einen Treueschwur auf die Fahne der Infanterieschule leisteten, sondern auch auf das Land, dem wir als Soldaten dienen wollten.

Mitte Juni 1956 nahm ich Abschied von Döbeln.

Viel habe ich in den zehn Monaten von der Stadt nicht mitbekommen. Ich erinnere mich an das prächtige Rathaus, den Schloßberg und den Bürgergarten, an die guten Sportanlagen der Stadt und das Speise- und Tanzlokal »Volkshaus«, an das »Casino«, den Ratskeller und das Café »De la Paix« gegenüber unserer Kaserne. Offiziersschüler konnten nur einmal in der Woche in den

»Ausgang« – entweder mittwochs oder samstags von 19 bis 24 Uhr oder am Sonntag zwischen 13 und 24 Uhr.

Was erwartete uns in Plauen im Vogtland? In einem Informationsblatt hieß es, die Mittelgebirgsregion läge im Vierländereck von Sachsen, Thüringen, Bayern und Böhmen. Die Kreisstadt Plauen sei mit etwa 65.000 Einwohnern die »Metropole« des Vogtlandes. Berühmt geworden wäre sie durch die »Plauener Spitze«.

Wir fuhren mit dem ersten Militärtransport. Vom Zug aus sah man bereits, wie stark die Stadt im Zweiten Weltkrieg gelitten hatte. Es hieß: Im letzten Kriegsjahr sei Plauen zu 75 Prozent zerstört worden. Mindestens vierzehnmal luden die Amerikaner ihre Bomben ab. Jedoch: Die drei großen Kasernen in der Weststadt blieben unversehrt.

Eine davon, die König-Georg-Kaserne, war 1872 errichtet worden. Sie sollte die Infanterieschule aufnehmen. Bis vor kurzem waren hier Einheiten der Sowjetarmee untergebracht.

Durch ein prächtiges Tor schritt man zu einem zentral angelegten Exerzierplatz. Zur Linken stand das Stabsgebäude mit dem Wachgebäude, rechts gab es einen kleinen Park mit dem Offizierskasino.

Den Exerzierplatz säumten zweistöckige Unterkunftsgebäude aus gelbfarbenem Klinker. Verglichen mit Döbeln war das eine großzügige Anlage. Beim näheren Betrachten stellte ich jedoch fest, daß der Exerzierplatz mit einem hohen Drahtzaun geteilt war. Rechts vom Zaun standen Haubitzen, Kanonen und LKW. Diese gehörten zu einem KVP-Regiment. Lediglich der linke Teil war von der Sowjetarmee geräumt worden.

Die Außenreviere waren verschmutzt. Auch die Gebäude befanden sich in einem miserablen Zustand. In den Kellern türmte sich Unrat, und in den Obergeschossen waren Trennwände herausgeschlagen worden, um große Schlafsäle für je eine Kompanie einzurichten. Wasserhähne, Lichtschalter und Türen fehlten.

Wir waren gleichermaßen sprachlos, enttäuscht und wütend.

Mit viel Mühe gelang es den Vor- und Arbeitskommandos, die Kaserne bewohnbar zu machen. Pünktlich, wie befohlen, begann ab 1. Dezember 1956 an der Infanterieschule Plauen der Unterricht. Und mit Beginn dieses 2. Studienjahres führte man mit uns die Kadergespräche, in denen es um den weiteren Einsatz ging.

Blieb man in Plauen oder wechselte man an eine andere Einrichtung, ging man in die Truppe oder nach Hause, weil man sich selbst für den militärischen Beruf inzwischen für ungeeignet hielt – oder weil die Vorgesetzten inzwischen zu dieser Auffassung gelangt waren?

So wechselten Ullrich Höckendorff an die Fliegerschule in Kamenz, Ernst Kusch an die Polit-Schule in Berlin-Treptow und Dieter Bach an die Kraftfahrzeugtechnische Schule in Stahnsdorf. Mein Studienkamerad und Sportsfreund Jürgen Nedela wurde auf eigenen Wunsch entlassen, studierte Pädagogik und wurde später Lehrer in Berlin. Felix Posorski aus Frankfurt/Oder beendete sein Studium wegen nicht ausreichender Leistungen im Sport. Er studierte Rechtswissenschaften, promovierte und arbeitete als Dozent an der Humboldt-Universität zu Berlin.

Mein Zugführer, Oberleutnant Grübl, führte mit mir am 7. September 1956 die Aussprache. Er urteilte anschließend über mich, »seine praktischen und theoretischen Kenntnisse und sein Verhalten lassen eine Übernahme in die NVA zu«, ich sei »den Anforderungen des Dienstes gewachsen«.

Der Kompanieführer, Oberleutnant Klaus Bethke, bestätigte den Vorschlag des Zugführers und ergänzte: »Löffler kann übernommen werden – einverstanden, Bethke«.

Offiziersschule in Plauen

Am 1. November 1956 unterschrieb ich die neue Verpflichtung zum Dienst in der NVA.

In jenen Monaten trugen sich weltweit dramatische Ereignisse zu, die nicht ganz folgenlos für die Entscheidung blieben, ob man weiterhin Uniform tragen wollte oder besser nicht. Im Februar 1956 hatte in Moskau der XX. Parteitag der KPdSU getagt, auf dem in einer Geheimrede Chruschtschow mit Stalin abgerechnet hatte. Im Oktober intervenierten Frankreich, Großbritannien und Israel militärisch in Ägypten, weil Kairo den Suezkanal verstaatlicht hatte. Im gleichen Monat wurde in Ungarn scharf geschossen, weil die innenpolitischen Auseinandersetzungen die Sowjetunion befürchten ließen, Ungarn könnte aus dem Lager der Verbündeten ausbrechen – und darum ließ Moskau Panzer rollen. Erstmals erlebte ich, was »erhöhte Alarmbereitschaft« hieß. Es gab weder Ausgang noch Urlaub, und die Ausbildung wurde nur innerhalb der Kaserne bzw. in der Nähe der Kaserne durchgeführt, so daß jederzeit eine Rückkehr möglich war für den Fall, daß ...

Krieg lag in der Luft, und nicht jeder meinte, daß es in einer solchen Situation hilfreich sei, eine Uniform zu tragen und zog darum die Rückkehr ins Zivilleben vor.

Unsere Ausbildung wurde intensiviert. Im 1. Studienjahr waren wir Soldaten, Einzelkämpfer – nunmehr konzentrierten sich die Anstrengungen darauf, uns zur Führung einer Infanterie-/Mot.-Schützengruppe zu befähigen.

Das Ausbildungsprogramm wurde u. a. mit den Fächern kraftfahrzeug- und panzertechnische Ausbildung (Fahrschule mit LKW und dem Panzer T 34/85) sowie um die Schutzausbildung (ABC-Abwehr) erweitert. In der panzertechnischen Ausbildung hatten wir einen hervorragenden Lehrer, Oberleutnant Gerhard Seifert. Nach 1970 trafen wir uns wieder: Er war inzwischen Stellvertreter des Kommandeurs der 1. Mot.-Schützendivision für Technik/Bewaffnung und ich junger Stabschef im Mot.-Schützenregiment 3.

Im ausklingenden Winter 1957 wurden mehrere Kompanien auf die Teilnahme an einer größeren Taktischen Übung vorbereitet. Zwei Kompanien wurden bestimmt zur »Erprobung« eines Stahlhelms aus tschechischer Produktion und zur Begutachtung eines leichten Tarnanzugs sowjetischer Produktion, anstelle des bisher genutzten Mantels bei Ausbildungen im Gelände unter Winterbedingungen.

Mit LKW der Typen H3A und G5 verlegten wir in den Übungsraum Sangerhausen, Kyffhäuser und Bad Frankenhausen. Erstmals sahen wir auf der Autobahn einige Fahrzeuge mit britischen und französischen Hoheitszeichen. Es handelte sich um Angehörige der in Potsdam ansässigen Militärmissionen.

Wir wurden einem sogenannten kadrierten Schützenregiment zugeteilt. Was hieß das? Im Buch »Die Landstreitkräfte der NVA« erklärte Wilfried Kopenhagen: »Der erhebliche Personalmangel führte dazu, daß die Divisionen nicht voll aufgefüllt werden konnten. Als Ausweg wurde die *Kadrierung* bestimmter Truppenteile gewählt [...] In den Jahren 1956 bis 1958 blieb [...] jedes dritte Mot.-Schützenregiment der Mot.-Schützendivisionen kadriert. Darunter war zu verstehen: Es verblieben nur die Kommandeure und das Stammpersonal – Offiziere der Stäbe, Unteroffiziere und Funktionssoldaten – für die notwendigen Wartungsarbeiten an der Bewaffnung und an der Technik.«

Am 1. März 1957 wurde erstmals der »Tag der Nationalen Volksarmee« feierlich als ein »Tag der offenen Tür« begangen. Viele Bürger Plauens, Freunde und Verwandte hatten die Möglichkeit, die Offiziersschule zu besuchen und uns bei verschiedenen Vorführungen zu erleben: Exerzieren, Überwinden der Sturm- bzw.

Zur Mai-Parade in Berlin, im Hintergrund der Dom, 1957.

Ausbildung im Winter am schweren Maschinengewehr (sMG).

Hindernisbahn, Geräteturnen, Geschützexerzieren. Erstaunt waren viele Besucher über die vorbildliche Ordnung in den Unterkünften. Auch unser Schlafsaal – mit fast 90 Mann belegt, drei Züge! – bekam eine gute Note. (Erst mit Beginn des 3. Studienjahres bezogen wir wieder normale Stuben, was wir als großen Fortschritt empfanden.)

Am 1. Mai 1957 und 1958 gehörte auch ich zu den Teilnehmern an den Paraden in Berlin auf dem Marx-Engels-Platz (seit 1990 wieder Schloßplatz). In den Wochen vor den Paraden wurde hart trainiert. Bis zum Umfallen wurde geprobt: Antreten, Marschieren, »Das-Gewehr-über!«, »Gewehr-zur-Hand!« und »Achtung! Präsentiert das Gewehr!« Diese Übungen wurden zu Beginn gruppen-, zug- und kompanieweise auf dem Exerzierplatz, anschließend außerhalb der Offiziersschule in der Kasernenstraße absolviert. Wenige Tage vor der Parade verlegten wir per Bahn nach Stahnsdorf (1957) oder nach Berlin-Treptow (1958). Zweimal wurde in den späten Abendstunden vor Ort der Ablauf der Parade geübt.

Die Stadtväter Plauens hatten unsere Schulleitung überredet, nach Rückkehr aus Berlin auch in ihrer Stadt zu paradieren. Das geschah unter beachtlicher Teilnahme der Plauener. Und ich glaube nicht, daß sie nur in Ermangelung anderer Unterhaltung am Straßenrand standen und applaudierten. *(Foto S. 220)*

Die freundliche Aufnahme können meine Kameraden Tausch, Schnirch und Vogt ebenso bezeugen wie der Zugführer, Leutnant Lüscher. Oder das ausgezeichnete Fahnenkommando der Schule mit dem Fahnenträger Offiziersschüler Müller-Litz.

Im Mai 1957 wurde ich nach Weißenfels ins Mot.-Schützenregiment 18 (MSR-18) zum Praktikum abkommandiert, um zu beweisen, daß ich fähig war, eine Schützengruppe zu führen. Dieser Auftrag wurde erfüllt.

Teilnahme an einer Übung der 1. Mot.-Schützendivision

Im August 1957 erhielten zwei Kompanien der Offiziersschule den Befehl zur Teilnahme an einer großen Truppenübung. Unser Marschziel lautete Brandenburg a. d. Havel, Ortsteil Hohenstücken, Kaserne des Mot.-Schützenregiments 3 (MSR-3). Auch dieses Regiment zählte zu den kadrierten. Niemand, ich am allerwenigsten, konnte ahnen, daß ich sechzehn Jahre später Kommandeur des MSR-3 werden sollte.

Neben einer Panzerdivision der Gruppe der sowjetischen Streitkräfte (GSSD) gehörten zu den Übungsteilnehmern auch die 1. Mot-Schützendivision (Potsdam) und weitere Truppenteile der NVA. Die 1. MSD wurde von einem 32jährigen Oberstleutnant befehligt namens Horst Stechbarth, das MSR-3 wurde geführt von Major Robert Zeth.

Im Raum Gardelegen, Tangermünde, Burg und Haldensleben – darin eingeschlossen der sowjetische Truppenübungsplatz Colbitz-Letzlinger Heide – war die Aufgabe zu lösen: »Die verstärkte Mot.-Schützendivision auf dem Marsch, Übergang zur Verteidigung und Führung des Verteidigungsgefechts, Herauslösen der Truppen, Überwinden eines Wasserhindernisses und Führen eines Gegenangriffs.«

Stechbarth hatte das Glück auf seiner Seite, denn mit viel Geschick beim Manöver mit den Regimentern konnte die 1. MSD den Schlägen des »Gegners«, einer sowjetischen Panzerdivision, erfolgreich ausweichen und zum Gegenangriff übergehen. Erstmals erlebten wir den Einsatz von Kampfflugzeugen des Typs MIG-15 und MIG-17 und von Hubschraubern Mi-4 zur Unterstützung der Divisionen. Diese und andere erfolgreiche Übungen mit Truppen der NVA veranlaßten, daß der Politisch Beratende

Ausschuß der Staaten des Warschauer Vertrages am 24. Mai 1958 die Einbeziehung erster Truppenverbände der Nationalen Volksarmee in das Vereinte Oberkommando bestätigte und dem DDR-Verteidigungsminister die Funktion eines Stellvertreters des Oberkommandierenden der vereinten Streitkräfte übertrug.

Das 2. Studienjahr ging mit Zwischenprüfungen, Examen und Seminaren in insgesamt 14 Ausbildungsfächern zu Ende. Wieder verließen uns einige. Freiwillig oder gezwungenermaßen, weil ihre Ergebnisse nicht genügten oder die Disziplin wiederholt verletzt worden war.

Schwerpunkt im 3. Studienjahr war die Ausbildung zum Zugführer eines Schützenzuges.

Vom 27. Mai bis 30. Juni absolvierte ich ein Praktikum im Mot.-Schützenregiment 17 (MSR-17), Standort Halle. Ich wurde als 1. Zugführer in der 2. Mot.-Schützenkompanie eingesetzt. Da einige Offiziersschüler in recht entlegene Standorte wie Torgelow oder Stern-Buchholz kamen, schien ich es mit einem Praktikum in der großen Stadt Halle besser getroffen zu haben. Das erwies sich schon bald als Irrtum. Schon nach kurzer Zeit verlegte das gesamte Regiment ins sechswöchige Sommerlager auf den Truppenübungsplatz Annaburg. Wir lebten in einer Zeltstadt.

In der ersten Woche handelte ich als Double des Zugführers des 1. Zuges, Unterleutnant Stier, der 1957 als Absolvent die Infanterieschule verlassen hatte. Mit Beginn der zweiten Woche fuhr er für 14 Tage in den Urlaub, und ich mußte nun eigenständig den Zug führen und beweisen, daß wir auf der Infanterieschule gut ausgebildet wurden.

In der letzten Woche des Praktikums konnte Stier als »Double« prüfen, was ich in der Ausbildung mit dem Zug erreicht hatte. Taktikthemen wie etwa »der Zug im Angriff«, »der Zug in der Verteidigung« und im Feldwachdienst oder das Gefechtsschießen der drei Schützengruppen sowie Sport und politische Schulung zählten zu den Schwerpunkten. In diesen vier Wochen lernte ich einiges dazu. Selbstkritisch stellte ich fest, daß die Ausbildung an der Offiziersschule nicht in jedem Falle mit der Praxis, d. h. mit den Anforderungen in der Truppe, übereinstimmte.

Nach Abschluß des Praktikums führten der Kompaniechef, Oberleutnant Hohlfeld, und der Zugführer, Unterleutnant Stier, mit mir eine Aussprache, bewerteten meine Arbeit als Praktikant/Zugführer und gaben mir kameradschaftliche Hinweise in Vorbereitung auf den Truppendienst. Über die Belobigung mit einem Tag Sonderurlaub habe ich mich sehr gefreut.

Posten 5: Hubschrauber der US-Army bewachen

Am 7. Juni 1958 flog ein Hubschrauber der US-Army mit neun Mann an Bord von Frankfurt am Main zum Truppenübungsplatz Grafenwöhr in Bayern. Durch einen vermeintlichen oder vorgeblichen Navigationsfehler landete er bei Zwickau in Sachsen. Die Besatzung, darunter der Stabschef der 3. US-Panzerdivision, war ein Fall für die Sowjets in Dresden. Der Hubschrauber stand jedoch fünf Wochen vor einem Lehrgebäude in Plauen. »Der Ami« wurde zu einem »besonderen Postenbereich« erklärt und erfreute sich unserer neugierigen Aufmerksamkeit. Am 19. Juli wurde er abgeholt und mit der Besatzung in den Westen abgeschoben.

Nach wenigen Wochen normalen Schulbetriebs und der Vorbereitungen auf die Abschlußüberprüfungen verlegte unsere Offiziersschule ins Sommerfeldlager auf den Truppenübungsplatz Klietz bei Rathenow an der Havel.

Im Verlaufe des Feldlagers kontrollierte der Schulkommandeur, Generalmajor Heinrich Dollwetzel, mehrmals die Ausbildung. Für uns war eine große Zeltstadt aufgebaut worden, geordnet ganz nach sowjetischem Vorbild. Noch einmal wurde das Leben und Ausbilden unter feldmäßigen Bedingungen trainiert. Oftmals wurde nach dem Sinn und Zweck dieser Ausbildungsmethode auf Truppenübungsplätzen gefragt. Mehrere Faktoren spielten meines Erachtens hierbei eine Rolle. Dazu gehörten beste Voraussetzungen zur Durchführung aller Ausbildungsfächer und somit das Erreichen sehr guter Ausbildungsergebnisse. Ohne großen Zeitverlust, im Vergleich zu Plauen, konnten die einzelnen Ausbildungsplätze erreicht und der Unterricht durchgeführt werden.

Zu den Ausbildungsplätzen gehörten das Taktikgelände, die Schießplätze für Schulübungen, auf denen Gruppen- und Zuggefechtsschießen mit der 57mm-Kanone und dem 85mm-Granatwerfer erfolgten, sowie die Fahrschulstrecken für LKW und Kettentechnik und Sportanlagen. Die Wochen waren mehr als hart. Man stand ständig unter Druck und hatte kaum eine Minute zur Entspannung.

Nach Plauen zurückgekehrt, begannen schon bald die Abschlußprüfungen und das Examen.

Am 7. Oktober 1958 wurde ich Unterleutnant

Wie schon in der Vergangenheit wurde auf den Stuben heftig diskutiert. Wir bezweifelten nicht, hinreichend als militärische Führer qualifiziert zu sein, wir sahen uns durchaus in der Lage, als Soldaten zu bestehen. Aber wie stand es um unsere Fähigkeiten als Menschenführer? Wie gingen wir als Soldaten mit den Untergebenen um, waren wir ausreichend vorbereitet auf die Sphäre jenseits von Befehl und Kommando? Wie hatte ein Offi-

zier aufzutreten? Welche Regeln galten im Umgang miteinander? Generaloberst a. D. Horst Stechbarth, den ich sehr viel später dazu einmal befragte, räumte dieses Versäumnis ein. Gelegentliche Versuche, solche Protokoll- und Etikettefragen in die Ausbildung aufzunehmen, seien als »bürgerlich« verworfen worden, sagte er mir.

Wir bereiteten uns auf die Versetzung in die Truppe vor. Es wurden Divisionen und Regimenter genannt, die Bedarf angemeldet hatten. Als Norddeutscher wollte ich aus verständlichen Gründen in ein Regiment in Mecklenburg versetzt werden.

Ich bat meinen Zugführer um Rat. »Erstens: Melde dich nicht zur 9. Panzerdivision, die liegt in Torgelow und Eggesin, der ›autonomen Panzerrepublik‹. Zweitens: nicht nach Prora auf Rügen, denn dort scheint nur im Sommer die Sonne. Gut wären Rostock oder Schwerin.«

Ich hatte Glück. Am 10. Oktober erhielt ich den Marschbefehl nach Rostock, Dienstbeginn am 1. November 1958. Das bedeutete endlich Urlaub. Drei Tage zuvor, am Tag der Republik, hatten wir in sehr feierlicher Form die Ernennungsurkunde zum Unterleutnant überreicht bekommen.

II.
Offizier im Rostocker Mot.-Schützenregiment 28

Nach einem erholsamen Urlaub bei meinen Eltern in Neukalen am Kummerower See begab ich mich auf meine erste Dienstreise als Offizier. Vor der Fahrt nach Schwerin hörte ich mir noch viele gut gemeinte Ratschläge, Hinweise und Empfehlungen an. »Paß auf dich auf, damit dir nichts passiert.« Mein Vater, Bahnhofsvorsteher, meinte, ich solle »stets pünktlich und diszipliniert sein sowie die Anzugsordnung einhalten«. Für einen Eisenbahner alter Schule drei wichtige Regeln, die sicherlich für seinen Berufsweg bestimmend waren.

Ein Nachbar, ein Altgedienter und Verfechter des preußischen Soldatentums, nannte seine Grundregeln für Exaktheit und Gehorsam. Seine Auffassungen vom Gehorsam erinnerten an den Spruch am Portal der einst preußischen Hauptkadettenanstalt in Berlin-Lichterfelde: »Der preußische Gehorsam ist der einer freien Entscheidung, nicht einer unterwürfigen Dienstwilligkeit!«

Und meine beiden jüngeren Brüder Bernd, später Förster in Mecklenburg, und Eberhard, nachmals Offizier der DDR-Handelsmarine, begleiteten mich zum Zug in Richtung Schwerin.

Mit schwerem Gepäck und stark klopfendem Herzen erreichte ich die Kaserne des Stabes der 8. MSD in der Werder-/Güstrower Straße. In einem großen Unterrichtsraum warteten ca. 30 Absolventen der verschiedenen Offiziersschulen auf das Erscheinen des Divisionskommandeurs, Oberst Karl Nacke (Er war dies vom 30. Juni 1956 bis zum 31. Januar 1959).

Dann kam er. Hauptmann Lehmberg, der Leiter der Unterabteilung Kader. Ich meldete ihm, daß die Absolventen zum Dienstbeginn angetreten seien.

Oberst Nacke begrüßte uns, stellte seine Stellvertreter kurz vor, informierte über die Geschichte der 8. MSD, ihre Struktur und einige größere Standorte der Division. So erfuhren wir, daß in Stern-Buchholz bei Schwerin das Mot.-Schützenregiment 27, in Rostock das MSR-28 und auf der Insel Rügen, in Prora, das MSR-29 stationiert waren und daß Prora eine sehr große Garnison sei, in der sich mehrere Truppenteile befänden.

Nach diesem einleitenden, in keiner Weise für uns unwichtigen Vortrag verlas der Kaderoffizier den Befehl über unseren weiteren Einsatz.

»Gemäß Befehl 541/58 wird Unterleutnant Löffler als Zugführer ins Mot.-Schützenregiment 28 versetzt.« Das bedeutete: nach Rostock! Darüber freute ich mich sehr. Dann lud uns der Divisionskommandeur zum gemeinsamen Mittagessen ein.

Das war ein guter, ein feierlicher Auftakt.

Froh gestimmt kletterten wir nach dem recht guten Mittagessen auf den für uns bereitgestellten LKW H3A und fuhren über Wismar nach Rostock. Viele Fragen bewegten uns sieben junge Offiziere: Was wird uns erwarten? Wie werden wir aufgenommen? Wie ist Rostock? Als Stadt, als Standort. Seit 80 Jahren war es Garnison.

Die Kaserne des Mot.-Schützenregiments befand sich in der Kopernikusstraße, vis-á-vis dem Sportzentrum mit dem Ostseestadion und einer großen neuen Schwimmhalle.

Nach dem Abendessen suchten wir die uns zugewiesenen Unterkünfte im Gebäude des Panzerbataillons auf. In einem Vierbett-Zimmer sollten wir uns »häuslich« einrichten, hieß es. Naja, sehr einladend war das nicht. Die Buden wirkten etwas deprimierend. Ein Oberleutnant und ein Leutnant begrüßten uns und wünschten einen guten Start ins Truppenleben.

25 Kilometer zum Schießplatz (und zurück) marschiert

Am nächsten Vormittag meldeten sich die »Neuen« beim Regimentskommandeur, Major Eugen Berger. Dabei wurden wir vom Kaderoffizier, Oberleutnant Walter Krüsemann, begleitet. Berger, groß gewachsen, auf den ersten Blick viel Respekt einflößend, begrüßte uns und machte uns mit der Struktur und den Aufgaben des Regiments bekannt. Der Major sollte auf meinem militärischen Weg eine wichtige Bezugsperson werden, wir verloren uns, trotz verschiedener Einsatzorte, nie aus den Augen.

Oberleutnant Krüsemann informierte über unseren Einsatz. Ich wurde als Zugführer in der 4. Mot.-Schützenkompanie eingesetzt. In dieser Dienststellung verblieb ich bis zum Dezember 1960. Mein Kompaniechef, Oberleutnant Rudi Müller, ein absolutes Vorbild, half mir beim Start in die Praxis.

Die Infanterie-Kaserne in Rostock-Barnstorf war 1936/37 errichtet worden. Dort kam der Stab und das 2. Bataillon des Infanterieregiments 27 (IR-27) unter. 1945, in den letzten Kriegsmonaten, wurden hier Ersatzeinheiten ausgebildet und an die

Fronten weitergeleitet. Nach Kriegsende wurden hier Flüchtlinge und Einheiten der Sowjetarmee untergebracht. Danach, 1947/48, kam dort die Landespolizeischule von Mecklenburg unter. Schließlich zog die 2. KVP-Bereitschaft ein. Das war der Vorgänger des Mot.-Schützenregiments 28 (MSR-28).

Dieses Regiment blieb dort von Mai 1956 bis zu seiner Auflösung am 2. Oktober 1990.

Die Kaserne war ein recht zweckmäßiger Bau und für 800 bis 1.000 Mann konzipiert. Die Dienststärke des MSR-28 betrug aber etwa 2.000 Mann. Das erklärt eine gewisse Enge, die bis zum Ende der NVA währte. Von angenehmen Dienst- und Lebensbedingungen konnte kaum gesprochen werden.

Am 4. Oktober 1964 erhielt die Kaserne den Namen Wilhelm Florin (1894–1944). Er war ein Kölner, Kommunist und Reichstagsabgeordneter, der 1933 ins Exil getrieben wurde. Von 1935 bis zur Auflösung der Komintern gehörte er deren Exekutivkomitee an, danach wirkte er im Nationalkomitee »Freies Deutschland«. Er starb im Sommer 1944 und wurde in Moskau beigesetzt. Sein Sohn Peter, Freund von Markus Wolf und Wolfgang Leonhard, leitete zum Zeitpunkt der Namensverleihung die Außenpolitische Abteilung des ZK der SED ...

Vor der Mai-Parade in Berlin mit Soldaten des MSR-28; Leutnant Löffler (links), Hauptmann Ubert Pardella (Mitte), 1961.

Seit Oktober 1990 gehört die Kaserne der Bundeswehr und heißt seit dem 14. Mai 1992 »Hanse-Kaserne«. Gegenwärtig wird sie vom Marineamt genutzt.

Zur Ausbildung nutzten wir den Schießplatz Hinrichshagen/ Markgrafenheide, das Taktikgelände »Sturmstreifen« am Westrand von Rostock, die Fahrschulstrecken bei Schwaan sowie die Truppenübungsplätze Lübtheen und Klietz.

Die recht großen Entfernungen zu den Ausbildungsplätzen kosteten viel Zeit. Da in den Anfangsjahren der NVA nur wenige SPW und LKW im Bestand des Regiments waren, hieß es für uns – marschieren! Die Entfernung zum Schießplatz betrug 25 km, d. h. an einem Tag wurden fünfzig Kilometer zu Fuß absolviert. Dazwischen lagen etwa sieben Stunden Ausbildung.

Eine Bitte an den Vorgesetzten, ersatzweise Freistunden zu gewähren, wurde mit dem Hinweis zurückgewiesen, daß es dafür keine rechtliche Grundlage gäbe.

Jeweils im Sommer und im Winter gab es ein vierwöchiges Feldlager auf dem Truppenübungsplatz Lübtheen.

Das »chinesische Modell« – mein Kommandeur wird Soldat

Anfang 1959 schockierte uns Offiziere ein eigenartiger Beschluß des Politbüros der SED. Dieses »armeeferne« Gremium hatte festgelegt, daß alle Offiziere, Generale und Admirale der NVA pro Jahr vier Wochen Dienst als Soldat in einer Kompanie, Batterie bzw. als Matrose auf einem Schiff zu leisten haben.

Die Vorlage hatte die Volksrepublik China geliefert. Dort glaubte man der vermeintlichen Verbürgerlichung der Leitungs- und Führungskader in allen Bereichen am wirksamsten entgegenwirken zu können, wenn man diese befristet an die Basis zurückschickte. Im Herbst 1957 hatte eine NVA-Delegation die Volksbefreiungsarmee im fernen China besucht und sich von der Sinnfälligkeit dieser Übung überzeugen lassen. Unsere Soldaten amüsierten sich darüber, manche zeigten Schadenfreude.

Ende 1960 wurde der Beschluß und die nachfolgenden Befehle des Verteidigungsministers der DDR aufgehoben. Es hatte sich gezeigt, daß diese »Gleichmacherei« weder die Autorität der militärischen Führung hob noch das Verständnis der Rekruten für deren Belange sonderlich verbesserte.

Eine andere Art, »Verbundenheit mit der Arbeiterklasse« zu demonstrieren, bestand darin, Offiziere und Absolventen von Offiziersschulen, die noch nie in der materiellen Produktion tätig gewesen waren, für ein Jahr in einem Betrieb der Industrie, des Bergbaus oder der Landwirtschaft arbeiten zu lassen. Sie wurden nach den gültigen Bestimmungen der Betriebe entlohnt, blieben jedoch aktive Offiziere, die nur für das entsprechende Jahr freigestellt waren. Mein Studienkollege und Freund Hans Buchta ging nach Abschluß der Offiziersschule in Plauen für ein Jahr in die Jagdwaffenfabrik Suhl. Nach diesem praktischen Jahr bereitete er sich an der Offiziersschule in einem sechswöchigen Lehrgang auf den Truppendienst vor.

Offiziers-Ehrengericht

1959 nahm ich an zwei Verhandlungen eines Offiziers-Ehrengerichtes teil. Verhandelt wurden grobe Disziplinarverstöße eines Zugführers und ein schwerer Verkehrsunfall, den ein Zugführer verursacht hatte.

Offiziers-Ehrengerichte gab es seit dem 1. August 1957 gemäß Befehl Nr. 48/57 des Ministers für Nationale Verteidigung. Sie existierten bis zum 31. August 1961. Man folgte darin dem Vorbild früherer deutscher Streitkräfte. Aber das wird nicht der Grund gewesen sein, sie schon bald wieder abgeschafft zu haben. Vermutlich wollte man nicht den Eindruck eines Staates im Staate entstehen lassen – entweder gab es nur eine Justiz und galt das Gesetz für alle Bürger, ob mit oder ohne Uniform, oder jeder Bereich der Gesellschaft schuf sich eigene Regeln. Recht ist unteilbar, und darum waren Gremien dieser Art nicht ganz zeitgemäß.

Dem Ehrengericht gehörten bis zu fünf Offiziere an. Bei der Zusammensetzung des Ehrengerichts wurde darauf geachtet, daß z. B. kein Oberleutnant über das Vergehen eines Hauptmanns zu befinden hatte.

Ausbildung

Wöchentlich gab es vier Stunden Politunterricht. Jeweils am Dienstag und Freitag wurden die 1. und 2. Ausbildungsstunde dafür verwandt. Der Zugführer hatte den Politunterricht mit den

Soldaten seines Zuges und der Kompaniechef mit den Unteroffizieren in seiner Schulungsgruppe durchzuführen. Für die politische Ausbildung der Offiziere war der Stellvertreter des Regimentskommandeurs für politische Arbeit (StKPA) zuständig.

Die politische Schulung erfolgte anhand eines Jahresprogramms. Als Lehrmaterial dienten die thematische Broschüren »Wissen und Kämpfen«. Die Hauptmethoden der politischen Schulung der Soldaten waren der Vortrag, das selbständige Lesen und das Unterrichtsgespräch. In den Unterrichtsgesprächen wurden aber auch Dinge diskutiert, die nicht direkt zum vorgegebenen Thema gehörten. Das passierte besonders dann, wenn die Soldaten aus einem Urlaub zurückkehrten. Weiterhin redete man über die Erfolge der Sowjetunion bei der Erforschung des Weltraumes anläßlich der Flüge von »Sputnik« 1 und 2, der Landung von »Lunik 2« auf dem Mond oder über den Sieg Fidel Castros und seiner Kämpfer über das Batista-Regime auf Kuba.

Begeistert nahmen wir die Mitteilung auf, daß die sowjetische Luftverteidigung am 1. Mai 1960 ein strategisches Aufklärungsflugzeug der USA vom Typ Lockheed U-2 abgeschossen hatte. Dabei galt unser Beifall nicht nur der Tatsache, daß das Spionageflugzeug mit einer Rakete in großer Höhe getroffen worden war, sondern auch dem Umstand, daß die Sowjetunion die Spionage des Westens nicht mehr unwidersprochen hinnahm.

Es hatte schon etwas mit Selbstbewußtsein zu tun, ob man sich ins Zimmer blicken ließ, oder sich dieses nachdrücklich verbat. Und wenn der Aufforderung, dies zu unterlassen, nicht Folge geleistet wurde, mußte man sich auch zur Wehr setzen. Die Sowjetunion hatte nichts anderes getan. Das imponierte uns, weil wir die Reaktion auch für angemessen hielten. Es mußte im internationalen Verkehr auch Grenzen geben.

Vorgänge wie diese bestärkten uns in dem Gefühl, auf der besseren Seite zu stehen und ließen uns manche Unbill im Dienst ertragen.

In der Innendienstvorschrift DV 010/0/003 hieß es: »Den Armeeangehörigen ist es nicht gestattet, Rundfunk- und Fernsehsendungen aus dem nichtsozialistischen Ausland in militärischen Objekten und Unterkünften, einschließlich Wohnheimen, Ferienheimen, Kureinrichtungen und Lazaretten der NVA zu empfangen, Ton- und Bildträger sowie Druck- und Presseerzeugnisse aus dem nichtsozialistischen Ausland in diese mitzubringen.«

Um Ärger zu vermeiden, hielten wir uns an diese Vorgaben. Doch sie provozierten Fragen von den Soldaten nach Sinn und Zweck der Verbote. Natürlich war uns bewußt, daß zum Kalten Krieg der Systeme auch der psychologische Krieg gehörte, daß man einen Soldaten am wirksamsten ausschaltete, wenn man ihm das Verteidigungsmotiv nahm. Wenn einer nicht wußte, wozu er kämpfen sollte, dann tat er es auch nicht. Und daß vom Westen alles unternommen wurde, diese »Feste« zu schleifen, wußte jeder, der etwas vom politischen Einmaleins verstand. Nicht selten mußten wir von unseren Truppenübungsplätzen Flugblätter einsammeln, die der Westwind mit Ballons herübergeweht hatte. Und in Rundfunksendungen wurde getrommelt.

Dennoch verstörte uns der restriktive Umgang. Natürlich war es erklärlich: Man wehrte den Anfängen. Gleichwohl nahmen wir es auch als eine Art von Mißtrauen. Hielt man uns ideologisch für so wenig gerüstet, um der Westpropaganda individuell widerstehen zu können?

Am 7. Oktober 1960 wurde ich zum Leutnant befördert. Endlich. Nach zwei Jahren gab es die zwei »Pickel« auf Silberlitze. Ich hatte inzwischen sehr viel dazugelernt – nicht zuletzt vom Kommandeur des II. Mot.-Schützenbataillons, Major Walter Kapahnke, und vom Kompaniechef, Hauptmann Rudi Müller. Solide Unterstützung als Zugführer hatte ich auch von den Gruppenführern Unteroffizier Volker Wiegel aus Bad Doberan, dem Stabsgefreiten Zdunek sowie den Gefreiten Vogler, Ritter und Tiede erhalten.

Wir waren bei der Abschlußüberprüfung im Herbst 1960 »Bester Mot.-Schützenzug des II. Mot.-Schützenbataillons« geworden, und die 4. Mot.-Schützenkompanie erreichte im Leistungsvergleich den Titel »Beste Kompanie« des Militärbezirkes V. Das motivierte.

Es blieb nicht aus, daß man auch in Berlin auf uns aufmerksam wurde. *Die Volksarmee*, die Wochenzeitung der NVA, schickte einen Reporter, der Zeuge wurde, wie ich überraschend vom Infanteristen zum Artilleristen wurde. In der Ausgabe 19/61 konnte man nachlesen, was sich zwischen Weihnachten und Neujahr 1960 zugetragen hatte.

»Im vergangenen Jahr, am 28. 12. 1960, standen die Koffer des Zugführers Löffler fertig gepackt in der Stube. Der Festtagsurlaub zum Jahreswechsel war fällig. Plötzlich hieß es: Leutnant Löffler zum Regimentskommandeur!

Der junge Offizier eilte los, meldete sich und hörte den Befehl: Ab sofort übernehmen Sie die 1. Granatwerferkompanie (1. GWK) als Kompaniechef!«

So hatte es sich wirklich zugetragen. Von einem Tag auf den anderen übernahm ich am Montag, dem 2. Januar 1961, eine Kompanie. Deren Chef – Oberleutnant Hamm – war zum Studium an der Militärakademie in Dresden abkommandiert worden. Dem Ausbildungsprogramm entnahm ich, daß bereits in der 2. Februarwoche auf dem Truppenübungsplatz Klietz ein Gefechtsschießen geplant war. Vor Jahren, auf der Offiziersschule, waren wir lediglich mit den Grundregeln des Artillerieschießens vertraut gemacht. Ich beriet mich mit den Zugführern Leutnant Strehlow und Unterleutnant Claus, mit Hauptfeldwebel Helmke und Kompanie-Truppführer Unteroffizier Kuhnert (Artillerie-Aufklärer). Unser Entschluß: Leutnant Strehlow leitet vorrangig die Ausbildung im Gelände, Hauptfeldwebel »Spieß« Helmke sichert den rückwärtigen Bereich ab und der Kompaniechef, also ich, und drei neu zuversetzte Unteroffiziere haben täglich Schießtraining durchzuführen. So erlernte ich schrittweise die »augenmäßige« und »verkürzte« Vorbereitung des Schießens und die Feuerleitung einer Granatwerferkompanie.

An jedem Sonnabend wurde in der Artillerie-Lehrklasse, dem sogenannten Zimmer-Polygon, unter sorgfältiger Anleitung des Majors Sporkmann, Leiter Artillerie des MSR-28, die Artillerieaufklärung, das Bestimmen der Anfangsangaben, die Feuerleitung und anderes trainiert. Bis Februar war die Freizeit gestrichen.

Es gab nur ein Ziel: die Erfüllung der Schießaufgaben!

Es wurde erreicht.

Und noch einiges mehr.

Die Kompanie wurde am 22. Juli 1961 als »Bestes Kollektiv« ausgezeichnet. Zum Abschluß des Ausbildungsjahres 1961 gab es vom Kommandeur der 8. Mot.-Schützendivision, Oberst Gerhard Amm, eine Urkunde.

In den ersten Monaten als Kompaniechef der 1. Granatwerferkompanie hatte ich gelernt, keinen Schwierigkeiten auszuweichen, denn es fanden sich stets Lösungen. Dazu mußte man bereit sein zu lernen, auf Fachleute sowie auf Unterstellte hören und auch willens sein, Verantwortung auf viele Schultern zu verteilen. Der einzelne Soldat wurde nur dadurch herausgefordert, daß man ihn auch als Individuum wahrnahm und eben nicht wie »Schütze Arsch im letzten Glied« behandelte. An diesen Prinzipien hielt ich bis ans Ende meiner Dienstzeit fest.

»Spieß« Helmke war dabei ein guter Kamerad. Er brauchte keine ausformulierten Befehle. Die Nennung eines Ziels, einer Aufgabe genügten ihm, selbständig zu handeln. Im Laufe der Jahre mußte ich allerdings feststellen: Je älter die NVA wurde, desto weniger Helmkes gab es.

Ihr Fehlen erschwerte die Arbeit vieler Kommandeure, besonders der Mot.-Schützenregimenter und Mot.-Schützendivisionen. Meines Erachtens gab es dafür mehrere Ursachen. Zum einen entsprach die Ausbildung an den Offiziers- und Unteroffiziersschulen nicht den Erfordernissen. Das lag vermutlich daran, daß die meisten Lehroffiziere keine Truppenpraxis hatten und darum diese Probleme allenfalls theoretisch kannten, aber nie praktisch erfahren hatten. Und je länger der Frieden währte (was ja nicht nur Folge der Existenz der NVA, sondern auch deren eigentlicher Auftrag war), desto überflüssiger schien vielen Jugendlichen ein militärischer Beruf. Die NVA hatte zunehmend Nachwuchs-Probleme. Für die Rekruten gab es eine Wehrpflicht, aber die Unteroffiziere und Offiziere mußten sich freiwillig entscheiden. So kam es, daß jene, die länger dienten, auch die Aufgaben der unbesetzten Stellen übernehmen mußten. Diese Überforderung, die sich auch nach draußen mitteilte, schreckte wiederum ab. Das war ein Teufelskreis.

Hinzu kamen die wenig einladenden Dienst- und Lebensbedingungen. 85 Prozent der Truppe mußten präsent, die Kampftechnik stets einsatzbereit sein. Es gab Übungen und Arbeitseinsätze auch an Wochenenden. Hinzu kam ein umfangreicher Pflichtenkatalog. Die offiziellen Pflichten eines Zugführers bestanden aus zwölf, die eines Kompaniechefs aus 26 Positionen. Hinzu kamen Parteiaufträge, die Pflicht zur Mitwirkung in der Leitung der Jugendorganisation (FDJ) und der Armeesportvereinigung (ASV).

Die Gestaltung des Dienstes – letzlich die Beschäftigung des

Armeeangehörigen »rund um die Uhr« – folgte dem sowjetischen Muster. Wer beschäftigt war, kam nicht auf dumme Gedanken, lautete die einfache Formel. Auf welche »dumme Gedanken« konnte man kommen? Etwa nach dem Sinn dieser oder jener Verrichtung zu fragen? Natürlich, auch in einer sozialistischen Armee galt nun einmal das Prinzip der Subordination. Wehrpflicht war Dienstzeit, man »diente« seinem Vaterland. Und über Befehle wurde in keiner Armee der Welt diskutiert. Man hatte sie zunächst auszuführen. Dennoch hatte man in der NVA an die Stelle des Drills die bewußte Übung gesetzt. Der Barras war tot. Wir wollten den mitdenkenden Soldaten. Und der war wie wir verägert, wenn das Gefühl hochkam, man nahm uns Zeit, in der man hätte denken können.

Und wurden die Soldaten, die Berufssoldaten wie die temporären, dafür entschädigt, etwa durch Ausgang oder Urlaub?

Die Möglichkeiten der Belobigung waren begrenzt. Das Aussprechen von Sonderurlaub, z. B. als Ersatz für viele Überstunden, fand bei den höheren Vorgesetzten kaum Zustimmung.

Nicht weniger demotivierend war die Unterbringung – Wohnungen waren in Rostock knapp, die Altstadt war im letzten Kriegsjahr völlig zerstört worden. Bis 1963 wohnte ich mit drei Genossen in einer Bude, ehe mir der Luxus eines eigenen privaten Quartiers zuteil wurde.

Ich schrieb mehrere Gesuche an die zuständige Wohnungskommission. Als sich nichts tat, faßte ich Mut und schrieb eine Eingabe an den Staatsratsvorsitzenden, das machten sehr viele DDR-Bürger. Nun hatte auch Ulbricht keine Wohnungen zu verteilen, doch die Vorgesetzten wurden von Berlin aus verdonnert, das Problem zu lösen. Sie mußten schließlich ihm Vollzug melden.

Es versteht sich von selbst, daß sie ihren Unmut über diese ultimative Aufforderung nicht gegen den Staatsratsvorsitzenden richteten, sondern gegen jenen, der ihnen das alles eingebrockt hatte. Ich konnte mir Vorwürfe der Art anhören: Mir fehle die Einsicht, ich hätte keinen Klassenstandpunkt, und von Parteidisziplin habe ich wohl auch noch nichts gehört.

In mehreren Aussprachen wurden mir meine Grenzen gezeigt. Ich wurde unmißverständlich gewarnt, im Interesse meiner beruflichen Laufbahn kein weiteres Risiko einzugehen. Trotzdem erhielten Ende 1963 mehrere Berufssoldaten des MSR-28 eine Zwei-Zimmer-Neubauwohnung in Rostock zugewiesen. Auch ich. Vielleicht war der Umstand hilfreich, daß am 7. April 1963 unser Sohn Ralph zur Welt gekommen war und wir zu dritt waren.

Am 4. Oktober 1962 verlegte das MSR-28 im Eisenbahntransport in den Raum nördlich des Städtchens Oderberg. Der Auftakt für den Aufenthalt auf dem Truppenübungsplatz Jägerbrück begann mit einer Überprüfung der Gefechtsbereitschaft. Der Alarm wurde 16.00 Uhr am 22. September 1962 ausgelöst.

Es war der Tag, an dem ich meine Christina heiratete. Am Strand von Warnemünde hatte ich die Sekretärin am Bezirksgericht kennengelernt. Unsere Eltern, Geschwister, Offiziere und Unteroffiziere aus dem Regiment, auch der Kommandeur des MSR, waren zur Feier gekommen, als ein Kradmelder erschien. Pflichtgemäß verließen bis auf die kleine Regimentskapelle die Männer in Uniform die Feier.

Am 23. September waren die »Flitterwochen« zu Ende. Ich begab mich zum Truppenübungsplatz Jägerbrück, um persönlich die Kompanie auf die Aufgabe in Polen vorzubereiten.

Mit Ehefrau Christina, nach elf Ehejahren, als Hans-Georg Löffler das Mot.-Schützenregiment übernimmt, 19. September 1973.

August 1961, Einsatz in Berlin

Am frühen Nachmittag des 10. August 1961, es war ein Donnerstag, wurde im MSR-28 Alarm ausgelöst und befohlen, »im Objekt die Marschbereitschaft herzustellen«. Weder der Regimentskommandeur noch unser »Batailloner«, Hauptmann Pardella, waren vorab informiert worden. Niemand kannte den Grund. Unser Regiment zählte derzeit 176 Offiziere, 443 Unteroffiziere und 986 Soldaten.

18 Uhr brachen wir befehlsgemäß auf. Der Marsch ging in den Konzentrierungsraum Lychen-Templin-Zehdenick; das II. MSB war noch an einer Übung mit der 4. Flottille beteiligt. Die Marschstraße führte über Waren/Müritz, Fürstenberg/Havel und Lychen. Da sich in diesem Raum viele Garnisonen und Übungsplätze der Gruppe der sowjetischen Streitkräfte in Deutschland befanden, nahmen wir an, daß eine gemeinsame Truppenübung stattfinden werde.

Der 11. und der 12. August waren ausgefüllt mit Überprüfungen und Appellen. Ergänzend zur Ausbildung wurden in den Kompanien Politinformationen abgehalten. Schwerpunkt war die wachsende Aggressivität der NATO. Es habe seit Jahresbeginn mehrere große Manöver gegeben, seit dem 1. August befänden sich Teile der US-Truppen in Europa in Alarmbereitschaft, hieß es. Das Gipfeltreffen zwischen Kennedy und Chruschtschow im Juni in Wien habe keinen Fortschritt gebracht, im Gegenteil: Am 18. Juli hätten die Regierungen der USA, Frankreichs und Großbritanniens das sowjetische Memorandum über eine Friedensregelung mit Deutschland abgelehnt. Wenn man keine Friedensvertrag wolle – was führe man dann im Schilde?

Über Berlin wurde nicht gesprochen.

An unserer Überprüfung hatten viele uns unbekannte Offiziere der NVA und der Sowjetarmee teilgenommen. Diese Offiziere gehörten, wie wir später erfahren sollten, zum Kommando des Militärbezirkes V und zum Verteidigungsministerium sowie zum Stab der GSSD in Wünsdorf.

Am 12. August erhielten wir um 20.00 Uhr Befehl zur Einstellung der Ausbildung. Wir sollten weitere Befehle abwarten. Eine gewisse Unruhe begann sich breitzumachen. Zwei Stunden später wurden wir zum Kommandeur befohlen.

Bis 23.00 Uhr solle Marschbereitschaft hergestellt werden, hieß es. Wir fragten zurück: »Wohin soll es gehen?« Wir erhielten die Antwort: »Dem Spitzenfahrzeug folgen, die gesamte Marschstraße ist reguliert.«

Während des Marsches habe »Funkstille« zu herrschen.

24.00 Uhr kam der Befehl »Marschbeginn«.

Bald hatten wir die Autobahn Berlin–Prenzlau erreicht. Entfaltete Fernmeldetechnik und Stabsfahrzeuge, als »Meldestellen« bezeichnet, deuteten auf ein großes Manöver hin. Eventuell auf den Truppenübungsplatz bei Jüterbog?

Die Geheimhaltung funktionierte.

Erstaunt registrierten wir im heraufdämmernden Sonntagmorgen, daß bei Bernau Haubitzbatterien der GSSD in Feuerstellungen entfaltet waren.

Bei Schwanebeck wurden unsere Kolonnen von der VP in Richtung Ahrensfelde geleitet. Auch bei Ahrensfelde sahen wir Einheiten der Sowjetarmee. Bald erreichten wir die Berliner Stadtgrenze. Der Stab des Mot.-Schützenregiments 28 und das I. Mot.-Schützenbataillon wurden in eine Kaserne der Bereitschaftspolizei in Berlin-Buchholz untergebracht. Als erstes traten wir zum Appell an. Wir vernahmen, daß sich die Regierungen der Warschauer Vertragsstaaten an die Volkskammer und an die Regierung der DDR, an alle Werktätigen der Deutschen Demokratischen Republik mit der Bitte gewandt hatten, »an der Westberliner Grenze eine solche Ordnung einzuführen, durch die der Wühltätigkeit gegen die Länder des sozialistischen Lagers zuverlässig der Weg verlegt und rings um das ganze Gebiet Westberlins, einschließlich seiner Grenze mit dem demokratischen Berlin, eine verläßliche Bewachung und eine wirksame Kontrolle gewährleistet wird«.

Beifallsbekundungen oder Widersprüche blieben, wie stets, aus. Und ich glaube, daß nicht einer von uns damals ahnte, was diese Erklärung im einzelnen bedeuten würde. Denn nicht einmal die Verantwortlichen in der DDR wußten es. Später wurde Ulbricht zum Mauer-Bauer und Lügner gestempelt, weil er kurz vorher erklärt hatte, daß niemand die Absicht habe, eine Mauer zu errichten. Das hatte er, wie inzwischen die Archive bezeugen, wirklich nicht. Die Idee zur Mauer stammte von Chruschtschow, und das nunmehr entstehende Grenzregime war die Tat sowjetischer Militärs. Denn Moskau betrachtete die Grenze zu Westberlin und zur BRD nicht als Staatsgrenze der DDR, sondern als die westliche Außengrenze seines Systems.

So war denn auch die Staffelung der Kräfte: In der 1. Staffel standen Grenz- und Bereitschaftspolizei, wir gehörten zur 2. Staffel, die von NVA-Einheiten gebildet wurde, und in der 3. Staffel lagen die Einheiten der Sowjetarmee in Bereitschaft.

Die Mot.-Schützenkompanien des I. Mot.-Schützenbataillons fuhren Patrouille, sogenannte Demonstrationsfahrten, in Berlin. Ansonsten gab es politische Schulung, militärische Ausbildung, Sport, Wartung und Pflege unserer Fahrzeuge und Waffen. So ging es bis Ende des Monats, bis wir abgezogen wurden.

Nach dem Fall der Mauer und dem Ende der DDR wurde immer wieder erklärt, daß die Kriegsgefahr nur eine erfundene gewesen sei. Die seit 1958 andauernde Berlin-Krise habe ihren Ursprung in der dramatischen Fluchtbewegung aus der DDR gehabt. Die DDR habe ihre Grenze schließen müssen, um nicht völlig auszubluten. Insofern handelte es sich um eine Maßnahme zum Machterhalt der Kommunisten. Das stimmt, ist aber nicht die ganze Wahrheit.

Tatsache ist auch, daß die USA Stabilität und Ruhe in Europa haben wollten. Ihre strategische Option seit 1945 lautete: Russen raus aus Zentraleuropa und ganz Deutschland ins eigene Paktsystem integrieren. Dies aber war angesichts des atomaren Patts zwischen den Großmächten nicht mehr zu erreichen. Darauf hatten sich Chruschtschow und Kennedy in Wien verständigt. Folglich war Wien durchaus ein Erfolg: Der Westen hatte den Russen zugestanden, alles in ihrem Imperium machen zu können, was nicht die Interessen des Westens tangierte. Im Gegenzug wollte man ebenfalls in Ruhe gelassen werden. Gleichwohl sah sich Kennedy durch bestimmte aggressive Kreise in der Bundesrepublik unzulässig in eine Bündnispflicht genommen, da Bonn alles unternahm, die DDR zu destabilisieren, um dann als Ordnungsfaktor von außen einzugreifen. Die Kriegsgefahr war also durchaus vorhanden. Umso beruhigter legte sich darum Kennedy wieder aufs Ohr, als er die Nachricht erhielt, die Russen hätten die Grenze zu Westberlin dichtgemacht, nicht aber die Bewegungsfreiheit der dort stationierten Amerikaner, Briten und Franzosen eingeschränkt.

Die Maßnahme der Russen hatte die Verhältnisse in Deutschland und in Europa klargestellt. Nunmehr konnten sich beide Seiten darauf einrichten.

Das sollte auch für uns in der NVA Folgen haben. Kaum zurück in Rostock hieß es, daß wir das Mot.-Schützenregiment um ein drittes Mot.-Schützenbataillon erweitern sollten. Das war personell nicht zu bewerkstelligen, wenn die im Herbst zur Entlassung anstehenden Soldaten und Unteroffiziere gehen würden. Schließlich waren wir zu jenem Zeitpunkt noch immer eine Freiwilligenarmee. Wir mußten also mit ihnen reden und sie davon überzeugen, erst später ins Zivilleben zurückzukehren. Im Januar 1962 sollte dann die Volkskammer das Gesetz über die allgemeine Wehrpflicht erlassen.

Auf der anderen Seite hatte man das gleiche Problem. In der Zeittafel »40 Jahre Bundeswehr« las ich: »8. 12. 1961 – Gesetzentwurf der Bundesregierung zur Verlängerung der Dienstzeit für Wehrpflichtige von 12 auf 18 Monate, nachdem nach dem Bau der Berliner Mauer die Dienstzeit für ausscheidende Wehrpflichtige und Zeitsoldaten (12. September und 27. November) um drei Monate verlängert worden war (Anschlußwehrübungen). Das Gesetz wird am 22. Februar 1962 mit Wirkung zum 1. April 1962 vom Bundestag beschlossen.«

Ich erhielt den Befehl, die 1. Granatwerferkompanie an Leutnant Strehlow zu übergeben, im neuen III. Bataillon die 8. Mot.-Schützenkompanie zu formieren und sie danach als Kompaniechef zu führen. Als Leutnant eine Mot.-Schützenkompanie mit fast 100 Mann, zehn Schützenpanzerwagen …

Ungern verließ ich das I. MSB.

Befehlsgemäß meldete ich mich beim Kommandeur des III. MSB, Major Rudi Dollas. Die erste Dienstbesprechung begann mit der Vorstellung der Bataillonsführung und der Kompaniechefs durch den Stabschef des Mot.-Schützenregiments 28 (MSR-28), Major Willi Dörnbrack.

Das neue, das III. Mot.-Schützenbataillon, sollte von folgenden Offizieren formiert und zum Prädikat »Gefechtsbereit« geführt werden: Kommandeur Major Dollas, Stabschef Hauptmann Knoll, Politstellvertreter Oberleutnant Mahlke, Techniker Hauptmann Gunsch, Kompaniechef 7. MSK Hauptmann Bartzke, Kompaniechef 8. MSK Leutnant Löffler und Kompaniechef 9. MSK Oberleutnant Neumann.

Die Offiziere und Unteroffiziere des Bataillons waren jung. Das Durchschnittsalter der Offiziere betrug 28 und das der Unteroffiziere 22 Jahre. Die Älteren hatten das ABC des Soldatseins bei der Kasernierten Volkspolizei erlernt. Keiner hatte Erfahrungen als Soldat bei der Wehrmacht sammeln können oder müssen.

In der *Chronik des Panzerbataillons 13* (später PzBtl 183) der Bundeswehr las ich 1996: »Das Durchschnittsalter des Kader-Personals war bei Offizieren 36 Jahre (im Jahre 1956), [...] bei Unteroffizieren 35 Jahre [...], bei Mannschaften 26 Jahre. Bis auf wenige hatten die Soldaten aller Dienstgradgruppen der Panzertruppe angehört oder kamen von anderen gepanzerten Truppenteilen, so von der Sturmgeschütz- oder Panzerjägertruppe der ehemaligen Wehrmacht.«

Das Aufstellen und Formieren der Kompanie war nicht einfach. Es fehlte an allem: an Schränken, Tischen, Hockern und an Waffenreinigungsgeräten, selbst Dienstvorschriften waren kaum vorhanden.

Wir hofften, daß das III. MSB in der benachbarten Kaserne unterkäme. Daraus wurde nichts. Das Regiment mußte noch mehr zusammenrücken.

Sprachen wir das Problem kritisch an, hieß es gleichermaßen entschuldigend wie abschließend: »Unsere sowjetischen Waffenbrüder müssen unter wesentlich schlechteren Bedingungen leben.«

Das stimmte. Aber konnte das ein Grund sein, diesem unwürdigen Vorbild zu folgen? Dennoch halte ich ein Wort der Erklärung an dieser Stelle für angebracht. Meine fortgesetzte Monita über die oft miserablen Bedingungen unseres militärischen Daseins sollen auch als Beleg dafür dienen, daß mitnichten – wie zuweilen heute wider besseren Wissens behauptet wird – die NVA komfortabler lebte als der Rest der DDR-Bevölkerung. Uns ging es nicht besser und nicht schlechter, obgleich wir wahrscheinlich stärker gefordert wurden als andere Bevölkerungsgruppen. In der DDR herrschte an vielem Mangel, und anderthalb Jahrzehnte nach Kriegsende waren noch allerorts die Schäden zu besichtigen. Im Osten Deutschlands hatten die letzten verheerenden Schlachten des Krieges getobt, hier waren die letzten Fabriken und die Gleise demontiert und als Reparationen gen Osten gegangen – auch für Westdeutschland, das seine Lieferungen schon bald eingestellt hatte. Wir waren von Herkunft und Ausstattung der ärmere Teil Deutschlands. Und dennoch waren wir entschlossen, den Wettlauf aufzunehmen. Wir knirschten also mit den Zähnen, ballten die Fäuste – und fügten uns ins Schicksal.

Am 4. April 1962 trafen die ersten Wehrpflichtigen bei uns ein. Sie erfüllten unsere Erwartungen. Nun bestand die Kompanie aus Freiwilligen und Wehrpflichtigen. Die Freiwilligen avancierten zu guten Hilfsausbildern, meistens in der Funktion als stellvertretender Gruppenführer.

Nach der vierwöchigen militärischen Grundausbildung erfolgte die Vereidigung. In Gegenwart vieler Offizieller der Stadt Rostock, von Gästen aus den Betrieben und Familienangehörigen der jungen Soldaten, sprachen sie den seit dem 24. Januar 1962 geltenden Fahneneid. »Ich schwöre: Der Deutschen Demokratischen Republik, meinem Vaterland, allzeit treu zu dienen und sie auf Befehl der Arbeiter-und-Bauern-Regierung gegen jeden Feind zu schützen.

Ich schwöre: An der Seite der Sowjetarmee und der Armeen der mit uns verbündeten sozialistischen Länder als Soldat der Nationalen Volksarmee jederzeit bereit zu sein, den Sozialismus gegen alle Feinde zu verteidigen und mein Leben zur Erringung des Sieges einzusetzen.

Ich schwöre: Ein ehrlicher, tapferer, disziplinierter und wachsamer Soldat zu sein, den militärischen Vorgesetzten unbedingten Gehorsam zu leisten, die Befehle mit aller Entschlossenheit zu erfüllen und die militärischen und staatlichen Geheimnisse immer streng zu wahren.

Ich schwöre: Die militärischen Kenntnisse gewissenhaft zu erwerben, die militärischen Vorschriften zu erfüllen und immer und überall die Ehre unserer Republik und ihrer Nationalen Volksarmee zu wahren.

Sollte ich jemals diesen meinen feierlichen Fahneneid verletzen, so möge mich die harte Strafe der Gesetze unserer Republik und die Verachtung des werktätigen Volkes treffen.«

Zur Vorbereitung auf die Vereidigung gehörte die Erläuterung des Schwurs. Zwei Fragen wurden im Unterricht besonders diskutiert. Was heißt es, »den militärischen Vorgesetzten unbedingten Gehorsam zu leisten«? Und: »mein Vaterland, die Deutschen Demokratischen Republik«?

Der »unbedingten Gehorsams« ließ sich leichter erklären als die Sache mit dem Vaterland.

Heißt das Vaterland nicht Deutschland? In der Nationalhymne der DDR sangen wir doch auch »Deutschland, einig Vaterland«. Und betrachtete sich die DDR nicht als eine Art Übergang, als Provisorium, schließlich forderte wir unablässig »Deutsche an einen Tisch« und die Wiederherstellung der deutschen Einheit?

Wir waren unsicher.

Und beriefen uns auf den Duden, in dem es unter »Vaterland« hieß: »Land, in dem jemand geboren oder aufgewachsen ist; Synonym für Heimat.«

Das patriotische Vaterland hatten wir wohl auch von der Sowjetunion entliehen. »Rodina« war der Ruf, mit dem man im Großen Vaterländischen Krieg die Okkupanten vertrieb. Und wir warben unter diesem Schlachtruf im Herbst 1961 Soldaten: »Das Vaterland rief – wir kamen. Das Vaterland ruft – wir bleiben, schützen und verteidigen die Grenzen der DDR!«

Aber so richtig war die Frage damit nicht geklärt.

Die Volksarmee *brachte im August 1962 dieses Foto:* »*Die Mot.-Schützen der Kompanie Löffler erfüllten bei einer Inspektion in den meisten Ausbildungszweigen die Normen mit den Noten ›Sehr gut‹ und ›Gut‹. Das Hauptverdienst daran hat ihr Kompaniechef, Genosse Löffler, der deshalb vom Chef des Militärbezirks vorzeitig zum Oberleutnant befördert wurde.*«

Am 10. August 1962 wurde ich vorzeitig zum Oberleutnant befördert. Damit honorierten meine Vorgesetzten meinen Einsatz beim Sommerlager auf dem Truppenübungsplatz Lübtheen. Unser III. Mot.-Schützenbataillon erzielte im Gefechtsschießen die Note »Gut«. Die von mir geführte Kompanie erreichte in der Taktischen Übung »Die MSK als verstärkte Aufklärungsabteilung«, in der Schießausbildung und Politschulung die Note »Gut«, in der Schieß-, Schutz- und Pionierausbildung sowie im Sport die Note »Sehr gut«.

Der Erfolg wäre uns durch ein peinliches Mißgeschick fast aus den Händen geglitten. Der Schütze 1 einer sMG-Bedienung stürzte und verletzte sich. Was tun? Ich hatte bereits geschossen und durfte nicht mehr antreten. Oberst Horst Stechbarth, 1. Stellvertreter des Chefs des Militärbezirkes V., war zur Inspektion erschienen und erklärte, er mache das.

Und tatsächlich: Er holte die Kastanien aus dem Feuer und verhalf so der 8. Mot.-Schützenkompanie bei dieser Leistungsüberprüfung zum Erfolg.

Übung in Polen

Am 7. Oktober 1962 – in der DDR wurde der »Tag der Republik« gefeiert – begann der Marsch in den Übungsraum östlich von Szczecin (Stettin). Bei Hohensaaten passierte die 8. MSK auf SPW-152 die Oder auf einer Pontonbrücke. Parallel zur Oder führte unsere Marschstraße durch Zehden (Cedynia), Königsberg (Chojna), Greifenhagen (Gryfino) bis nach Stargard (Szczecsinski). Verwundert registrierten wir Wachtürme und Zäune im Grenzbereich. Einige Polen waren sehr erstaunt, als sie deutsche Soldaten in voller »Kriegsbemalung« sahen.

In meinem siebten Dienstjahr habe ich ersten Kontakt zu polnischen und sowjetischen »Waffenbrüdern«. In Politunterricht wurde zum Thema Waffenbrüderschaft viel theoretisiert, aber Begegnungen mit Soldaten der Verbündeten gab es keine. Doch erstaunlich: Wir haben überhaupt keine Probleme, miteinander klarzukommen. Wir verstehen uns mit den Polen und den Russen prächtig.

Zum Abschluß der gemeinsamen Übung fanden in Szczecin ein feierlicher Appell und eine Truppenparade statt. An unsere

Divisionsfahne wurde der Orden »Goldener Greif« geheftet. Unser Regiment, das Mot.-Schützenregiment 28, erhielt eine polnische Truppenfahne überreicht. Zum Fahnenkommando gehörten Hauptmann Goede von der 85-mm-Kanonenbatterie sowie die Soldaten Janusziak und Reffke (beide aus Hennigsdorf) sowie Wrobel aus meiner Kompanie.

Die *Volksarmee* berichtete hymnisch unter der Überschrift »Eine Manifestation der Freundschaft«: »9. Oktober 1962. Die Bürger Szczecins hatten ihre Stadt, den Hafen, die Werften festlich geschmückt. Auf dem Platz Jasne Blonie waren sowjetische, polnische und deutsche Truppenteile in Paradeformationen angetreten. Diesen jungen Kämpfern galt der Gruß von über 30.000 Szczecinern, die dicht gedrängt den weiten Platz wie eine Mauer einfaßten. Angetreten waren jene Soldaten, die in den vergangenen Tagen während der gemeinsamen Truppenübung ihre hohe Gefechtsbereitschaft bewiesen.

In seiner Rede lobte der Minister für Nationale Verteidigung der Volksrepublik Polen, Waffengeneral Marian Spychalski, den Mut, die Ausdauer und Kampfbereitschaft der Truppen, die gute Organisation der Stäbe und das Zusammenwirken der Truppenteile der drei Armeen während der Übung. Er hob weiter hervor, daß diese gemeinsamen Manöver die brüderliche Verbundenheit der sozialistischen Armeen weiter gefestigt haben.

Zum Abschluß fand in den Straßen Szczecins eine Truppenparade statt. Zwei Stunden lang rollten modern ausgerüstete sowjetische, polnische und deutsche Einheiten an der Ehrentribüne vorbei, auf der der Oberkommandierende der Vereinten Streitkräfte des Warschauer Vertrages, Marschall der Sowjetunion A. A. Gretschko, Waffengeneral M. Spychalski, Generale, Admirale und Offiziere der Bruderarmeen Platz genommen hatten.

Zwei Ereignisse dieser Tage, die die Einheit und Geschlossenheit des sozialistischen Lagers beweisen, und vor aller Welt zeigen, daß die Freundschaft und Waffenbrüderschaft unantastbar ist.«

Das Ausbildungsjahr 1962 hatte uns enorm gefordert und belastet, seit Juni 1962 waren wir ständig »auf Achse«. Das begann mit dem Schul- und Einzelgefechtsschießen auf dem Schießplatz in Markgrafenheide/Hinrichshagen, im Juli und August hatten wir das Sommerfeldlager und die Inspektion auf dem Truppenübungsplatz Lübtheen, die letzte Septemberwoche verbrachten wir auf dem Truppenübungsplatz Jägerbrück, vom 4. bis 12. Oktober waren wir in Polen ...

In der Karibik hingegen hing der Weltfrieden am seidenen Faden. Moskau hatte atomar bestückte Raketen zur Verteidigung Kubas auf die Insel gebracht. Sie bedrohten nunmehr direkt die USA, wie deren in der Türkei stationierte Raketen die Sowjetunion bedrohten. Washington verhängte daraufhin eine Seeblockade und forderte den Abzug der Raketen, Moskau blieb hart. In letzter Sekunde, wovon aber die Weltöffentlichkeit erst sehr viel später erfahren sollte, widersetzte sich Präsident Kennedy jedoch seinen »Falken«, die einen Präventivschlag gegen die Sowjetunion forderten. Moskau zog seine Raketen ebenso zurück wie die Amerikaner die ihren. Und Kennedy erklärte öffentlich, Kuba nicht angreifen zu wollen.

Wir feierten das als Sieg der stärkeren Nerven.

Am Ende des Ausbildungsjahres überreichte der Chef des Militärbezirkes, Generalmajor Bleck, die Urkunde »Beste Kompanie« und das »Leistungsabzeichen der NVA«. Der Regimentskommandeur belobigte die Angehörigen der 8. MSK, mich eingeschlossen – mit einem Tag Sonderurlaub.

In den Abendstunden des 4. Januar 1963 schrillten in den Unterkunftsblöcken und in den Wohnungen die Alarmglocken. Nach der Herstellung der Marschbereitschaft im Sammelraum bei Rostock begann der Marsch des Regiments in Richtung Waren/ Müritz und Röbel bis an die nördliche Begrenzung des Truppenübungsplatzes Wittstock. Das MSR-28 bezog einen Konzentrierungsraum bei der Siedlung Walkmühle. Erst dort erfuhren wir den Grund. Vom 5. bis 10. Januar sollten wir »Die verstärkte MSD in der Verteidigung, Abwehr eines Angriffs des Gegners, Unterstützung des Gegenangriffs der 2. Staffel des 15. Armeekorps« üben.

Bei bitterer Kälte bezog das MSR-28 den Verteidigungsabschnitt. Der gefrorene Boden und die Kälte verzögerten den Ausbau der Verteidigungsstellungen. Am dritten Übungstag war hoher Besuch angesagt: Armeegeneral Heinz Hoffmann. Der Minister fuhr in einem geländegängigen Pkw vom Typ »Pobjeda« vorbei und hielt in der Nähe. Hoffmann trug eine Fellmütze, einer russischen Papacha nicht unähnlich. Er gab sich leutselig und sorgte für heftige Zustimmung mit der Nachricht, daß die NVA noch in diesem Jahr Pelzmützen bekäme. Er sah unsere rotgefrorenen Ohren.

Die Übung wurde mit einem Angriff in Richtung Jägerpfuhl, Weheberg (Punkt 90,7) fortgesetzt. Mit dem Erreichen des Bombenabwurfgeländes kam für uns sehr überraschend, aber bejubelt, das Signal »Übungsende«. Es war einfach zu kalt. Wir bezogen Quartier in Scheunen und Lagerhäusern und warteten auf den Beginn der Verlegung nach Rostock. Die Fürsorge der Bauern war rührend – ich erlebte nie wieder ein solches Biwak.

Anfang Oktober 1963 mußte ich mich beim Regimentskommandeur, Oberstleutnant Wilhelm Schönke, melden. Er überzeugte mich davon, am 23. Oktober die 5. Mot.-Schützenkompanie/II. Mot.-Schützenbataillon zu übernehmen. Die 8. MSK soll von Leutnant Werner geführt werden. »Warum?«, fragte ich, »MSK ist MSK«.

Die 5. gehöre nicht zu den besten Kompanien und wäre ein Sorgenkind und deshalb diese für mich nicht angenehme Entscheidung. Am 22. Oktober nahm ich Abschied von den Soldaten der 8. MSK, dieser guten Truppe und vom III. MSB.

Das war nun schon meine dritte Versetzung innerhalb des Mot.-Schützenregiments-28.

Die Aufgabe war gleichermaßen schmeichelhaft wie schwierig: Wie sollte ich eine Truppe auf Vordermann bringen? Offensichtlich war die Armee wie Fußball: Spielte eine Mannschaft schlecht, wechselte man den Trainer.

Ich meldete mich beim Bataillonskommandeur. Major Hans Fischer stellte mich Hauptmann Ernst Schweiger und Hauptmann Döring vor, die ich bereits kannte.

Zu verbessern seien die Taktik- und Schießausbildung sowie die militärische Disziplin und Ordnung, hieß es. Also alles.

Gemeinsam mit den Zugführern Leutnant Wiecha, Unterleutnant Richter und Feldwebel Kettler sowie mit dem Hauptfeldwebel Bentert – ein sehr fleißiger »Spieß« und »Innendienstleiter« – analysierten wir die Lage und erstellten für das 1. Halbjahr 1964 ein Programm.

In besonderer Erinnerung blieb mir aus jener Zeit der Soldat Adolf Kunze, er wohnt seit 1989 in Königslutter in Niedersachsen.

Er war der beste Schütze der Kompanie, sehr fleißig und leistungsstark – und ein strenggläubiger Siebentageadventist. Der Feiertag war für ihn der Samstag, dort verweigerte er jeden Befehl. Wir trafen eine Art Gentlement agreement: Wir »tauschten« die beiden Tage. So erfüllte er am Sonntag jene Aufgaben, die er am Samstag hätte erledigen müssen. Diese Verabredung hielten wir bis zu seiner Entlassung.

Allerdings wurden meine Pläne über den Haufen geworfen, als wir am 10. Februar nach Schwedt abkommandiert wurden. Im dortigen Erdölverarbeitungswerk sollten wir bis zum 18. April Rohrleitungen isolieren. Wir hatten die Planschulden des VEB Isolierungen, Wärme- und Kälteschutz Leipzig abzutragen. 30 Jahre später stand ich wieder vor dem Werktor. Das ehemalige Petrolchemische Kombinat (PCK) hieß jetzt Raffinerie GmbH. Und ich war Vertriebsingenieur und sollte für die DE-Consult den Auftrag zur Planung/Projektierung der Werks- und Anschlußbahnen sichern. Von 1994 bis 1996 wurde der Auftrag erfüllt.

Wie in der Volkswirtschaft wurde auch in der NVA der sozialistische Wettbewerb geführt. Der Wettbewerb sollte, so stand es in den Lehrbriefen, ein ständiges Führungsmittel der Kommandeure, Chefs und Leiter aller Stufen zur Entwicklung der Initiative der Armeeangehörigen und Zivilbeschäftigten sein. Das Ziel bestand im Erreichen von besten Ergebnissen in der Ausbildung, um damit

Arbeitseinsatz im Petrolchemischen Kombinat Schwedt, 1964.

die Kampfkraft und den Grad der Gefechtsbereitschaft zu erhöhen. Als Kompaniechef hatte ich den Mot.-Schützenzügen und dem Kompanietrupp Zielvorgaben zu machen, auf deren Grundlage die Zugführer die Wettbewerbsprogramme ihrer Züge in Abstimmung mit den Gruppenführern erstellten. Im Interesse des Erreichens guter und sehr guter Ausbildungsergebnisse, einer guten militärischen Disziplin und Ordnung sowie eines guten Zustandes der Bewaffnung und Ausrüstung der Kompanie mußte der Wettbewerb straff organisiert und geführt werden. Periodische Auswertungen, z. B. nach dem Abschluß der Einzel- oder Gruppenausbildung, halfen, den erreichten Leistungsstand zu analysieren und Aufgaben für den nächsten Abschnitt des Wettbewerbes abzuleiten.

Leistungsvergleiche in den einzelnen Ausbildungszweigen gaben einem Kompaniechef die Möglichkeit, die »Besten Soldaten«, die »Besten Gruppen« oder den »Besten Mot.-Schützenzug« zu ermitteln.

Um »Beste Kompanie« des Regiments zu werden, mußte eine Vielzahl von Aufgaben erfüllt werden. Die Erfüllung des Ausbildungsprogramms mit den Noten »Gut« und »Sehr gut«, eine gute militärische Disziplin und Ordnung, keine besonderen Vorkommnisse, keine Mängel in der Wartung und Pflege der Schützenpanzerwagen, der Bewaffnung und Ausrüstung und anderes mehr bildeten die Voraussetzung für den Bestentitel. Im Vordergrund stand jedoch die Fähigkeit der Gruppen- und Zugführer, des Hauptfeldwebels und des Kompaniechefs zur Führung, Ausbildung und Erziehung der Nachgeordneten.

Der Wettbewerb und die Leistungsvergleiche innerhalb der Kompanie oder zwischen den Kompanien des Regiments unterstützten die Ziele eines Ausbildungsjahres und halfen im Ringen um den Titel »Beste Kompanie in der Ausbildung«. Die von mir geführten Kompanien konnten nach dem Abschluß der Ausbildungsjahre 1961, 1963 und 1964 den Titel »Beste Kompanie« erringen, womit schon verraten ist, daß ich auch das übernommene Schlußlicht auf Vordermann gebracht habe.

Der Auszeichnungsakt erfolgte in Strausberg am 19. Oktober 1964. Eine kleine Abordnung unserer Kompanie, die Soldaten Boom und Thiemann, der Unteroffizier Giese und ich als Kompaniechef erhielten vom Verteidigungsminister die Urkunde »Beste

> NATIONALE VOLKSARMEE
>
> URKUNDE
>
> für
>
> *die 8. Kompanie 3. MSB / MSR-28*
> *Kp. Chef Oberleutnant Löffler*
>
> In Anerkennung
> der
> *ausgezeichneten*
>
> Leistungen bei der Erfüllung der politischen und militärischen Aufgaben und des beispielhaften Verhaltens im Ausbildungsjahr
>
> **1962**
>
> NEUBRANDENBURG, den 20.11.62
> -GENERALMAJOR- /BLECK/

Auszeichnung für die 8. MSK/MSR-28, 1962.

Kompanie des Mot.-Schützenregiments 28« und die »Verdienstmedaille der NVA« in Bronze überreicht. Auch wenn kein Geld »dranhing«, haben wir uns darüber gefreut und waren stolz auf das, was wir in einem Jahr geschafft hatten.

Als Kompaniechef war ich verantwortlich für die Gefechtsbereitschaft, die politische und Gefechtsausbildung, den politisch-moralischen Zustand, die Einsatzbereitschaft der Militärtechnik und anderer materieller Mittel der Kompanie. In Anlehnung an diese grundsätzlichen Aufgaben hatte jeder Kompanie- oder Batteriechef die Aufgaben zur Entwicklung des geistig-kulturellen und sportlichen Lebens zu stellen, den Klubplan zu bestätigen, die kulturpolitische Arbeit und den Freizeitmassensport in den sozialistischen Wettbewerb einzubeziehen sowie das Erlernen und Singen von Marschliedern durchzusetzen.

Die aufgeführten Schwerpunkte gehörten zum Komplex der politisch-ideologischen Arbeit mit den Armeeangehörigen. Diese hatte das Ziel, den Armeeangehörigen zu helfen, »sich ein hohes Klassen- und Staatsbewußtsein sowie eine hohe Kampfmoral anzueignen«.

Ich gebe zu, das klingt heute so gespreizt und gestelzt wie schon damals. Dennoch war es nichts weniger als der gleichermaßen verständliche wie notwendige Zwang, der Kasernen-Routine und der Monotonie des Soldatenalltags aktiv entgegenzuwirken.

Zur Umsetzung dieser Vorgaben hatte ich mit dem Parteigruppenorganisator, dem FDJ-Sekretär und dem Sportorganisator der Armeesportvereinigung (ASV) in der Kompanie zusammenzuarbeiten. Diese drei Funktionäre waren nicht hauptamtlich tätig. Zu ihrem Parteiorganisator hatten die fünf bis sieben Mitglieder und Kandidaten der SED Hauptfeldwebel Bentert gewählt. Er zählte zu den erfahrensten Soldaten der Kompanie. Zum FDJ-Sekretär und Sportgruppenorganisator wurden in der Regel Gruppenführer (Unteroffiziere) gewählt. Die Mitgliedschaft in der FDJ und ASV betrug in der Kompanie fast 100 Prozent. Mein Ziel war es, daß mich diese drei Funktionäre dabei unterstützten, daß unsere Kompanie stets zu den besten Kompanien im Regiment gehört. Der Parteigruppenorganisator und der FDJ-Sekretär sollten dabei helfen, daß die Armeeangehörigen zur Erreichung bester Ausbildungsergebnisse motiviert werden, den Sinn des Soldatseins verstehen und danach handeln sowie bewußt an der Verbesserung der militärischen Disziplin und Ordnung mitwirken.

Wir Kompaniechefs hatten dafür zu sorgen, daß sich stets 85 Prozent der Soldaten und Unteroffiziere der Kompanie nach Dienst sowie an den Wochenenden in der Kaserne aufhalten mußten (»Gefechtsbereitschaft«). Folglich mußten alle Möglichkeiten ausgeschöpft werden, um die Armeeangehörigen sinnvoll zu beschäftigen. Das hatte durchaus auch einen prophylaktischen

Hintergrund. Es mußte unbedingt Leerlauf vermieden werden. Leerlauf in Kasernenstuben gebiert dumme Ideen.

Partei-, FDJ- und Sportarbeit erfolgte stets nach Dienst, d. h. nach 17.00 Uhr und an den Wochenenden. Die Vorgesetzten und Unterstellten verkehrten in den Parteiversammlungen wie im Dienst per »Sie«, obgleich in der SED grundsätzlich alle per »Du« waren. Diesen feinen Unterschied hatte man sich bewahrt.

Die fachliche Anleitung erhielten die genannten drei Funktionäre von den hauptamtlichen Politoffizieren im Bataillons- und im Regimentsstab.

Mit Beginn der zweiten Aufbauetappe der NVA, also mit Einführung der allgemeinen Wehrpflicht im Jahre 1962, erfolgte eine schrittweise Modernisierung der Bewaffnung und Ausrüstung. Die bisher genutzten Waffen, Ausrüstungen und Strukturen entsprachen nicht mehr den aktuellen Anforderungen.

Dadurch, daß wir Arbeitskommandos zu stellen hatten, erfuhren wir auch, daß in Goldberg, Stern-Buchholz und Karow neue Kasernen gebaut wurden. Das Pionierbataillon 8 (PiB-8) bezog 1963 einen Teil der neuen Kaserne in Goldberg. Ein Jahr später, 1964, folgte das PR-8 den Pionieren. In der Goldberger Kaserne wurde auch die Raketenabteilung 8 (RA-8) aufgestellt und disloziert. Im Sommer 1967 verlegten die Flak-Abteilung 16 (später FR-8) und das Artillerie-Regiment 16 (später AR-8) von Prora nach Rostock.

Mit der Umgruppierung von Regimentern und selbständigen Bataillonen (z. B. Pionierbataillon 8), der Ausstattung mit moderner Bewaffnung und Ausrüstung konnte die Kampfkraft und der Grad der Gefechtsbereitschaft der 8. Mot.-Schützendivision wesentlich gesteigert werden.

Zu den Strukturveränderungen gehörte, daß die Mot.-Schützenregimenter (MSR) ab Herbst 1961 statt bisher zwei Mot.-Schützenbataillone (MSB) jetzt drei MSB zu je ca. 400 Mann im Bestand hatten. Damit betrug die neue Personalstärke eines MSR ca. 1.950 Mann.

Ein Ausbildungsjahr begann in der NVA am 1. Dezember und endete am 30. November des folgenden Jahres. Es war in zwei Ausbildungshalbjahre zu je fünf Monaten geteilt. Die Monate Mai und November dienten zur Vorbereitung auf das neue Ausbildungsjahr bzw. -halbjahr.

In diesen Vorbereitungsmonaten galt es, eine Vielzahl von Aufgaben zu erfüllen. Diese waren nur schwer personell, materiell und terminlich zu realisieren. Dazu gehörten die methodischen Lehrgänge (3 bis 5 Tage) mit den Kompaniechefs, Zug- und Gruppenführern, die Ausbildung der am 5. bzw. 6. des Monats Mai bzw. November einberufenen Wehrpflichtigen, die Durchführung von Baumaßnahmen zur Erweiterung und Verbesserung der Ausbildungsanlagen, die Instandsetzung der Panzermarschstraßen zu den Übungsplätzen, Wartungs- und Pflegearbeiten an den eingelagerten Mobilmachungsreserven usw. Die »Ordnung Nr. 062/9/001« des Verteidigungsministers legte beispielsweise fest, daß »die Realisierung von Baumaßnahmen zur Erhaltung, Erneuerung und Erweiterung […] von Ausbildungsanlagen […], vorrangig durch Leistungen der Truppe und der Baupioniere in Verantwortung der Kommandeure zu erfolgen hat«. Dieser Kelch ging an den Raketen-, Artillerie- oder Flak-Truppenteilen meist vorüber.

Ab Herbst 1964 übernahmen reguläre Bausoldaten (»Spatensoldaten«) einen Teil der Aufgaben zur Erweiterung bzw. Instandsetzung von Ausbildungsanlagen. Das waren junge Männer, die aus zumeist christlichem Glauben den Dienst mit der Waffe ablehnten. Sie leisteten einen Wehrersatzdienst, der so lange dauerte wie die Wehrpflicht: nämlich 18 Monate.

Der Militärbezirk V hatte ein Bataillon mit Bausoldaten im Bestand. Jährlich wurden ca. 1.500 junge Männer als Bausoldaten einberufen und in die Baupionierbataillone bzw. -einheiten der NVA eingegliedert. Wir im Regiment hatten kaum Kontakt zu den Bausoldaten, da diese in der Regel auf den verschiedenen Baustellen, weit entfernt von den Kasernen, zum Einsatz kamen.

Ein Truppenkommandeur der Bundeswehr wurde und wird kaum mit Aufgaben wie etwa dem Ausbau von Truppenübungsplätzen konfrontiert. Das lief anders, wie ich es in der Zeit meiner Tätigkeit in einem Ingenieurunternehmen erleben konnte.

Der Kommandant des Truppenübungsplatzes Jägerbrück benötigte eine neue Marschstraße. Dieses Ansinnen übergab die zuständige Standortverwaltung an das Landesbauamt Neubrandenburg. Auf der Grundlage einer Ausschreibung bewarben sich mehrere Ingenieurbüros. Eines erhielt den Auftrag zur Planung. In einer weiteren Ausschreibung des Landesbauamtes wurde eine Baufirma gefunden.

Kein Soldat kam dabei zum Einsatz, sie konnten »störungsfrei« ausgebildet werden.

Eine derart »störungsfreie Ausbildung« blieb uns in der NVA versagt.

Kandidat für den Besuch einer Militärakademie

Am Ende des Ausbildungsjahres 1964 teilte mir der Bataillonskommandeur überraschend mit, daß er mich zum Studium an einer Militärakademie vorgeschlagen habe. Ich hätte in den vergangenen drei Jahren als Kompaniechef alle Aufgaben zur vollen Zufriedenheit der Vorgesetzten erfüllt. Das rechtfertige nicht nur eine Delegierung an eine Militärakademie, sondern erzwinge sie geradezu. Ich solle nicht abwehren: Dieser Vorschlag sei bereits mit der Bataillonsführung und Parteileitung abgestimmt. Aber das könne noch einige Zeit dauern.

Was empfand ich dabei: Freude, Stolz, Genugtuung? Wohin wollte ich eigentlich? Was strebte ich in meinem militärischen Leben überhaupt an? Die Mär von dem Marschall-Stab, den angeblich jeder im Tornister trägt, glaubte niemand mehr.

Im November 1964 solle ich die 5. Mot.-Schützenkompanie an Oberleutnant Clauß übergeben. Dann würde ich gemäß Befehl ins III. Mot.-Schützenbataillon wechseln und dort Stellvertreter des Stabschefs werden. Mein Vorgesetzter dort wurde Hauptmann Fritz Bartzke, einst Kompaniechef der 7. Mot.-Schützenkompanie. Gemeinsam erlernten wir das ABC der Stabsarbeit eines Bataillons und gewannen Einblicke in die Arbeit eines Regimentsstabes.

Im Juni 1965 schätzte eine Kommission des Regiments und des Stabes der 8. Mot.-Schützendivision abschließend ein, daß ich zum Studium delegiert werden könne. Dem Besuch einer Militärakademie stimmten zu: Oberst Anton Hotzky (Kommandeur der 8. MSD), Oberstleutnant Wilhelm Schönke (Kommandeur des MSR-28), Major Gerhard Pätzold (Parteisekretär des MSR-28), Major Rudi Dollas (Kommandeur des III. MSB) und Major Walter Krüsemann (Offizier für Kaderarbeit).

Am 7. Oktober 1965 erfolgte meine Beförderung zum Hauptmann.

Bevor ich nach Moskau kam, mußte ich acht Monate Russisch in Naumburg pauken und das Abitur absolvieren. Das passierte in der einstigen preußischen Kadettenanstalt. Im Jahre 1920 wurde die »Kadette«, wie sie die Einheimischen nannten, in eine staatliche Bildungsanstalt umgewandelt. Von 1933 bis 1945 war es eine »Napola«, eine nationalsozialistische Erziehungsanstalt. Von 1949 bis 1956 gehörte dieses Areal der Kasernierten Volkspolizei. Danach wurden wieder Kadetten ausgebildet, jedoch nur bis 1961/62. Von 1962 bis 1990 erlernten in diesen prächtigen Gebäuden Offiziere der NVA und von befreundeten Armeen eine Fremdsprache für ein Studium im Ausland oder für den Einsatz an Botschaften der DDR irgendwo in der Welt. Offiziere der Sowjetarmee, der Armeen Polens, Vietnams und anderer befreundeter Staaten erlernten an dieser Lehranstalt die deutsche Sprache für das Studium an der Militärakademie in Dresden.

Die Ausbildung an der Lehranstalt war intensiv, heute würde man »Crash-Kurs« zu solchen Lehrgängen sagen. Zu den Lehrgangsteilnehmern gehörten auch die Fliegeroffiziere Siegmund Jähn und Eberhard Köllner.

Unsere Lehrer gaben sich die größte Mühe, uns in kürzester Zeit das Abiturwissen zu vermitteln. Wir büffelten, um am 1. September 1966 in der Sowjetunion mit dem Studium beginnen zu können. Als äußerst schwierig erwies sich das russische Vokabular in den Fächern Mathematik, Physik, Chemie und Geschichte.

Eigentlich hatten wir künftige Militärstudenten gehofft, daß es im Verlaufe der Ausbildung in Naumburg Treffen mit Offizieren der Sowjetarmee gäbe. Naumburg war eine große Garnison der Gruppe der Sowjetischen Streitkräfte (GSSD). In dieser Stadt waren die Führung und der Stab der 57. Garde-MSD, das 170. Garde-MSR und das 901. Fla-Raketenregiment stationiert. Doch Begegnungen fanden nicht statt.

Ebenso vermißten wir in jenen Monaten Gespräche mit Offizieren der NVA, die in der Sowjetunion studierten bzw. mit Absolventen, um von diesen Hinweise und Ratschläge für das baldige Leben im Ausland zu erhalten.

Wir erhielten hingegen die Mitteilung, daß die Mitnahme der Familien nach Moskau, Leningrad oder Kiew nicht möglich sei, weil es keinen Wohnraum gebe. Und den ersten Heimaturlaub erhielten wir voraussichtlich im Februar 1967.

Wer hilft oder betreut die Familien in dieser Zeit? Wir fragten und bekamen die lakonische Antwort: »Uns half auch niemand!«

Eine Betreuung der zurückbleibenden Familien – sei es während eines Studiums im Ausland, bei längeren Aufenthalten auf Übungsplätzen, z. B. in der Steppe Kasachstans, oder beim Einsatz in der Volkswirtschaft – sah der Pflichtenkatalog der NVA nicht vor. (Wie ich später erfuhr, sah es da bei der »anderen Feldpostnummer«, bei der Bundeswehr, erheblich besser aus.)

Im Juli 1966 endete der Lehrgang. Das »Büffeln« hatte sich gelohnt. Mit dem Abschlußzeugnis erhielten wir erste Informationen über die bevorstehende Abreise in die Sowjetunion.

Hauptmann Schlieben und ich fuhren nach Rostock zu unseren Familien und in einen vierwöchigen Urlaub.

Hartmut Schlieben studierte in Leningrad an der Militärakademie der Raketentruppen und Artillerie und war bis zu seiner Entlassung im Jahre 1985 in der 3. Raketenbrigade. Danach fand er, der Diplom-Ingenieur, eine Anstellung an der Hochschule für Architektur und Bauwesen in Weimar.

III.
Fern der Heimat –
als Militärstudent in Moskau

August 1966. Es hieß Abschied nehmen von der Frau, dem Sohn, von Eltern, Geschwistern und Freunden. Am 28. August stand ich auf einem Bahnsteig des Rostocker Hauptbahnhofes, der Zug aus Warnemünde kam. Fast wortlos warteten wir nebeneinander, meine Frau, unser dreijähriger Sohn und ich.

Am späten Nachmittag traf ich in der Hauptstadt ein. Auf dem Zentralflughafen Berlin-Schönefeld gab es ein Wiedersehen mit den Teilnehmern am Vorbereitungskurs in Naumburg: Oberstleutnant Hans-Dietrich Militz, bisher Offizier in der Verwaltung Ausbildung im Ministerium für Nationale Verteidigung, Strausberg, Major Gottfried Hahn, bisher Offizier für Aufklärung im Kommando des Militärbezirkes III, Leipzig, Major Georg Bartel, bisher Offizier in der Abteilung Operativ im Kommando des Militärbezirks III, Leipzig, und Hauptmann Martin Mademann, bisher Stellvertreter des Stabschefs des Mot. Schützenregiments 2, Stahnsdorf. Mit ihnen würde ich an der Frunse-Akademie studieren. Andere gingen an andere Einrichtungen. Reisepässe wurden gegen Wehrdienstausweise getauscht. Sie blieben in Strausberg.

Angekündigt wurde der Flug nach Moskau-Tscheremetjewo mit einer IL-18 der Aeroflot. Es sollte meine erste Reise mit einem Flugzeug werden. Wir überflogen die Oder, die Weichsel und den Bug. Nach einigen Stunden landeten wir in Moskau. Nun begann eine ungewohnte Prozedur, die sich jedesmal an dieser Stelle in den nächsten Jahren wiederholen sollte: Zollerklärung ausfüllen, geduldig auf den Stempeleintrag in den Dienstreisepaß warten, Koffer suchen und freundlich die Fragen der Zöllner beantworten.

Am Ausgang standen bereits der Gehilfe unseres Militärattachés und ein Major der Militärakademie. Mit einem Omnibus fuhren wir in die Stadt. Bald war die Leningrader Chaussee erreicht. Eine überdimensionale Panzersperre erinnerte daran: Bis hierher kam die Wehrmacht! Irgendwo da draußen hatte im Winter 1941 auch mein Schwiegervater, Christinas Vater, seine Pak in Feuerstellung gebracht.

Danach passierten wir den Leningradskij Prospekt und die Gorkistraße. Die breiten Straßen, die großen Wohn- und Verwaltungsgebäude, der Weißrussische Bahnhof beeindruckten uns. Kein Vergleich mit Rostock. Das war wirklich eine Weltstadt.

Über den Gartenring ging es vorbei am Außenministerium.

Schließlich hielt unser Bus vor einem Wohnheim unweit des Zentralstadions.

Auf dem Korridor in der 4. Etage empfing uns eine Deschurnaja, die Diensthabende. Der Major zeigte Mademann, Militz und Bartel ein Zimmer mit drei Betten, drei Schränken, drei kleinen Schreibtischen und drei Nachtschränken. Nebenan, mit einer Durchgangstür verbunden, war ein weiteres kleines Zimmer. Dort sollten Hahn und ich einziehen. Vom kleinen Flur ging es zu einer Toilette mit einem Waschbecken. Das war alles, und uns war klar: Ohne einen geregelten Ablauf würde es hier sehr, sehr eng und stressig werden. Selbstdisziplin war angesagt.

Am nächsten Tag brachte uns der Gehilfe des Fakultätschefs ins benachbarte Akademiegebäude. Der Kasten war 400 m lang, 150 m breit und hatte 10 Etagen. Bei den Internatsräumen wurde gespart – hier war geklotzt worden. Eine große Freitreppe führte zum Haupteingang. Im Paternoster – er sollte angeblich 1936 von einer deutschen Firma eingebaut worden sein – fuhren wir in die 6. Etage. Der Major führte uns in den Unterrichtsraum 644 und wies uns die Plätze zu. Vier blieben unbesetzt. Sie seien für zwei Jugoslawen und zwei Mongolen reserviert, die noch kommen würden, hörten wir.

Später zeigte man uns noch die Ausgabestelle für Verschlußsachen, den persönlichen Safe im Unterrichtsraum, die Bibliothek und den Speisesaal. Zuvor jedoch begrüßten uns der Stellvertreter des Fakultätschefs, Oberst P. N. Nikolajew, und Oberst N. P. Tolmashow. In der Schlacht um Leningrad bekam er den Titel »Held der Sowjetunion«. Die Begrüßung war sehr freundlich und stimmte uns optimistisch. Der Eindruck blieb: Bis zum Ende unseres Studiums begleiteten uns Freundlichkeit, Hilfsbereitschaft und Unterstützung. Es war ehrlich und kein Zwang oder Schauspielerei. Jahre später, während meines Studiums an der Generalstabsakademie in den 80er Jahren, sollte ich Oberst Nikolajew sehr oft privat treffen.

Oberst Nikolajew informierte uns über die Geschichte der Akademie, einer von 17 Militärakademien in der Sowjetunion. Die Frunse-Akademie bilde, sagte er, vorrangig Offiziere der Landstreitkräfte aus, d. h. künftige Kommandeure von Mot.-Schützenregimentern und -divisionen sowie Offiziere für den Einsatz in Divisions- und Armeestäben. Sie existierte seit 1918 und nutzte anfänglich die Erfahrungen bei der Ausbildung von Offizieren aus der Zarenzeit. Seit 1925 trug die Akademie als Zusatz den Ehrennamen »M. W. Frunse« (auch noch im Jahre 2000). Michail Wassiljewitsch Frunse (1885–1925) war ein russischer Revolutionär, der sich im Bürgerkrieg als Befehlshaber einer Heeresgruppe ausgezeichnet hatte; als Volkskomissionar für Kriegs- und Marinefragen 1923/24 erwarb er sich beachtlichen Verdienste bei der Reorganisation und dem Ausbau der sowjetischen Streitkräfte.

In unserer Nachbarschaft befand sich die Militärakademie des Generalstabes der Streitkräfte der UdSSR »K. E. Woroschilow«. Es

Offiziere aus Löfflers Studiengruppe (von links nach rechts): Hauptmann Blagoje Adjic (Jugoslawien), Hauptmann Martin Mademann (DDR), der Autor, Hauptmann Alois Supanz (Jugoslawien) und Major Georg Bartel (DDR); 1966.

war sowohl die Lehreinrichtung für die operativ-strategische Führungsebene als auch das militärhistorische Zentrum zur Erforschung der Probleme der Militärwissenschaft und die »Denkfabrik« der sowjetischen Streitkräfte. Diese Militärakademie existierte seit 1936 und war die bedeutendste.

Bis zum 1. September, dem Beginn des Studienjahres, galt es, noch mehrere organisatorisch-logistische Aufgaben zu erfüllen. Wir mußten die Reisepässe abgeben, die bis zum 31. Januar 1967 unter Verschluß blieben, und erhielten einen Dienstausweis, der zum Betreten bzw. Verlassen der Akademie und zum Empfang von VS-Literatur benötigt wurde. Sodann bekamen wir einen Ausbildungsplan, Fachliteratur und 13 VS-Aufzeichnungshefte.

Am 31. August kehrten die NVA-Offiziere des 2. und 3. Studienjahres aus dem Heimaturlaub zurück. Sie sparten nicht mit nützlichen Ratschlägen und Tips für das Leben in Moskau und das Studium. Am Tage darauf versammelten sich im großen Lektionssaal, dem Auditorium maximum in der 10. Etage des Akademiegebäudes, alle Offiziere des 1. Studienjahres, die Führung der Akademie, der Fakultäten und die Lehrstuhlleiter. Zum 1. Studienjahr gehörten ca. 400 Offiziere der Sowjetarmee und 9 Offiziere aus den verbündeten bzw. befreundeten Ländern.

Hoher Anspruch ans Lernen, sehr gute Lehrer

Armeegeneral P. A. Kurotschkin, der Akademie-Chef, begrüßte uns, stellte seine Stellvertreter, die Fakultätschefs und Lehrstuhlleiter vor und sprach in der ersten Lektion über die Geschichte der Akademie, nannte Schwerpunkte und Besonderheiten des Studiums, verwies auf die technische Revolution im Militärwesen: Er hob hervor, daß an einen künftigen Offizier im Divisionsstab oder an einen Regimentskommandeur höhere Anforderungen als bisher gestellt werden, das ist beim Studieren zu beachten.

Der 66jährige Kurotschkin war eine absolute Respektsperson. Selbst Absolvent der Frunse-Akademie, war er vor 1941 Divisions- und Korpskommandeur, in der Schlacht um Smolensk befehligte er die 20. Armee. Er leitete seit 1954 die Akademie und sollte von 1968 bis 1970 der Vertreter des Vereinten Oberkommandos des Warschauer Vertrages bei der NVA werden, ehe er in den Ruhestand ging.

Am ersten Tag hörten wir viel, aber verstanden wenig. Das würde so bleiben, wenn es uns nicht gelang, die russische Sprache zu beherrschen. Hilfreich dabei war, daß wir in unserer Lehrgruppe verschiedene Nationen vertraten und keine andere Sprache hatten, um miteinander zu kommunizieren, als eben die russische.

Bis auf Ausnahmen nahmen wir am Hauptkurs der sowjetischen Offiziere teil, wir fuhren mit ihnen zu Lehrvorführungen an anderen Militärakademien oder auf Übungsplätzen. Unser verhältnis war sehr kameradschaftlich. Freundschaften, die während des Studiums entstanden, blieben über Jahrzehnte bestehen.

Anfang September 1966 meldeten wir uns zum Vorstellungsgespräch beim Chef der 3. Fakultät, der Ausländer-Fakultät. Neben Generalmajor N. M. Gorbin erwarteten uns der Nationalitätenälteste, Oberstleutnant Manfred Knüpfer, und der Gruppenälteste, Oberstleutnant Hans-Dietrich Militz, sowie Oberst Nikolajew und ein uns unbekannter sowjetischer Hauptmann, vermutlich ein Vertreter der Militärabwehr des KGB. Das Gespräch verlief in einer angenehmen Atmosphäre.

Man wollte aus uns Regimentskommandeure und Offiziere für den Einsatz in Divisionsstäben bzw. in Stäben der Armeen bzw. Militärbezirken machen. Im 1. Studienjahr würden wir uns mit dem Mot.-Schützen-/Panzerbataillon und dem Mot.-Schützen-/Panzerregiment in allen Gefechtsarten beschäftigen und an entsprechenden Lehrvorführungen teilnehmen. Im 2. Studienjahr sollten wir die Mot.-Schützen-/Panzerdivision in allen Gefechtsarten kennenlernen, an Lehrvorführungen teilnehmen und ein vierwöchiges Truppenpraktikum absolvieren. Im 3. Studienjahr würden die theoretischen Kenntnisse über die Einsatzmöglichkeiten einer MSD/PD vertieft werden, Unterweisungen über den Einsatz eines Armeekorps und einer Armee erhalten und eine Diplomarbeit schreiben und verteidigen.

Der Unterricht betrug von Montag bis zum Freitag täglich sieben Stunden, am Sonnabend fünf. Nach dem Unterricht wurde bis 18 Uhr im Selbststudium in der Akademie weitergebüffelt. Da wir anfänglich noch Schwierigkeiten mit der russischen Sprache hatten, kamen wir oft nicht vor 21 Uhr aus dem Haus.

Bis in die späten Abendstunden hinein konnten wir die diensthabenden Lehrer zu Konsultationen aufsuchen, oder sie kamen auf unsere Bitte hin in die Klasse und beantworteten dort unsere

Fragen. Sie nahmen ihren Lehrauftrag sehr ernst. Das motivierte uns. 22 Ausbildungsfächer gehörten zum Lehrprogramm, neben den militärischen auch die Geschichte der KPdSU, Marxistisch-leninistische Philosophie, Politische Ökonomie, Grundlagen des wissenschaftlichen Kommunismus sowie die Russische Sprache und Sport. In den drei Jahren mußten elf Zwischenprüfungen, dreizehn Abschlußprüfungen/Examen, eine Jahresarbeit (im 2. Studienjahr) und drei Staatsexamen absolviert werden. Auch das Truppenpraktikum wurde bewertet und im Abschlußzeugnis nachgewiesen. Die Krönung der dreijährigen Ausbildung war die Erarbeitung der Diplomarbeit und deren Verteidigung vor einer staatlichen Prüfungskommission.

Der Unterricht selbst verlief militärisch. Antwortete man, schnellte man vom Platz in die Höhe und wiederholte die Frage (das geschah angeblich, um zu kontrollieren, ob die Frage auch verstanden worden sei) und gab kurz und präzise Auskunft. Den Unterrichtsraum zu verlassen war untersagt – es sei denn, man erkrankte schlagartig. Ansonsten hieß es militärisch knapp: Disziplin bewahren!

Die Akademie bestand aus vier Fakultäten. In der ersten, auch Hauptkurs genannt, studierten Offiziere der Sowjetarmee, je Studienjahr 400 bis 420 Hörer. Sie kamen aus allen Sowjetrepubliken. Die zweite Fakultät war zuständig für die Ausbildung von Fernstudenten (*saotshniki*) aus der Sowjetarmee. In der dritten Fakultät, auch als Spezialfakultät bezeichnet, studierten Offiziere aus den Staaten des Warschauer Vertrages (außer Rumänien) sowie aus Jugoslawien, Kuba und aus der Mongolei. Offiziere aus Nordkorea und China brachen im Winter 1966/67 das Studium auf Grund außenpolitischer Kontroversen mit der Sowjetunion kurzfristig ab. Offiziere aus Asien und Afrika waren in der vierten Fakultät (»4. Spezfak«) zusammengefaßt. In den 60er Jahren gehörten dazu auch Offiziere aus Indien, Pakistan, Afghanistan, Ägypten, Syrien, Algerien, Ghana, Äthiopien, Somalia und aus dem Irak sowie einige Studenten ohne Hoheitsabzeichen.

Mitunter setzte man sowjetische Offiziere als Ausbilder ein, die einst als Militärberater oder -spezialisten in Entsenderländern tätig waren. Das erwies sich als nützlich. Ich entsinne mich an einen besonders. Das war der Held der Sowjetunion Oberst a. D. Winogradow.

Der große Lektionssaal in der 10. Etage hatte eine besondere, fast feierliche Atmosphäre. Auf der einen Seite waren übergroße Fenster, eingerahmt von dunkelroten Samtvorhängen, auf der anderen Seite eine Tafel aus hellem Marmor, in die die Namen von Militärs in Gold gemeißelt waren, welche die Akademie mit »Sehr gut« und Goldmedaille zum Diplom absolviert hatten. Auf der große Bühne thronte ein wuchtiges Präsidium sowie ein sehr großes und äußerst stabiles Rednerpult mit einem übergroßen Wappen der UdSSR.

Wir musterten aufmerksam die Ehrenwand, um Bekannte zu entdecken. 1960 standen die ersten deutschen Namen. Von den etwa 420 Offizieren hatten 27 mit der Goldmedaille abgeschlossen, darunter drei Offiziere der NVA: Oberstleutnant Helmut Geisler, Oberleutnant Manfred Rühl und Oberleutnant Wolfgang Fischer. Im Jahr darauf folgten Major Werner Siegmund und Hauptmann Günter Jahr, der nächste Jahrgang wies mit Major Günter Starke wenigstens einen DDR-Vertreter auf. Dann kam drei Jahre nichts. In diesem Jahr, 1966, waren Major Heinz Busch und Major Waldemar Kiesewalter hinzugekommen.

In den nächsten drei Jahren sollten wir nicht nur wichtige Lektionen oder Vorträge berühmter Militärs und erfolgreicher Heerführer des Zweiten Weltkrieg hören, sondern wir erlebten dort auch die Festveranstaltungen zum 50. Jahrestag der Oktoberrevolution am 7. November 1967, zum 50. Jahrestag der Streitkräfte der UdSSR am 23. Februar 1968 und zum 50. Gründungstag der Akademie am 8. Dezember 1968.

Wir sollten auch an Festakten teilnehmen, bei denen an die Fahne der Frunse-Akademie höchste staatliche Orden angeheftet wurden. So erhielt die Bildungseinrichtung am 3. November 1967 einen Orden der Volksrepublik Bulgarien und am 5. Dezember 1968 einen Auszeichnung der Mongolei.

Am Beginn des Studiums stellten sich uns die Lehrer vor. Sie nannten nicht nur ihren militärischen Werdegang, sondern sprachen ganz offen über ihre Familien. Die meisten waren bis 1945 im Krieg gewesen und kannten deutsche Soldaten auch aus dieser Perspektive. Und mancher hatte Tote in der Verwandtschaft zu beklagen. Wie es überhaupt kaum eine sowjetische Familie gab, in die der Krieg keine Lücke gerissen hatte. Sie hätten also hinlänglich Grund gehabt, uns Deutsche nicht zu mögen. Doch mir ist kein

Fall bekannt geworden, wo man uns spüren ließ, daß Deutsche und Russen bis 1945 Feinde waren.

Oberst G. D. Ionin war unser Klassen- und Taktiklehrer im 1. und im 2. Studienjahr. Mit größter Sorgfalt vermittelte er uns die »Philosophie« der Taktik der Mot.-Schützen- und Panzerregimenter. Und wir lernten, daß die Aufklärung die wichtigste Art der Gefechtssicherstellung sei und das Ziel habe, Angaben über den Gegner und über das Gelände im Raum der bevorstehenden Handlungen zu beschaffen. Nur so könne ein Gefecht bzw. eine Operation erfolgreich durchgeführt werden.

Für uns als Mot.-Schützen war es wichtig zu erfahren, wie die Aufklärungsmöglichkeiten und -mittel der Teilstreitkräfte, Waffengattungen und Spezialtruppen im Interesse einer Operation bzw. eines Gefechtes gebündelt und genutzt werden konnten.

Mit besonderer Akribie beschäftigten wir uns mit dem möglichen Gegner, mit den Streitkräften der NATO auf dem westlichen Kriegsschauplatz und ausführlich mit der Armeegruppe Nord. Wir lernten die Ansichten der NATO über die Führung von Kampfhandlungen kennen und versuchten dies zu verstehen. Wir studierten Gliederung, Bestand und mögliche Handlungsrichtungen eines Armeekorps, der Truppen des Territorialheeres und der Einsatzvarianten der Verstärkungs- und Unterstützungskräfte, so auch der Luftwaffe und der Seestreitkräfte.

Lehrvorführungen in Aufklärungstruppenteilen, die Besichtigung der zur Aufklärung zu nutzenden Fahrzeuge und Ausrüstungen ergänzten wirkungsvoll die theoretische Ausbildung.

Im Fach Raketentruppen und Artillerie (RTA) hatten wir einen hervorragenden Lehrer. Oberst F. A. Sawshenko hielt Lektionen über Technik der RTA und zum Lösen von taktischen Kurzaufgaben. Unvergessen in diesem Zusammenhang bleibt eine militärfachliche Exkursion zu einem großen Übungsplatz zwischen den Städten Wladimir und Gorki (heute wieder Nishni Nowgorod). In einer Kaserne war für uns eine große Waffenschau vorbereitet worden. Vom Granatwerfer bis zur SFl-Haubitze, vom Geschoßwerfer bis zur Startrampe für die taktischen Raketen R 65 »Luna M« reichte die Palette der ausgestellten Kampf- und Führungstechnik.

Den Höhepunkt unseres Aufenthaltes auf dem Übungsplatz bildete ein Gefechtsexerzieren der Artillerieeinheiten. Wir sahen eine Panzerjägerbatterie und eine Abteilung SFl-Haubitzen beim Wirkungsschießen, beginnend mit der Bekämpfung eines Panzers mit einer Panzerabwehrlenkrakete »Maljutka« und endend mit taktischen Raketen vom Typ R 65 »Luna M« (NATO-Code: FROG 7).

Feldlager und Exkursionen im großen Land

Zur Ergänzung unserer theoretischen Ausbildung erfolgten weitere Exkursionen an die Militärakademie der Pioniertruppen »W. W. Kuibyschew« in Moskau, an die Militärakademie der Luftstreitkräfte »J. A. Gagarin« in Monino bei Moskau, an die Militärakademie für Kommandeure der Luftverteidigung »G. K. Shukow« in Kalinin (heute Twer) und an die Militärakademie des chemischen Schutzes »S. K. Timoshenko« in Moskau.

Diese Exkursionen waren sehr informativ und festigten das bisher erworbene Wissen. Sie folgten einem festen Schema: allgemeine Information über Aufgaben und Struktur der Akademie, Besuch des Museums der Akademie, Teilnahme an Lehrvorführungen in Labors, in Lehrklassen und im Übungsgelände. Allerdings ließen diese ritualisierten Visiten keinen Raum für

Artillerieausbildung im Gelände, 1967. Von links nach rechts: Major Hahn, Oberst Sawshenko, Hauptmann Löffler.

individuelle Begegnungen oder Gespäche. Ein Programm wurde routiniert abgespult.

Breiten Raum in unserer Ausbildung nahm der Zweite Weltkrieg im allgemeinen und die Geschichte des Großen Vaterländischen Krieges der Sowjetunion im besonderen ein. Vor allem im Ausbildungsfach »Kriegsgeschichte und Geschichte der Kriegskunst« wurde dieses Thema behandelt. Das Fach hatte einen besonderen Stellenwert, zum Abschluß des Studiums wurden wir darin examiniert. Unsere Lehrer Oberst Dr. D. M. Projektor, zuständig für die »Geschichte der Kriegskunst«, und Oberst M. L. Altgowsen, zuständig für »Kriegsgeschichte«, verstanden es sehr gut, uns das Zusammenspiel von Politik, Kirche, Wirtschaft und Militär zu vermitteln. Sie machten uns bewußt, daß militärische Operationen oft nur dann erfolgreich waren, wenn z. B. die Heerführer den Verlauf früherer Kriege in dieser Region kannten, sie analysierten und daraus Schlußfolgerungen ableiteten. Wiederholt wurde Napoleons (gescheiterter) Feldzug gen Moskau mit dem Feldzug Hitlers verglichen. Hitler hatte nicht die richtigen Schlüsse aus dem Napoleonischen Debakel gezogen und die gleichen Fehler begangen.

Bei den Exkursionen nach Kalinin, bei Ausfahrten ins Fahrschulgelände nach Solnetshnogorsk oder zur Taktikausbildung im Gelände bei Naro-Forminsk machten uns unsere Lehrer mit dem Verlauf der »Schlacht um Moskau« im Winter 1941/42 bekannt. An großen Gedenksteinen, Denkmälern oder Ehrenfriedhöfen, die den deutsch-sowjetischen Frontverlauf im Dezember 1941 markierten, berichteten unsere Lehrer und Kriegsveteranen über »den Kampf der heldenhaften Sowjetsoldaten mit den deutschen Eindringlingen im Vorfeld der sowjetischen Hauptstadt«.

Ich räume ein: Das waren mitunter sehr zwiespältige Gefühle, die uns durcheilten. Man stelle sich vor: Da standen fünf Deutsche in Uniformen, die jenen der Wehrmacht glichen, unter etwa 400 Sowjetoffizieren, je zwei Militärs aus Jugoslawien und der Mongolei. Nicht selten richteten sich dann die Blicke auf uns. Auch wenn wir selbst nicht an diesem Krieg beteiligt waren – in den Augen der anderen waren wir die Söhne der faschistischen Okkupanten. Gleichwohl: Es gab nie ein Wort der Anklage oder des Vorwurfs an unsere Adresse.

Dennoch umgab uns oft danach eine Mauer des Schweigens. Das währte nicht lange. Aber es war zu spüren. Und wir konnten dann nachdenken. Mein Schwiegervater, ich erwähnte es bereits, war hier an der Front, wurde von einer sowjetischen Kugel getroffen. Sie rettete ihm möglicherweise das Leben.

Am Verlauf großer Schlachten und Operationen des Weltkrieges erlernten wir Ursachen für Erfolge und Niederlagen zu ermitteln. Die Vorbereitung einer Operation (z. B. »Taifun«, der Angriff der deutschen Heeresgruppe Mitte gegen Moskau im November/Dezember 1941), deren personelle, materielle und waffentechnische Sicherstellung, aber auch die Art und Weise der Führung der Truppen sowie die Beachtung der meteorologischen Bedingungen und des Geländes der Seiten »rot« und »blau« zu bewerten und aktuelle Schlußfolgerungen für die Gegenwart abzuleiten.

Die intensive Ausbildung in den Fächern Geschichte der Kriegskunst und Kriegsgeschichte ermöglichte es, Hintergründe, Zusammenhänge und Ziele der militärischen Konflikte, Kriege und die Bildung von Militärblöcken der Gegenwart zu bewerten.

Doch wir behandelten nicht nur herausragende Operationen des Zweiten Weltkrieges. Wir beschäftigten uns ebenso mit den militärischen Leistungen Alexanders des Großen (356–323 v. u. Z.) und Hannibals (247–183 v. u. Z.), wir sprachen über die Feldzüge der Preußen und Franzosen, über die Ursachen und Folgen des Unabhängigkeitskrieges in Nordamerika (1775–1783) und des nordamerikanischen Bürgerkrieges (1861–1865). Weiterhin standen der Erste Weltkrieg (1914–1918) und der Koreakrieg (1950 bis 1953) im Lehrprogramm.

Als anregend empfand ich die mitunter kontroversen Debatten zum Thema, es waren offene Runden, in denen unterschiedliche Sichten und Standpunkte ausgetauscht werden konnten. So festigten sich gewonnene Einsichten.

Am 15. Februar 1967 kamen meine Frau und unser Sohn nach Moskau. Christina hatte eine Tätigkeit in der DDR-Handelsvertretung gefunden – insofern konnte eine »Familienzusammenführung« auf sowjetischem Boden erfolgen. Wir bezogen ein Zimmer im Wohnheim, unser vierjähriger Ralph besuchte den Akademie-Kindergarten. Unsere Wohnung lag in einem 1938 errichteten Gebäude. Dieses hatte sechs Etagen und war in U-Form

Portal der Frunse-Akademie

gebaut. Jeder Korridor hatte eine Länge von etwa 50 m, d. h. die auf den Etagen wohnenden Kinder konnten Wettläufe über 150 m veranstalten. Sie taten es auch, und entsprechend laut war es. Auf dem Teilstück A des Korridors mit zwölf kleinen Zwei-Zimmer-Wohnungen (ohne Küche und Bad) wohnten Deutsche, Bulgaren, Jugoslawen, Mongolen und Afghanen. Sie teilten sich eine Gemeinschaftsküche mit sechs Elektroherden und einem sehr großen Kühlschrank. In dieser Küche wurde gekocht, Wäsche gewaschen, und Kindergeburtstag gefeiert. Sie war ein internationaler Kommunikationspunkt. Selbstverständlich wurde nur russisch gesprochen, es war die alle verbindende Sprache.

Ähnlich sortiert waren die Teilstücke B und C. Zum Fernsehen, zu Versammlungen und zum Feiern konnten wir den Klubraum nutzen. Zum Duschen mußten wir uns nach entsprechender Anmeldung in ein Nebengebäude begeben.

Zwei diensthabende Frauen, *Deshurnaja*s genannt, hockten an beiden Eingängen zu unserer Etage. Sie bewachten auch ein Telefon, das wir nutzen konnten. Allerdings: Auslandsgespräche mußten drei bis vier Tage vorher angemeldet werden.

Das Wohnen auf engstem Raum erforderte von jedem von uns Disziplin, um Differenzen und Spannungen, die beim Zusammenleben so vieler Familien aus verschiedenen Kulturzonen möglich waren, zu minimieren.

Positiv war die gegenseitige Hilfe z. B. beim Erkranken eines Kindes. Als einmal unser Sohn an Grippe litt, wurde er tagsüber von der Frau des Hauptmanns Blagoje Adjic betreut. Frau Adjic und unser Sohn verstanden sich prächtig, natürlich in russischer Sprache.

Für unsere kleine Wohnung (28,9 m^2) zahlten wir 17,12 Rubel, das waren umgerechnet 56,15 DDR-Mark. Monatlich erhielt ich als Hauptmann 140 Rubel, als Major 150. Dieser Betrag wurde mir von meinem Gehalt in der Heimat abgezogen, das unverändert weiter auf mein Konto floß. Für den Lebensunterhalt der Ehefrauen und Kinder mußte jeder Militärstudent selbst aufkommen, Zuwendungen oder eine finanzielle Unterstützung für die Zeit des Auslandsaufenthaltes gab es in der NVA nicht. (Was aber kein Problem darstellte: Meine Frau war schließlich berufstätig.) Fahrkarten und Flugtickets für Frau und Kinder waren aus der eigenen Tasche zu bezahlen.

Für den Einkauf, besonders von Lebensmitteln, benötigte man stets starke Nerven, Ausdauer und Optimismus. Vor allem aber brauchte man Zeit, viel Zeit.

Trotz der permanenten Anforderungen nutzten wir jede freie Minute und jede Möglichkeit, die große Stadt Moskau und die Umgebung kennenzulernen.

In der Metropole wohnten damals 6,8 Millionen Menschen, inoffiziell sollen es rund neun Millionen gewesen sein. Sie breitete sich auf etwa tausend Quadratkilometern aus, zählte mehr als fünftausend Plätze und Straßen und war 1147 erstmals urkundlich erwähnt worden. Das war kein Superlativ. Der Kontinent kannte erheblich ältere Städte und Siedlungen. Doch nirgendwo sonst spürte man derart den Pulsschlag dieses Riesenlandes, das ein Sechstel der Erde bedeckte. Hier wurde Weltpolitik gemacht. In der bipolaren Welt befand sich der eine Pol neben dem Roten Platz und hinter dem Mausoleum. Auf dem Kreml wehte die rote Fahne, und gegenüber drängten sich Massen im Kaufhaus GUM.

Wir machten private »Ausflüge« nach Leningrad und nach Riga, wo ich mich sehr an norddeutsche Städte erinnert fühlte. Im Herbst 1967 kaufte meine Frau in ihrer Dienststelle einen »Trabant« (polizeiliches Kennzeichen D 85-147) Nunmehr waren wir mobil. In den folgenden beiden Jahren legten wir damit an die 30.000 Kilometer zurück. Wir besuchten den »Golden Ring« um

Moskau und sahen die Klöster Susdal, Sagorsk und Wladimir. Doch auch hier waren bürokratische Hindernisse errichtet: Man konnte nicht einfach ins Auto steigen und losfahren, sondern mußte vier bis sechs Wochen vorher über die DDR-Botschaft beim sowjetischen Außenministerium eine Fahrgenehmigung beantragen.

Die Ausbildung im Gelände nahm einen besonderen Platz ein. Beste Möglichkeiten boten die Winter- und Sommerfeldlager. Unser erstes Feldlager erlebten wir im März 1967 bei Naro-Forminsk, etwa 80 km westlich von Moskau am Fluß Nara.

Ausdauer und Disziplin waren gefragt, um beispielsweise bei minus 25° C sieben Stunden auf einem »Feldherrenhügel« im hohen Schnee stehend auszuharren und den »Bataillonskommandeuren« die Gefechtsbefehle zu erteilen. Unsere feldmäßige Ausstattung mit den sehr guten russischen Filzstiefeln, dem Schaffellmantel und mit unserer Felddienstuniform Winter ließ den Frost ertragen.

Anfang Juni 1967 spürten wir in der Akademie eine unangenehme Nervosität. Unsere Studienkollegen aus arabischen Staaten sprachen von Krieg und bereiteten sich auf die Abreise in ihre Heimat vor. Die Nervosität war begründet. In sechs Tagen (5. bis 10. Juni) überrannte Israel die Halbinsel Sinai und stieß bis zum Nil vor. Im Osten besetzte es syrisches und jordanisches Territorium.

Ohne die USA und einige NATO-Staaten wäre der Blitzkrieg nicht erfolgreich gewesen: Sie hatten Aufklärungs- und Führungsmittel, Waffen und Munition geliefert und Offiziere, Piloten und Waffentechniker ausgebildet.

Obgleich auch Ägypten und Syrien über modernes Kriegsgerät aus der Sowjetunion verfügte, hunderte sowjetische Militärspezialisten und -berater im Einsatz in Panzern und Flugzeugen saßen, war die Niederlage eindeutig. Und nicht nur die Armeen Ägyptens, Syriens und Jordaniens waren unterlegen – de facto auch die der UdSSR.

Jetzt begann die Suche nach den Ursachen. Eine sah man im ungenügenden Bildungsniveau der Soldaten, Unteroffiziere und jungen Offiziere, das nicht langte, um die moderne Kampftechnik zu beherrschen.

Aber das war es nicht allein.

Anderenfalls wären nach dem Sechstage-Krieg (und noch einmal nach dem Jom-Kippur-Krieg 1973) nicht Korrekturen in der Organisation der Landesverteidigung der Warschauer-Pakt-Staaten erfolgt. Dazu zählten die Reorganisation der Luftverteidigung, eine verstärkte Aufklärung der Land-, Luft- und Seestreitkräfte, der Ausbau der Flugplätze mit Schutzbauten und Abstellflächen für Kampfflugzeuge sowie eine allgemeine Intensivierung der militärischen Ausbildung. Im Kontext mit der »Strategie der flexiblen Reaktion«, beschlossen auf der NATO-Ratstagung am Dezember 1967, und der Formierung von »Stanav Forlant«, der ständigen Seestreitmacht im Atlantik, wurden auch die strategischen Grundsätze im östlichen Bündnissystem überarbeitet.

Das hatte auch Auswirkungen auf die Militärakademien und unsere Ausbildung.

Im letzten Monat des 1. Studienjahres, im Juli 1967, gingen wir in ein Feldlager bei Naro-Forminsk. Danach fand ein Examen in der Taktik, Führungsebene Mot.-Schützen-/Panzerregiment, statt. Ich schloß mit »Sehr gut« ab – danach ging es für vier Wochen in die Heimat.

Am 31. August kehrten wir nach Moskau zurück. Im Gepäck hatten wir geräucherte Wurst, weil Wurst- und Fleischkonserven vom sowjetischen Zoll untersagt worden waren. In den Konservenbüchsen könnten Sprengmittel und ähnliches versteckt sein, hieß es zur Begründung. Die »Neuen« waren schon eingetroffen und hatten, wie wir vor einem Jahr, die Vorbereitungsprozeduren zum Studienbeginn beendet. Freundlich war die Begrüßung, und wieder begann der notwendige Erfahrungsaustausch.

Im 2. Studienjahr bezogen sich alle Ausbildungsthemen schwerpunktmäßig auf den Gefechtseinsatz einer Mot.-Schützendivision (MSD). Um den Einsatz einer MSD/PD richtig planen zu können, mußten Aufklärungsangaben über den Gegner und über das Gelände im Raum der bevorstehenden Gefechtshandlungen beschafft und bewertet werden. Mit dem gesamten Komplex »Aufklärung« machte uns Oberst W. A. Tumas bekannt. Er lehrte uns die seit 1954 geltenden Grundsätze der NATO-Strategie der massiven Vergeltung (*massive retaliation*) und der seither verwendeten Strategie der flexiblen Reaktion (*flexible response*). Diese ging von zwei Hauptarten eines Krieges aus, »dem allgemeinen Kernwaffen-

krieg und dem begrenzten Krieg, wobei der allgemeine Kernwaffenkrieg wegen der entschiedeneren Zielstellung als Hauptkriegsart betrachtet wird«. In der zitierten »Information zur politischen Bildung«, 1985 in Bonn publiziert, heißt es dazu: »Die Kernpunkte der Strategie der flexiblen Reaktion sind:
– die Fähigkeit zu politisch kontrollierten, angemessenen Reaktionen auf jegliche Form militärischer Aggression der anderen Seite – von militärischen »Nadelstichen« bis zum Kernwaffenkrieg;
– die Möglichkeit, dem Angreifer durch den Einsatz bestimmter Atomwaffen mit dosierter Wirkung gegen ausgewählte Ziele (selektiver Einsatz) die Bereitschaft zu demonstrieren, notfalls dessen Angriffsrisiko zu erhöhen (kontrollierte Ausweitung oder vorbedachte ›Eskalation‹);
– das Offenhalten von Chancen, den Angreifer auf einer möglichst niedrigen Ebene der Gewaltanwendung und Zerstörung zum Abbruch der Kriegshandlungen zu veranlassen.«

Im Vergleich zum 1. Studienjahr gab es einige Neuerungen. Dazu gehörten die grenznahe Verteidigung (»Vorneverteidigung«), der verstärkte Einsatz von Panzerabwehrwaffen und Kernminen. Mit sehr viel Akribie beschäftigten wir uns mit der Gliederung, dem Bestand und den Einsatzgrundsätzen der NATO-Streitkräfte der Führungsebenen Armeekorps, Division und Brigade.

Als wir auf den Arbeitskarten die möglichen Einsatzräume der Kernwaffeneinsatzmittel – ob Raketensysteme, Artillerie oder Minen –, einzeichneten sowie deren Reichweiten und Zerstörungsmöglichkeiten ermittelten, befiel uns Angst vor den Folgen für die Bevölkerung beiderseits der deutsch-deutschen Grenze. Meine Eltern wohnten damals bei Schwerin, also grenznah.

Spätestens hier wurde uns bewußt, was es bedeutete, würde aus diesen »Sandkastenspielen« Ernst werden. Die anonymen Mega-Toten, die bei einem Einsatz von Kernwaffen »anfielen«, bekamen plötzlich Namen und Gesichter. Wäre das angenommene »Schlachtfeld« irgendwo weit weg gewesen, in einem unbekannten, unbehausten Landstrich, hätte dies nicht so berührt wie das Wissen, daß es sich hier um »die Heimat« handelte, die da verkohlt wäre.

Die neue NATO-Strategie sah einen begrenzten und selektiven Einsatz von Massenvernichtungswaffen auf gegnerischem Territorium vor. Das veranlaßte die Akademieführung, die Ausbildung zum Schutz vor Massenvernichtungsmitteln zu erweitern.

Oberstleutnant Dipl.-Ing. D. F. Manko, unser Lehrer in diesem Fach, machte uns mit der Materie vertraut. Er sprach oft nur in Andeutungen, vermutlich wußte er mehr, als er zugab, tat aber so, als wäre dies alles ausschließlich der militärischen Geheimhaltung geschuldet. Einen Blick in die Büchse der Pandora warfen wir, als wir Zeugen einer Lehrvorführung in einem Labor der Militärakademie des chemischen Schutzes wurden. Man demonstrierte uns die Wirkung eines nervenschädigenden Kampfstoffes, der über die Atmungsorgane und durch die Haut wirkte, bei einer Katze. Diese wurde beim Anblick einer kleinen Maus von panikartiger Furcht ergriffen und versuchte zu fliehen. Den gleichen Effekt versuchte man bei Soldaten im Gefecht zu erzielen. Dadurch würden wirksam Löcher ins Verteidigungssystem gerissen.

Erstmals hörten wir im Unterricht vom amerikanisch-englischen »Manhatten-Projekt« zur Entwicklung der ersten Atombombe. Wir sahen Dokumentarfilme über den Einsatz der Atomwaffe und ihre Wirkung in Hiroshima und Nagasaki im August 1945 und diverse Lehrfilme über Kernwaffendetonationen und deren unmittelbare Folgen: Lichtblitz, Druckwellen, Feuerstürme. Und wie es gelungen war, das Atomwaffenmonopol der Amerikaner zu brechen. Allerdings erzählte man nicht die ganze Wahrheit, um nicht die wissenschaftlichen Leistungen der Sowjetunion zu schmälern. Tatsache ist (die aber erst sehr viel später publik wurde), daß der deutsche Atomphysiker Klaus Fuchs, am Manhattan-Projekt beteiligt, die Pläne an die Sowjets übermittelte und dort »die Bombe« nachgebaut wurde (was dazu führte, das selbst die Bombenschächte der sowjetischen Flugzeuge vergrößert werden mußten.)

Klaus Fuchs verstarb nahezu unbekannt Ende der 80er Jahre in der DDR an Krebs; in den einschlägigen Lexika hieß es noch 1973: »Klaus Fuchs, geb. 29. 12. 1911 Rüsselsheim, Sohn des Theologen Emil Fuchs, emigrierte 1933, Ph. D. Bristol 1937, D. Sc. Edinburgh 1939, 1943/46 wissenschaftlicher Mitarbeiter der englischen Atommission in den USA, 1946/50 leitender Wissenschaftler im englischen Atomenergieforschungsinstitut Harwell, wurde aus politischen Gründen verurteilt (Gefängnis in England 1950/59); seit 1959 Stellvertreter des Direktors im Zentralinsitut für Kernforschung Rossendorf; seit 1967 Mitglied des ZK der SED, Mitglied des Forschungsrates.« Die »politischen Gründe«, für die er neun Jahre einsaß, waren die Weitergabe des Atomgeheimnisses an Ruth Werner, die sie für die sowjetische Militäraufklärung entgegennahm. Ruth Werner wurde als erfolgreicher Aufklärer (»Sonjas Rapport«) zweimal mit dem Rotbannerorden geehrt. Die Sowjetunion wußte, was sie an den beiden hatte – aber schwieg darüber beharrlich. Und die DDR folglich auch.

Die Bibliothek der Akademie und der große Lesesaal boten einem Studenten alle Möglichkeiten, seine Kenntnisse zu erweitern und zu vertiefen. Es gab dort Bücher, Nachschlagewerke, Zeitschriften und Zeitungen nicht nur in russischer Sprache. Erstmals las ich, nun schon 30 Jahre alt, ohne umständliche Genehmigungsverfahren in Büchern, Dienstvorschriften und Zeitschriften westlicher Verlage und nutzte diese für die Ausbildung.
    Allerdings, das will ich gern einräumen, erstaunte mich, daß ich hier auch Arbeiten aus den Federn deutscher Wehrmachtgenerale zu lesen bekam. Es gab die Erinnerungen Guderians, von Kluges und von Mansteins und anderer Heerführer zu lesen. Gleichwohl machte es durchaus Sinn, deren Perspektive und die Erinnerungen sowjetischer Militärs auf die selbe Schlacht zu erfahren. So war ein unmittelbarer Vergleich der sowjetischen und deutschen Kriegsgeschichtsschreibung sowie von Zeitzeugenberichten beiderseits der Frontlinie möglich.
    Informativ waren auch die Militärzeitschriften aus den USA, Österreich und der BRD. Einiges las ich mit innerer Ablehnung, da so manche Wertungen meiner Sicht diametral entgegenstanden. nicht meiner Erziehung entsprachen. Es fiel auf, daß auch auf der Gegenseite die Propagandageschütze des Kalten Krieges heftig feuerten. Mitunter war die Sprache noch grobschlächtiger, noch platter als die unsrige und damit noch wirkungsloser, was meine Überzeugung bestätigte, auf der richtigen Seite zu stehen.

Die technische Ausbildung nahm an der Akademie einen respektablen Platz ein. Recht umfangreich war das diesbezügliche Ausbildungsprogramm. Die Lehrer gingen davon aus, daß ein künftiger Kommandeur eines Mot.-Schützenregiments oder der Stabschef einer MSD/PD von jedem Fahrzeug- oder Waffentyp die technisch-taktischen Daten und Einsatzmöglichkeiten kennen müsse. Des weiteren gehörte die Fahr- und Schießausbildung bei

Tag und Nacht sowie in der Sommer- und Winterzeit zur Ausbildung. Ich gestehe, daß das Erlernen des Aufbaus der Raketen, des Panzers oder einer mobilen Funkstation sehr viel Zeit kostete. Das technische Verständnis, z. B. für den Aufbau und die Arbeitsweise eines Stabilisators der Panzerkanone oder der technische Ablauf in einer taktischen Rakete nach dem Zünden, besaßen wir durchaus, doch es war sehr schwer, das alles auf Russisch zu erläutern.

Besonders im Truppendienst wurde mir bewußt, daß die technische Ausbildung an der Akademie mehr als nützlich und sinnvoll war. Diese Ausbildung gab mir später die Sicherheit, die Leistungen der Offiziere des technischen Dienstes, des Werkstattpersonals oder der Panzer- und SPW-Fahrer realistisch bewerten zu können. Mir konnte niemand etwas vormachen – wie auch ich keinem etwas vormachen mußte. Ich beherrschte die Materie.

Heimweh

Mit großem Aufwand feierten die Moskauer sowie Gäste aus dem In- und Ausland im November 1967 den 50. Jahrestag der Großen Sozialistischen Oktoberrevolution. Von den Lenin-Bergen, vom Plateau über der Moskwa in der Nähe der Lomonossow-Universität, beobachteten wir gemeinsam mit Hunderten von Schaulustigen das gigantische Feuerwerk am Moskauer Himmel. In der Sowjetunion gehörten der Tag der Sowjetarmee am 23. Februar, der Internationale Frauentag am 8. März, der 1. Mai, der Tag des Sieges am 9. Mai und der 7. November, der Tag der Oktoberrevolution, zu den großen Feiertagen. Angenehm war es, wenn diese Feiertage an Werktagen waren, da wir so die Möglichkeit zu Erholung und Ausflügen erhielten.

Mit dem Abschluß der Oktober-Feiern begann die Vorweihnachtszeit. Immer stärker wurde der Frost, und Schnee fiel, der oft bis Anfang April liegenblieb. Unser christlich begründetes Weihnachtsfest hatte für die Moskauer keine Bedeutung, sie feierten nach dem altrussischen Kalender ihr Jolka-Fest in den ersten Januartagen. Wir saßen also zu den Weihnachtfeiertagen, die hier keine waren, in der Akademie. Als Gäste hatten wir uns den Gepflogenheiten in der Sowjetunion anzupassen.

Im Wohnheim, in unseren kleinen Wohnungen und im Gemeinschafts-Klubraum kündeten Weihnachtsbäume vom bevorstehenden Fest. Für die Kinder der kleinen deutschen Kolonie organisierten Major Eberhard Hienzsch und seine Frau eine Weihnachtsfeier. Es blieb nicht aus, daß auch Kinder unserer ausländischen Studienkollegen hinzukamen.

An Tagen wie diesen stieg das Heimweh besonders hoch und schnürte die Kehle. Weihnachten war nun einmal das Fest der Familie – und die war über 2.000 Kilometer entfernt. Die Post war vier bis sechs Wochen unterwegs, die Versorgungslage in Moskau zum Jahreswechsel besonders angespannt. Oft traf nach mehreren Wochen ein ganzer Schwung Briefe ein und dann hieß es: »Iwan Iwanowitsch, der Briefprüfer, war wohl krank ...« Tatsache war, daß Ausländer seit den Tagen der Zaren hierzulande heftiges Mißtrauen umgab. Alle Post, die von draußen hereinkam, wurde durchforstet, und jene, die nach draußen ging, auch. Erst auf der Post durfte man im Beisein einer Aufpasserin ein Paket füllen und verschnüren. So bekam man sofort mit, wenn jemand die Kronjuwelen illegal zu exportieren gedachte.

Der Februar 1968 stand ganz im Zeichen der Gründung der Streitkräfte der UdSSR vor 50 Jahren. Militärwissenschaftliche und militärgeschichtliche Konferenzen, Seminare und Ausstellungen würdigten und bewerteten das Ereignis und den Jubilar. Eine beeindruckende Festveranstaltung im großen Saal des Kulturhauses der Akademie bildete den Höhepunkt dieses Jubiläums. Diese Festveranstaltung bleibt mir auch deshalb in guter Erinnerung, da unser Sohn im Chor und in der Tanzgruppe des Kindergartens der Akademie mitwirkte. Die deutschen Kinder erlernten recht schnell die russische Sprache.

Oft wurden wir auch in russische Familien eingeladen, doch manche sagten ganz offen, daß sie es begrüßen würden, kämen wir in Zivil und nicht in der deutschen Uniform.

Wir vermieden, im Treppenhaus oder im Lift deutsch miteinander zu sprechen, um unseren Gastgebern unangenehme Fragen oder gar Vorwürfe zu ersparen.

Vom 20. April bis 10. Mai 1968 kamen meine Eltern zu Besuch. Die Freude war groß. Wir bemühten uns, ihnen viel von Moskau zu zeigen. Wir fuhren mit dem Schiff auf der Moskwa und mit der Metro unter der Erde, wir besichtigten die wunderschönen Stationen, Museen, Theater und natürlich auch den weltberühmten Moskauer Zirkus. Für meinen Vater war die Parade am 1. Mai der ultimative Höhepunkt. Die Reise nach Moskau war die erste und einzige ins Ausland, die meine Eltern unternahmen.

Nachdem sie in die DDR zurückgefahren waren, ging auch ich auf Reise.

Sewastopol, die weiße Stadt am Meer

Am 20. Mai starteten wir am Kursker Bahnhof. Für unsere kleine Lehrgruppe waren Plätze im Waggon 2531 reserviert. Vor uns lagen rund 1.500 Kilometer. Über Tula, Orjol, Kursk, Charkow, Saporoshje, Simferopol ging es nach Sewastopol, einer »gesperrten Stadt«. Davon gab es in der Sowjetunion nicht wenige.

Der Zug durchquerte kriegsgeschichtlich bedeutsames Gebiet. Das Land war blutgetränkt von schweren Kämpfen in den Jahren von 1941 bis 1944. Städtenamen wie Orjol, Belgorod oder Kursk kannte jeder, der sich mit der Geschichte beschäftigt hatte.

Im Frühjahr und Sommer 1943 tobte dort die »Schlacht am Kursker Frontbogen«. Südlich von Kursk, in der Nähe des Dorfes Prochorowka, fand die größte Panzerschlacht des Zweiten Weltkrieges statt. Daran waren über 1.500 Kampfpanzer beteiligt. Mängel in der Aufklärung, in der Beurteilung des Gegners, die materielle Sicherstellung und Führung der deutschen Armeen führten zu einer schwerwiegenden Niederlage für die Wehrmacht.

Bei jedem Halt boten auf dem Bahnsteig Frauen und Männer den Reisenden frisches Gemüse an, Obst, heiße Pellkartoffeln, verschiedene hausgemachte Getränke, auch Kwas, das Brotgetränk. Es gab keine Festpreise. Man feilschte.

Mit dem Erreichen der Brücke über den Siwasch-See, eine Meerenge zwischen dem Festland und der Krimhalbinsel, interessierten wir uns nur noch für die Landschaft entlang der Fahrtroute. Major Oleg Iwanowitsch Tasmanow, mein langjähriger Waffenbruder, erzählte uns im Abteil viel über die Krim. Fast acht Jahre war er dort als Marineinfanterist stationiert. Die Krim: Das waren 26.000 Quadratkilometer Land, vier Fünftel Flachland mit Steppe, ein Fünftel Gebirge, viele Kurorte, Bäder und Sehenswürdigkeiten. Am bekanntesten vielleicht Jalta, wo im Februar 1945 die Großen Drei – Stalin, Roosevelt und Churchill – sich trafen, um die Nachkriegsordnung festzulegen. Sie galt praktisch bis 1990, bis zum Abschluß des 2+4-Vertrages.

Bald erreichte der Zug die Heldenstadt Sewastopol. Nur mit einer Sondergenehmigung konnten sie Bürger der Sowjetunion besuchen, nur in Ausnahmefällen wurde es auch Ausländern gestattet. Der stellvertretende Fakultätschef, Oberst Nikolajew, hatte uns darum vor der Abreise aufgefordert, Zivilsachen mitzunehmen. Er riet uns dringend von einem Spaziergang in der Stadt in deutscher Uniform ab. Der Krieg war keineswegs vergessen, zumal die Stadt damals nahezu vollständig zerstört worden war.

Eine Woche lang wohnten wir in der Offiziersschule der Schwarzmeer-Flotte, einem großzügig angelegten Kasernenareal mit weiß gestrichenen Gebäuden. Sie machten einen sehr viel freundlicheren Eindruck als die Kasernen der Landstreitkräfte. Die weiße Stadt am Schwarzen Meer ...

Wir hörten Vorlesungen über Kriegsgeschichte, die Geschichte der Festung und des Marinestützpunktes Sewastopol seit dem Russisch-Türkischen Krieg (1824–1826) und des Krimkrieges 1856 bis zur Gegenwart.

Es schlossen sich Besichtigungen von U-Booten und Überwasserschiffen sowie eine Teilnahme an einer Übung der Schwarzmeerflotte an. Schließlich besuchten wir Anlagen zur Küstenverteidigung, d. h. Raketen- und Artilleriestellungen. Dabei trafen wir auch auf Veteranen der Landstreitkräfte und der Schwarzmeerflotte, die über die Verteidigung und die Aufgabe Sewastopols in den Monaten Juni und Juli 1942 berichteten. Breiten Raum nahm natürlich die Befreiung der Krim von der deutschen Besatzung in der Zeit vom 8. April bis zum 12. Mai 1944 ein.

Gemeinsam mit unseren sowjetischen Studienkollegen und Waffenbrüdern legten wir am Denkmal auf dem Ehrenfriedhof einen Kranz nieder.

Bis zum 19. November 1990 sollte die Krim zum Staatsgebiet der Sowjetunion gehören. Seither ist die Halbinsel wieder Teil der Ukraine. Russische Streitkräfte nutzen jedoch mehrere Stützpunkte in und in der Nähe Sewastopols.

Mit der »Admiral Nachimow« nach Odessa

Mit dem Urlauberschiff »Admiral Nachimow« ging es die etwa 240 Kilometer nach Odessa. Ein Offizier dieses Schiffes, der sofort erkannt haben wollte, daß wir Deutsche seien, erzählte uns bei einem Glas gutem moldauischen Weißwein die Geschichte dieses Dampfers. Es gehörte einst zur Flotte der »Kraft durch Freude«-Schiffe des Drittens Reiches und fuhr unter dem Namen »Berlin«. 1949 war er vor Swinemünde (Swinoujscie/Polen) gehoben und zum Urlauberschiff in Warnemünde umgebaut worden. Vermutlich war das Schiff ein Posten auf der Reparationsliste, die die DDR für Gesamtdeutschland abzuarbeiten hatte. Seit 1957 kreuzte es als »Admiral Nachimow« zwischen den sowjetischen Schwarzmeer-Häfen. Dem Schiff schien jedoch kein Glück beschieden: In der Nacht vom 30. auf den 31. August 1986 wurde es vom Getreidefrachter »Pjotr« gerammt. 348 Menschen fanden beim Untergang den Tod.

In Odessa, der Millionenstadt in der Ukraine, erwarteten uns bereits Omnibusse und LKW. Bis 1789 befand sich hier die türkische Festung Chadshibei, die dann von den Russen übernommen wurde. 1794 ordnete Zarin Katharina II. den Bau eines Überseehafens an. Handel und Industrie brachten Odessa im 19. Jahrhundert zum Blühen. Von jener Zeit kündeten Prachtbauten der Architekten F. Boffo, A. Bernadozzi und F. Feldner am Primorskij-Boulevard, die Potjomkinsche Treppe am Hafen und das vom Wiener Architekten G. Hehner erbaute Opernhaus, die wir im Vorüberfahren sahen.

1941 wurde 69 Tage um die Stadt erbittert gekämpft, ehe sie von deutschen und rumänischen Truppen für etwa 30 Monate besetzt wurde. Diese Zeit hatte der Heldenstadt Odessa nachhaltige Wunden zugefügt, die noch immer – trotz gewaltiger Anstrengungen – nicht verheilt waren.

Auf der Küstenstraße fuhren wir in östliche Richtung bis Nowaja Dofinowka und dort ins Ausbildungsgelände des Odessaer Militärbezirkes. In einem großen Zeltlager am Ufer des Schwarzen Meeres bezogen wir Quartier für eine Woche. Unser Ausbildungsprogramm umfaßte Themen wie »Die verstärkte Mot.-Schützendivision in der Verteidigung zur Abwehr von Seelandungskräften des Gegners«, »Die verstärkte Mot.-Schützendivision im Angriff entlang der Küste im Zusammenwirken mit Schiffen der Seestreitkräfte« und »Das Mot.-Schützenregiment im Bestand einer Seelandungsgruppierung zur Einnahme eines Küstenabschnitts«. Lehrvorführungen ergänzten die theoretische Ausbildung.

Zum Abschluß verteidigten wir unsere Jahresarbeiten vor einer Prüfungskommission, bestehend aus unserem Klassenlehrer Oberst Ionin und den Offizieren unserer Lehrgruppe. Bewertet wurden neben dem Inhalt auch die Form der Übungsunterlagen (= Stabskultur) und der Vortrag. Ich bekam für alles das Prädikat »Sehr gut«.

Auf dem Truppenübungsplatz des Odessaer Militärbezirkes

Nachdem die Zelte geräumt und das Marschgepäck verladen waren, ging es zum Truppenübungsplatz. Nach ca. 20 km verließ die Kolonne bei Koblewo die Küstenstraße in Richtung der Werft- und Hafenstadt Nikolajew am Südlichen Bug. Kurz vor Nikolajew bogen wir in nördliche Richtung ab, auf dem Wegweiser lasen wir Shirokolanowka 45 km. Nach insgesamt 150 km erreichten wir den Übungsplatz, wo wir in den folgenden zwei Wochen in Baracken leben sollten.

Der Übungsplatz – russisch: Polygon – maß vielleicht 60 mal 40 Kilometer. Ein riesiges Areal, bestens geeignet für taktische Übungen verstärkter Mot.-Schützendivisionen mit Gefechtsschießen. Viele Orte in dieser Gegend trugen bis 1941 deutsche Namen. Dort siedelten Deutsche, die russische Zaren vor Jahrhunderten ins Land geholt hatten. Im Sommer 1941, nach dem Überfall Hitlerdeutschlands, wurden alle Deutschstämmigen deportiert: nach Kasachstan, ins Altaigebirge, nach Sibirien, nur weit weg, damit sie, wie befürchtet, nicht mit den Okkupanten kollaborieren konnten. Das wollten die wenigsten, denn die Sowjetunion war inzwischen ihre Heimat wie die der Russen und anderer Völkerschaften. Der dadurch entvölkerte und während des Krieges verbrannte Landstrich blieb als Ödnis zurück. Und wurde fortan als gewaltiges Manövergelände militärisch genutzt.

Bei hochsommerlichen Temperaturen übten wir sieben Stunden im Gelände, eine Mot.-Schützendivision (MSD) zu führen. Vor jeder Ausfahrt mußten wir befehlsgemäß einen Liter ungesüßten Tee trinken und damit die Feldflasche füllen. Alternierend gab es auch Kwas. Wir lernten die Arbeit des Kommandeurs einer MSD in Vorbereitung der Verteidigung bzw. eines Angriffs, die Aufgaben des Stabschefs, Aufklärers, der Chefs der Raketentruppen und der Artillerie bei der Beurteilung des Gegners und des

Geländes, beim Klarmachen der Aufgaben und die Erarbeitung der Einsatzvorschläge ihrer nachgeordneten Truppenteile für den Entschluß des Kommandeurs. Ferner stand die Erarbeitung des Entschlusses und des Gefechtsbefehls auf dem Programm sowie der Aufgabenstellung an die Kommandeure der MSR, des PR und der Raketenabteilung.

Bei der intensiven Ausbildung lernten wir immer besser die

Auf der Krim mit Hauptmann Martin Mademann (links), 1968.

russische Sprache zu beherrschen. Das war auch nützlich für die bevorstehenden Prüfungen.

Vor dem Abflug nach Moskau, nach vier interessanten und lehrreichen Wochen, besichtigten wir Odessa. Auf dem Flugplatz bekamen wir die *Neue Zürcher Zeitung* zu kaufen. Am 30. Mai 1968 hatte der Bundestag in Bonn mit der Mehrheit der Großen Koalition die Notstandsgesetze beschlossen, das war der Zeitung einen Kommentar wert. Uns überkam die Sorge: Hatte dies Konsequenzen für uns, für die Warschauer Vertragsstaaten, auch wenn die im vierten Anlauf angenommenen Vorschriften sich vornehmlich nach innen richteten?

In der letzten Junidekade absolvierten wir Studenten des 2. Studienjahres mehrere schriftliche und mündliche Prüfungen, danach schloß sich ein vierwöchiges Truppenpraktikum in der Heimat an. Ich absolvierte es im Stab der 8. MSD (Schwerin). Frau und Kind verblieben in Moskau. Ich kam in die Unterabteilung Operativ. Ich machte nicht zum ersten Mal die Erfahrung, daß in der Theorie oder im Unterrichtsraum viele Aufgaben einfacher zu lösen waren als in der Praxis. Stabschef Oberst Erwin Kohlmey und der Leiter der Unterabteilung Operativ, Oberstleutnant Günter Birkner, gaben mir jedoch so manchen wertvollen Hinweis, der mir auch später noch nutzte. Danach gab es endlich Urlaub: einen ganzen Monat konnte ich die Seele baumeln lassen. Mein Glück wäre fast vollkommen gewesen, wenn es nicht am 21. August die militärische Intervention in der benachbarten CSSR gegeben hätte. Durch die konzertierte Aktion der Warschauer Vertragsstaaten sollte verhindert werden, daß das Mitgliedsland CSSR aus dem Bündnis ausscherte. Die Aktion wurde in unseren Medien propagandistisch begleitet, aber keine eindeutigen Darstellungen über den Ablauf des Einmarsches und zu den beteiligten Armeen gegeben. Noch im Jahre 1985 wurde in der vom Militärverlag der DDR herausgegebenen »Geschichte der NVA der DDR« auf den Seiten 368 bis 376, insbesonders auf der Seite 371, dem Leser suggeriert, daß die NVA daran beteiligt gewesen sei.

Das war falsch.

Nicht eine einzige deutsche Einheit überschritt die Staatsgrenze. Namentlich Walter Ulbricht hatte das in letzter Minute verhindert; die bereits gekennzeichneten und in die sowjetischen

Marschkolonnen eingebundenen NVA-Panzer und -Fahrzeuge wurden kurz vor der Grenze herausgewunken und in Bereitstellungsräume auf DDR-Territorium dirigiert. Ungeachtet der politischen Bewertung der Maßnahme und der kontroversen Debatte über Sinn und Notwendigkeit der Intervention, bleibt festzuhalten, daß die NVA dadurch die einzige deutsche Armee blieb, die an keinem Angriffskrieg oder an militärischen Handlungen auf fremden Territorien beteiligt war.

Das räumte auch General a. D. Klaus Naumann in seinem Buch »NVA – Anspruch und Wirklichkeit« ein. Der ehemalige Generalinspekteur der Bundeswehr bestätigte im Vorwort, daß die alarmierte 7. PD (Dresden) und die 11. MSD (Halle) die Grenze der DDR nicht überschritten und folglich auch nicht auf dem Territorium der CSSR gehandelt haben.

Trotzdem wird noch immer das Gegenteil behauptet, so etwa in der Bundeswehr-Zeitschrift *IFDT* Nr. 5/99 auf der Seite 57.

Das 3. Studienjahr in Moskau

Die ersten Wochen wurden von den Ereignissen überschattet. Einige Kommilitonen der tschechoslowakischen Volksarmee kehrten nicht in den Hörsaal zurück. Ihre Plätze blieben frei. Über die Gründe konnten wir nur spekulieren.

Die anderen setzten die Ausbildung mit dem Schwerpunkt »Mot.-Schützen-/Panzerdivision« fort. Wir lernten, Übungen mit Regimentern bzw. selbständigen Bataillonen/Abteilungen der MSD auszuarbeiten. Desweiteren festigten wir unsere theoretischen Kenntnisse und praktischen Fertigkeiten in der Stabsarbeit im Garnisonsdienst und unter feldmäßigen Bedingungen, bei der Organisation, Sicherstellung und Führung der Fernmelde-/Nachrichtenverbindungen sowie der Organisation des Schutzes vor Massenvernichtungsmitteln. Ferner lernten wir die chemische Sicherstellung des Gefechts, einschließlich der Auswertung der chemischen Lage und der Kernstrahlungslage organisieren und führen sowie die Rückwärtige Sicherstellung des Gefechts.

In einer großen Lehrklasse übten wir am sogenannten Sandkasten das Zusammenwirken der Truppenteile innerhalb der Division, mit den Nachbarn sowie mit den Verstärkungs- und Unterstützungsmitteln.

Im Winterfeldlager 1968 (von links nach rechts): Oberstleutnant Militz (NVA), die Hauptleute Adjic (Jugoslawische Volksarmee), Löffler (NVA), Supanz (Jugoslawische Volksarmee), Oberstleutnant Hahn (NVA) sowie die Hauptmann Dulamcku und Daschzereen (beide Mongolische Volksarmee)

Wir lernten Rolle, Platz und Aufgaben einer MSD/PD im Bestand einer Armee kennen und hörten im Lehrfach »Operative Kunst« von strategischen Räumen und strategischen Richtungen. Besonders intensiv beschäftigten wir uns mit dem westlichen Kriegsschauplatz sowie mit gewissen Überlegungen von Verteidigungs- und Gegenschlagsoperationen in der Jütländischen (Schleswig-Holstein/Dänemark) und Küstenrichtung (Niedersachsen, nördlich der Autobahn Braunschweig-Osnabrück).

Mit einem gewissen Erstaunen registrierte ich, daß etwa für das III. Armeekorps (Leipzig) und das V. Armeekorps (Neubrandenburg) keine genauen Angaben auf den topographischen Karten eingezeichnet waren.

Hatte man diese NVA-Verbände vergessen?

Der militärische Konflikt im Fernen Osten

Im März 1969 sprach sich an der Akademie schnell herum, daß Truppen des Fernöstlichen Militärbezirkes und Verbände der Volksbefreiungsarmee Chinas in Kampfhandlungen eingetreten waren. Entlang des Flusses Ussuri, südlich der Städte Chabarowsk und Dalnereshensk, schossen sowjetische und chinesische Soldaten aufeinander.

Äußerer Anlaß des militärischen Konfliktes war ein Streit um die im Grenzfluß Ussuri gelegene Insel Damansk. Die Ursachen lagen natürlich tiefer und waren, wie in jedem Krieg, ideologischer Natur. Seit fast zwei Jahrzehnten rangen Moskau und Peking miteinander um die Führerschaft in der internationalen kommunistischen und Arbeiterbewegung. Der selbstbewußte Mao Tse-tung wußte nicht nur fast eine Milliarde Chinesen hinter sich, viermal soviele Menschen wie in der Sowjetunion. Er vertrat auch die gefährliche Auffassung, daß die neue Welt auf den Trümmern der alten errichtet werden sollte, wobei Kriege ausdrücklich nicht ausgeschlossen werden sollten.

Im September 1969 siegte die Vernunft. Der sowjetische Ministerpräsident Alexej Kossygin und der Regierungschef der VR China, Tschu En-lai, sprachen miteinander. In der Folge wurden die militärischen Auseinandersetzungen beendet und Grenzverhandlungen begonnen.

Der Konflikt erreichte auch die Akademie. Etliche sowjetische Offiziere mußten in die Krisenregion. Sie kehrten aber schon bald in die Hörsäle zurück.

Diplomarbeit

Das Ende des Studiums nahte spürbar, als die Themen für die Diplomarbeiten vergeben wurden. Ich sollte mich äußern zur »Desorganisation der Rückwärtigen Dienste (Logistik) des wahrscheinlichen Gegners im modernen Krieg«.

Im Januar 1969, wenige Tage vor dem Winterurlaub, rief mich unser Lehrer für Rückwärtige Dienste, Oberst Dr. W. D. Zorokowoi, zu sich. Auf seinem Schreibtisch lag die Dienstvorschrift HDv 140/1 der Bundeswehr aus dem Jahr 1966. Er fragte mich, ob ich Teile aus der »Logistik des Heeres« ins Russische übersetzen und diese zur Grundlage meiner Diplomarbeit machen möchte. Nach dem »Klarmachen der Aufgabe« und dem »Beurteilen der Lage« meldete ich Oberst Zorokowoi meinen Entschluß.

»Ja, ich nehme das Angebot an!«

Im Februar fuhr ich nach Strausberg und suchte in der Militärwissenschaftlichen Bibliothek nach ergänzenden Informationen über die Logistik des Heeres der Bundeswehr. Von einem Militäraufklärer, den ich vom Studium in Plauen kannte, erhielt ich zusätzliche Grafiken, Fotos und Berechnungen.

Nach meiner Rückkehr nach Moskau recherchierte ich Übungen der NATO-Streitkräfte, an denen Armeekorps der Bundeswehr beteiligt waren und bei denen die Logistik des Heeres zu den Schwerpunkten gehört hatten. Als besonders ergiebig erwiesen sich Veröffentlichungen über »Fallex 62« (20. bis 28. Februar 1962), »Schwarzer Löwe« (15. bis 20. September 1968) und aktuell »Reforger I« (6. Januar bis 4. Februar 1969). Sodann verglich ich

Erinnerungsurkunde der Frunse-Akademie

die Grundsätze der »Logistik des Heeres« mit den Grundsätzen der »Rückwärtigen Sicherstellung einer Armee« der sowjetischen Landstreitkräfte.

Danach begann ich mit der Übersetzung der Kapitel 2 »Logistische Führung«, Kapitel 3 »Materielle Versorgung, Punkt II. Nachschub« und Kapitel 7 »Rückwärtige Gebiete« sowie Kapitel 12 »Die Versorgung des Korps«.

Ich verteidigte meine Arbeit vor einer staatlichen Prüfungskommission.

Am 30. Juni 1969 trat ich mit elf weiteren Absolventen der

Georg-Saal im Großen Kreml-Palast

Militärakademie »M. W. Frunse« vor den Vorsitzenden der Staatlichen Prüfungskommission, I. Ch. Bagramjan. Der Marschall der Sowjetunion überreichte uns das Diplom und die Goldmedaille für das Gesamtergebnis. Ich war sehr glücklich in diesem Moment.

Für die Absolventen der Akademie des Generalstabs und anderer Militärakademien, die das Studium »Mit Auszeichnung« (= Goldmedaille) abgeschlossen hatten, fand im Georg-Saal des Großen Kreml-Palastes ein Empfang statt. Gastgeber war der Verteidigungsminister, der zweifache Held und Marschall der Sowjetunion A. A. Gretschko.

Danach hieß es Koffer und Container packen. Auch der »Trabant« kam in den Möbelwagen und wurde nach Potsdam überführt. Die fast 2.000 Kilometer auf der Piste wollten wir ihm nicht zumuten. Wir nahmen Abschied von Freunden, bedankten uns bei den Kindergärtnerinnen und vielen anderen, die uns den Aufenthalt so angenehm wie möglich gestaltet hatten.

Wir bestiegen den »Moskau-Expreß«, einen Schnellzug. Unsere Freunde waren zum Belorussischen Bahnhof gekommen und verabschiedeten uns nach russischer Sitte. Und auch die Genossen aus den anderen Armeen.

Blagoje Adjic kehrte nach Belgrad zurück. Er beendete 1990 seine Soldatenlaufbahn als Chef des Generalstabes der Jugoslawischen Volksarmee, sein letzter Dienstgrad war Generaloberst.

Alois Supanz wurde Militärattaché.

Die beiden mongolischen Offiziere versahen in einer Mot.-Schützenbrigade ihren Dienst.

Oberstleutnant Hans-Dietrich Militz war von 1972 bis 1990 im Kommando der Landstreitkräfte für die Ausbildung der Fallschirmjäger zuständig.

Gottfried Hahn diente bis zu seiner Entlassung im Kommando des MB III in der Abteilung Aufklärung.

Martin Mademann, zuletzt Oberstleutnant, wurde nach dem Studium Operativer Offizier im Stab der 1. MSD, danach Stabschef im MSR-2 und abschließend im Hauptstab als OpD eingesetzt.

Georg Bartel, sein letzter Dienstgrad Oberst, sollte bis zum 2. Oktober 1990 zum Mitarbeiterstab des Chefs des Hauptstabes gehören.

Eine Auswertung des Studiums erfolgte am 1. August 1969 in der Verwaltung Kader im Ministerium für Nationale Verteidigung. Im Anschluß verlas Oberst Harald Ludwig, Stellvertreter des Chefs Kader, einen Befehl des Ministers über meine vorzeitige Beförderung zum Major und gab unseren Einsatz nach dem Studium bekannt.

Mein neuer Dienstort hieß Neubrandenburg, die Dienststelle: Kommando des Militärbezirkes V (Kdo. MB V). Meine Dienststellung nannte sich »Oberoffizier für operative Schulung« in der Abteilung Operativ.

Nach diesem recht dienstlichen Teil erhielten wir eine Einladung zum Empfang der Absolventen von Militärakademien des Jahres 1969 in den Amtssitz des Staatsrates in Berlin. Das Staatsoberhaupt der DDR lud traditionell jeden neuen Jahrgang ein. Das war sowohl Würdigung für Geleistetes wie auch Ermutigung für den künftigen Dienst. Zudem nutzte der Vorsitzende des Nationalen Verteidigungsrates, denn das war Walter Ulbricht ebenfalls, diese Tribüne, um militärpolitischen Wertungen vorzunehmen. Zusammenkünfte dieser Art sollte es alljährlich bis zum Ende der DDR geben.

IV.
Wieder in Mecklenburg – das »4. Studienjahr«

Bisher gehörten Döbeln, Plauen, Rostock und Moskau zu meinen Dienstorten, nun kam Neubrandenburg hinzu. Die Stadt zählte etwas mehr als 40.000 Einwohner. Im April 1945, kurz vor Kriegsende, hatten Wehrmachtverbände den auf Rostock vorstoßenden Verbänden des 3. Garde-Panzerkorps und der 70. Armee der 2. Belorussischen Front schwere Gefechte geliefert. Dabei war der über 600 Jahre alte Ort nahezu völlig zerstört worden. Sinnlos wie Schwedt, Prenzlau und Pasewalk, die ebenfalls in der Angriffsrichtung lagen. (In Greifswald hingegen siegte die Vernunft: Der »Festungskommandant« Petershagen hißte beizeiten die weiße Fahne und kapitulierte.)

Seit 1936 war Neubrandenburg Garnison. Im Fliegerhorst Trollenhagen wurde das Geschwader 252 »Hindenburg« stationiert. In der 1939 errichteten »Panzerkaserne« wurden Landesschützen und Soldaten für Wehrersatzeinheiten ausgebildet, die vorrangig Kriegsgefangene, Munitionslager oder Fliegerhorste bewachten. Von Juni 1945 bis zum Frühjahr 1956 nutzten der Stab der 2. Stoßarmee und ein Panzerregiment die Kaserne oberhalb der Südstadt.

Im Frühjahr 1956 zog dort die NVA ein. In der »Eckelmann-Kaserne« kam das Kommando des Militärbezirkes V sowie einige Stabs- und Sicherstellungseinheiten unter.

Am 3. Oktober 1990 übernahm die Bundeswehr dieses Areal. In der heutigen »Tollense-Kaserne« arbeitet der Stab der 14. Panzergrenadierdivision (14. PGD) und das Verteidigungsbezirkskommando 87.

Neubrandenburg hatte zwar Geschichte, aber war letztlich eine mecklenburgische Kleinstadt. Das änderte sich 1952, als die Länder in der DDR aufgelöst wurden und an ihre Stelle 15 Bezirke traten. Dadurch wurde Neubrandenburg Verwaltungssitz des nach ihm benannten Bezirkes. Mit großen Anstrengungen wurden die Baulücken geschlossen und behutsam die wenigen historischen Anlagen und Objekte in das moderne städtebauliche Konzept eingebunden. Gleichwohl sah man der Stadt die Aufholjagd an, und letztlich trägt sie heute, nach dem Bedeutungsverlust, schwer auch an diesem Erbe. Viele Plattenbauten stehen leer und werden abgerissen, was mit dem beschönigenden Begriff »Rückbau« umschrieben wird.

Im Kommando des Militärbezirkes V

Befehlsgemäß meldete ich mich am 3. August 1969 beim Leiter der Abteilung Operativ. Oberst Günter Birkner hatte ich bereits bei meinem Praktikum im Stab der 8. MSD im Juli 1968 kennengelernt. Zur Unterabteilung »Operative Schulung«, im Felddienst als »Planungsgruppe« bezeichnet, gehörten auch Oberstleutnant Günter Starke und Major Günter Preißler. Als ich hinzustieß, standen zwei große Übungen im Plan: die Manöver »Oder-Neiße« vom 21. bis 28. September 1969 und »Waffenbrüderschaft-70« vom 12. bis 18. Oktober 1970.

Zunächst mußte ich mich jedoch mit den Aufgaben eines Militärbezirkes und des Kommandos des Militärbezirkes V (Kdo. MB V) vertraut machen. Unter einem Militärbezirk (MB) der NVA verstand man eine militäradministrative territoriale Vereinigung von Verbänden, Truppenteilen, Einheiten und militärischen Einrichtungen verschiedener Waffengattungen, Spezialtruppen und Dienste. Die gesamte DDR war in zwei Militärbezirke gegliedert. In einigen westdeutschen Publikationen wurden fälschlicherweise vier bzw. fünf Militärbezirke genannt. Möglicherweise waren deren Autoren durch die Bezeichnung irritiert. Es existierten nämlich der Militärbezirk III und V. Also wird man geschlossen haben, daß es auch I, II und IV geben müsse.

Zum MB V gehörten die Bezirke Rostock, Schwerin, Neubrandenburg, Frankfurt/Oder, Potsdam, Magdeburg und Berlin.

Bis Dezember 1972, als das Kommando der Landstreitkräfte (Kdo.LaSK) gebildet wurde, waren die Militärbezirke direkt dem Ministerium für Nationale Verteidigung (MfNV) unterstellt und wurden auch von diesem geführt.

Zum Bestand des Militärbezirkes gehörten die 1. und 8. Mot.-Schützendivision, die 9. Panzerdivision, die 5. Raketenbrigade, das Artillerieregiment 5, das Pontonregiment 5, das Nachrichtenregiment 5, die Unteroffiziersschule III (US III) und sieben Wehrbezirkskommandos sowie weitere Truppenteile und Einrichtungen.

Bei der Alarmstufe »Kriegsgefahr« sollte das Kommando in die Territoriale und in die Feldführung aufgeteilt werden. Der Chef MB V hätte fortan das V. Armeekorps befehligt. Sein Stellvertreter für Ausbildung hätte als Chef des Territorialen Militärbezirkes V die Führung der sieben Wehrbezirkskommandos, aller territorialen Einrichtungen (z. B. Mobilmachungslager) und die Ersatztruppenteile übernommen.

Die Abteilung Operativ und somit unsere Planungsgruppe wäre in das Operative Zentrum auf dem Gefechtsstand des Kommandeurs des V. Armeekorps integriert worden.

Erste Einblicke in die Operative Planung

Schon bald erhielt ich erste Einblicke in die Operative Planung durch Übungsdokumente. Die Aufgabe des Militärbezirkes (V. AK) bestand darin, im Zusammenwirken mit der sowjetischen 2. Garde-Panzerarmee (Fürstenberg/Havel), mit Teilen der Luft- und Seestreitkräfte und Grenztruppen der DDR im Raum Grevesmühlen, Boizenburg/Elbe, Schwerin und Wismar einen möglichen Angriff des Jütländischen Armeekorps abzuwehren.

Das Kommando des Territorialen Militärbezirkes sollte umfangreiche Truppen-, Nach- und Abschubbewegungen für die Armeen der Vereinten Streitkräfte sicherstellen. Erkennbar war, daß das Territorium des Militärbezirkes V im Falle eines militärischen Konfliktes zwischen der NATO und dem Warschauer Vertrag zu einem Bereitstellungs-, Entfaltungs- und Ausgangsraum für Armeen der Sowjetunion und Polens geworden wäre. Im Klartext: Das Territorium der DDR würde im Kriegsfall zum Kampfgebiet werden.

Von den sechs Mot.-Schützen- und Panzerdivisionen der Landstreitkräfte der NVA der ständigen Gefechtsbereitschaft (Präsenzgrad = 85 %) waren fünf Divisionen für die 1. Staffel der Front (GSSD) eingeplant, eine Division sollte im Bestand einer Armee der 2. Staffel handeln.

Unsere 8. MSD sollte im Bestand des V. Armeekorps der NVA, die 9. MSD im Bestand der 2. Garde-Panzerarmee der Gruppe der sowjetischen Streitkräfte operieren. Die 1. MSD wurde im Bestand der Reserve des NVA-Hauptstabes geführt. Die Unteroffiziersschule III sollte drei bis vier Tagen nach Auslösung der Mobilmachung als eine Mot.-Schützendivision (Mob.) im Bestand der Reserve der Front (Heeresgruppe) handeln.

Ein eigenständiger (nationaler) Einsatz der Landstreitkräfte der NVA war also in jenen Jahren nicht vorgesehen.

Vom 21. bis 28. September 1969 fand auf polnischem Territorium das Manöver »Oder-Neiße« statt. Daran nahmen Stäbe, Verbände und Truppenteile der Land-, Luft- und Seestreitkräfte der Sowjetunion, Polens und der DDR sowie der Landstreitkräfte der CSSR teil. Den Oberbefehl hatte der Verteidigungsminister der Volksrepublik Polen.

Wenige Wochen nach dem Absolvieren der Militärakademie konnte ich also erstmals in der Praxis die erworbenen theoretischen Kenntnisse anwenden.

Die operativ-strategische Idee für das Manöver basierte auf möglichen militärischen Handlungen in der Jütländischen und Küstenrichtung des westlichen Kriegsschauplatzes. Der Übungsraum umfaßte das Gebiet von Gdansk (Danzig), Szczecin (Stettin), Frankfurt/Oder und Torun (Thorn) sowie das Küstenvorfeld von der Halbinsel Hela bis zur Odermündung.

Vom Militärbezirk V nahmen an diesem Manöver teil: der Chef des MB V, Generalmajor Kurt Lange, die Feldführung des Kommandos des MB V, der Kommandeur der 8. MSD, Oberst Nikolaus Klenner, der Stab der MSD und das MSR-27. Die Verlegung der am Manöver teilnehmenden Stäbe und Truppenteile in den Übungsraum begann am 19. September.

Das MSR der 8. MSD ging auf dem Truppenübungsplatz Drawsko Pomorski zur Verteidigung über. Auf diesem ehemaligen Übungsplatz der Wehrmacht handelten ein MSR der Volksarmee der CSSR, ein MSR des Pommerschen Militärbezirks (Bydgoszcz/Bromberg), das MSR der 8. MSD und ein PR der sowjetischen Nordgruppe als Darstellungstruppen. Sie demonstrierten den Übergang zur Verteidigung in der Nähe einer Staatsgrenze, das Verteidigungsgefecht zur Abwehr eines Angriffs des Gegners (Seite »Blau«), die Durchführung eines Gegenangriffs und weitere Übungselemente auf der Grundlage der Entschlüsse der Kommandeure der MSD/PD bzw. der Armeebefehlshaber.

Zur Gewährleistung einer optimalen Zusammenarbeit zwischen dem Stab der Front (Polen) und den Stäben der vier Armeen erfolgte der Austausch von Operativen Gruppen. Unter der Leitung von Oberstleutnant Günter Starke arbeitete eine Operative Gruppe der (fiktiven) 15. Armee auf dem Gefechtsstand der 2. Front (Polen). Das bedeutete, daß aus den Stäben der an der

Übung beteiligten Armeen je eine Operative Gruppe, auch als Verbindungsgruppe bezeichnet, zeitweilig in den Stab der Front integriert wurde. Analog arbeitete in jedem Armeestab eine Operative Gruppe aus dem Bestand des Frontstabes.

Diese Gruppen mit fünf bis sieben Offizieren, meist Absolventen sowjetischer Militärakademien, unterstützten die Verbindung und die Zusammenarbeit zwischen den Stäben als Double. Jede Gruppe war ausgerüstet mit der notwendigen Stabs-, Funk- und Fernsprechtechnik. Die Operative oder Verbindungsgruppe wurde von einem erfahrenen Offizier aus der Operativen Abteilung geführt.

Zu unserer Gruppe gehörten je ein Offizier aus den Abteilungen Operativ, Raketentruppen und Artillerie, Aufklärung, Nachrichten, Truppenluftabwehr und Rückwärtige bzw. Technische Dienste. Sie wurde von meinem Vorgesetzten, Oberstleutnant Günter Starke, geleitet.

Das Arbeitsklima zwischen den Offizieren der verbündeten Armeen empfand ich als äußerst angenehm. Nicht selten begegneten sich sich ehemalige Studienkollegen, wir tauschten die aktuellen Adressen und Telefonnummern aus. Und ich hatte das Gefühl, daß das, was wir in Moskau gelernt hatten, durchaus sinnvoll und nützlich war.

Oberst Birkner schätzte nach Abschluß des Manövers ein, daß unsere Unterabteilung ihre Aufgaben mit guten Ergebnissen erfüllt habe. Das, so meinte er, läge daran, daß alle Offiziere der Unterabteilung eine militärakademische Ausbildung und umfangreiche Erfahrungen in der Stabsarbeit besäßen.

Gleichwohl, so sagte er, wäre eine kontinuierliche Weiterbildung notwendig. Unsere Abteilung sei nun einmal als Zentrum des Kommandos des MB V bzw. des Stabes des V. Armeekorps für die Erarbeitung wichtiger Führungsdokumente zuständig: Anordnungen des Chefs des Militärbezirks für das Ausbildungsjahr, Berichte zur Auswertung eines Ausbildungsjahres sowie von Übungen, Programme für die Aus- und Weiterbildung der Generale und Offiziere des Kommandos und der Divisionen sowie die Unterlagen zur Vorbereitung und Durchführung von Kommandostabs- und Truppenübungen mit den MSD/PD.

Allerdings hatte das Manöver auch offenbart, daß keineswegs alle Offiziere in den Stäben, ja selbst mancher Kommandeur nicht mit den aktuellen militärstrategischen Konzepten der NATO vertraut waren. Birkner wirkte ziemlich ungehalten, weil das auch zum militärischen Handwerk gehörte.

Wenn in Jahresfrist das Manöver »Waffenbrüderschaft« stattfinde, müßten diese Defizite behoben sein, erklärte er verärgert.

Der Schwerpunkt der Weiterbildung lag daher auf einer umfassenden Analyse und auf der Erarbeitung von Schlußfolgerungen auf der Grundlage einer »möglichen intensiven Waffeneinwirkung des Gegners« auf unsere Verteidigungsstellungen, einschließlich des Einsatzes von Kernwaffen durch den angenommenen Gegner.

Bei der Erarbeitung von Übungen mußten wir grundsätzlich den aktuellsten Stand der Strukturen, Gliederungen und Ausrüstungen sowie Einsatzprinzipien beachten und nutzen. Dazu gehörte ebenfalls die Analyse von Übungen der NATO-Streitkräfte, um deren Leistungsstand zu ermitteln. Ein Leistungsanstieg zeigte sich besonders bei den Übungen des Heeres der Bundeswehr im Koalitionsbestand.

Wir analysierten die Manöver der NATO, etwa »Panthersprung« (1967), »Schwarzer Löwe« (1968) und »Großer Rösselsprung« (1969) sowie »Reforger I« (1969). Ausgangspunkt war immer eine Aggression der »Seite Rot«. Und man ging immer vom »worst case« aus, also Einsatz aller vorhandenen militärischen Mittel. Darauf wollte man »flexibel« reagieren.

Das hatte natürlich Konsequenzen auf unserer Seite. Ich begriff, daß darum die Abteilungen Aufklärung, Chemische Dienste (ABC-Abwehr), Operativ sowie Raketentruppen und Artillerie sehr eng zusammenwirken mußten.

Versetzung ins Mot.-Schützenregiment 3

Vor dem Manöver »Waffenbrüderschaft-70« rief mich der Chef des Stabes, Generalmajor Günter Leistner, zu einem Personalgespräch. Er teilte mir mit, daß er mich für den Einsatz als Stabschef des MSR-3 in Brandenburg an der Havel vorgeschlagen hat. Ich solle die Funktion noch im Herbst übernehmen.

Ich bat um etwas Bedenkzeit, denn erst im August 1969 waren meine Familie und ich von Rostock nach Neubrandenburg umgezogen, kürzlich war Ralph eingeschult worden.

Aber als Militär ist der persönliche Entscheidungsspielraum vergleichsweise gering.

Ich stimmte zu.

Im November packte ich meine Sachen. Die vierzehn Monate im Stab empfand ich als nützliches »4. Studienjahr«. Ich hatte viel für den Dienst in der Truppe gelernt.

V.
Harte Bewährungsproben im Mot.-Schützenregiment 3

Am 1. Dezember 1970 fuhr ich von Neubrandenburg nach Brandenburg. Schon von weitem grüßten die 15 Schornsteine des Stahl- und Walzwerkes. Im Dritten Reich war hier Rüstungsindustrie angesiedelt worden. Die Folge waren fortgesetzte Bombardierungen während des Krieges. Dadurch war diese über 1.000 Jahre alte Stadt schwer in Mitleidenschaft gezogen worden.

Brandenburg war praktisch seit 1657 Garnisonsstadt. Damals verlegte der Große Kurfürst das Regiment »Graf von Waldeck« in die Stadt an der Havel. Später waren hier stationiert das Kürassier-Regiment »Kaiser Nikolaus I. von Rußland« (Brandenburgisches Regiment Nr. 7 [1808–1820], das Feldartillerie-Regiment »Generalfeldzeugmeister« (1. Brandenburgisches Nr. 3 [1898–1914]) und das Infanterieregiment 68 (1935–1939). Von 1945 bis 1994 gehörte zur Garnison die 1. Pionierbrigade der Westgruppe der sowjetischen Streitkräfte. Die NVA war mit dem Transporthubschrauber-Geschwader 34 und eben jenem Mot.-Schützenregiment 3 (MSR-3) vertreten.

Die Kaserne des MSR-3 befand sich im Ortsteil Hohenstücken. Am 1. März 1972, dem Tag der Nationalen Volksarmee, erhielt sie den Namen des im Januar 1945 im Zuchthaus Brandenburg-Görden hingerichteten Antifaschisten Paul Hegenbarth.

Nach dem 3. Oktober 1990 zogen hier die Panzergrenadier-Bataillone 421 und 422 der Bundeswehr ein. Heute heißt sie »Roland-Kaserne«.

Zur Geschichte des Mot.-Schützenregiments 3

Die Vorläufer des MSR-3 waren eine 1949 gebildete Volkspolizei-Bereitschaft und das bis zum 30. April 1956 formierte Mechanisierte Regiment 3. Im Herbst 1958 erfolgte die Umwandlung des Mech. Regiments nach Aufhebung der Kadrierung in ein Mot.-Schützenregiment, das MSR-3.

Das Regiment wurde von 1955 bis 1960 befehligt von Oberstleutnant Robert Zeth, danach, bis 1963, von Major Manfred Gehmert. Als ich kam, war Oberstleutnant Horst Unterspann Kommandeur. Er sollte es bis 1973 bleiben. Zum MSR-3 gehörten der Stab, drei Mot.-Schützenbataillone mit je drei Mot.-Schützenkompanien, einer Granatwerferbatterie und einem

Panzerabwehrzug. Hinzu kamen ein Panzerbataillon mit drei Kompanien, eine Flugabwehr-, eine Panzerabwehr-, eine Haubitz-Batterie und je eine Aufklärungs-, Pionier-, Nachrichten-, Transport- und Instandsetzungskompanie. Ferner gab es einen Zug Chemische Abwehr und einen Sanitätszug.

Die Dienststärke des MSR-3 betrug insgesamt 1.923 Mann: 158 Offiziere, 397 Unteroffiziere und 1.368 Soldaten.

Überrascht war ich, daß hier noch der technisch überholte Schützenpanzerwagen SPW-152 eingesetzt war.

Zum Regiment gehörte der Schießplatz Fohrde, das Schießausbildungsgelände Bohnenland, der Standortübungsplatz Brielow und der Übungsplatz für die Wasserfahrausbildung Briest. Genutzt wurden der Truppenübungs- und Schießplatz Lehnin/Brück der 1. MSD und der Truppenübungsplatz Klietz des MB V.

Mein Dienstbeginn im MSR-3

Am Nachmittag des 1. Dezember 1970 meldete ich mich vorschriftsmäßig zum Dienstantritt beim Kommandeur des MSR-3. Oberstleutnant Horst Unterspann hatte ich bereits beim Manöver »Waffenbrüderschaft-70« auf dem Truppenübungsplatz Jüterbog kennengelernt. Dort hatte ich auch das von Major Elies befehligte I. Mot.-Schützenbataillon beobachten können. Mich hatten damals die guten Leistungen und die hohe Einsatzbereitschaft des Stabschef im I. MSB, Hauptmann Schulz, von Hauptmann Schröder (Technik) und Oberleutnant Kuschel, des Kompaniechefs der 1. MSK, auffällig beeindruckt.

Am 1. Dezember begann auch das neue Ausbildungsjahr. Am Abend wurden in einer Dienstbesprechung die Ergebnisse der Exerzierbesichtigung und der ersten Ausbildungsstunden vom Regimentskommandeur ausgewertet. So konnte ich gleich zu Beginn meiner Tätigkeit als Stabschef seine Stellvertreter, die Bataillonskommandeure und einige Kompaniechefs kennenlernen. Bald mußte ich allerdings feststellen, daß die Stabsarbeit im Regiment nicht mit der täglichen Arbeit in der Abteilung Operativ im Kommando des Militärbezirkes zu vergleichen war. Hier im Regiment war das Truppenleben rund um die Uhr spürbar. Der Arbeitstag endete oft erst nach zehn oder zwölf Stunden.

Im Katalog »Dienstpflichten« waren auf zwei Seiten und in 30 Punkten die Aufgaben eines Stabschefs aufgelistet. Und in der DV 30/5 (046/0/002), »Felddienstvorschrift der Stäbe«, wurden auf weiteren zwei Seiten die Pflichten eines Stabschefs genannt. Dort hieß es beispielsweise: »Der Stabschef ist der erste Stellvertreter des Kommandeurs. Nur er hat das Recht, im Namen des Kommandeurs den Truppen, den Stellvertretern des Kommandeurs, den Chefs und Leitern der Waffengattungen, Spezialtruppen und Diensten, die dem Kommandeur unmittelbar unterstellt sind, Weisungen zu erteilen. Über die von ihm gegebenen Weisungen hat er dem Kommandeur Meldung zu erstatten.

Er hat die Arbeit des allgemeinen Stabes zu leiten, die Tätigkeiten der Stellvertreter des Kommandeurs, der Chefs und der Leiter [...] zu koordinieren, die Tätigkeiten der unterstellten Stäbe zu lenken und sich um ihre Geschlossenheit sowie um die Einheit der Ansichten und Methoden der Arbeit zu bemühen, ständig die Lage zu kennen und ihre möglichen Veränderungen vorauszusehen.«

Aus dem Katalog »Dienstpflichten« möchte ich nur drei Aufgaben nennen:

»Der Stabschef ist verantwortlich für

3.a) die Organisation und Aufrechterhaltung der Führung sowie der Gefechts- und Mobilmachungsbereitschaft des Regiments,

b) die Organisation und Durchführung der Planung der politischen und Gefechtsausbildung *(in der Sowjetarmee lautete dieser Passus »Planung der Gefechts- und politischen Ausbildung«, d. h., die Gefechtsausbildung hatte den Vorrang – G. L.)* und den Nachweis der Ergebnisse der Gefechtsausbildung des Regiments sowie der Stabsdienstausbildung des Führungsorgans des Regiments,

4. h) der Stabschef hat [...] die Weiterbildung der Offiziere des Führungsorgans des Regiments durchzuführen sowie die Ausbildung der Offiziere der Bataillonsstäbe und der ihm unmittelbar unterstellten Einheiten zu leiten [...]«

Wie in jedem Unternehmen gab es auch hier Reibung mit dem Neuen. Dem Politstellvertreter, Oberstleutnant Ullrich Weiemann (wir kannten uns aus Rostock, er war damals Parteisekretär im Mot.-Schützenregiment 28 und ich Kompaniechef) fiel es sichtlich schwer, mich zu akzeptieren. Ich war in seinen Augen ein junger

Spund, dem er die Aufgabe eines Stabschefs nicht zutraute. Ähnlich schwierig zeigte sich auch die Zusammenarbeit mit den Kommandeuren des II. MSB und des Panzerbataillons. Beide Offiziere gehörten zum alten Stamm des MSR-3 und waren sehr auf den Regimentskommandeur fixiert, der schon seit zehn Jahren im Amt war.

Gemeinsam mit meinem Stellvertreter, Major Manfred Garz, mit Major Brummund und anderen Offizieren begann ich das dicke Brett zu bohren. Sukzessive wuchs ich in meine Funktion und überzeugte die Skeptiker.

Stabsdienstausbildung und Weiterbildung der Offiziere

Armeegeneral Heinz Hoffmann, der Verteidigungsminister, hatte mit Beginn des neuen Ausbildungsjahres einen Zuwachs an Kampfkraft und Gefechtsbereitschaft der Stäbe und Truppen gefordert. Das machte eine Analyse notwendig. Wo standen wir? Was hatten die Offiziere in unserem Regiment theoeretisch und praktisch auf dem Kasten?

In diesem Kontext möchte ich noch einmal daran erinnern, daß die NVA nicht Selbstzweck war. Wir befanden uns seit Jahrzehnten in einem Kalten Krieg. Die wechselseitige Bedrohung und Aussicht auf gegenseitige Vernichtung hatten bislang verhindert, daß zwischen NATO und Warschauer Vertrag geschossen wurde. Allerdings wußten wir auch: Wenn die Gegenseite das Gefühl militärischer Überlegenheit bekäme und die Aussicht auf einen Sieg bestünde, konnte nicht ausgeschlossen werden, daß sich die »Falken« durchsetzten und es riskierten. Übungen wie »Schwarzer Himmel« (September 1970), »Reforger II« (Oktober 1970) oder »Wintex 71« (Anfang 1971) demonstrierten überzeugend die zunehmende Fähigkeit der NATO, vom Friedens- in den Kriegszustand überzugehen. Das konnte auf unserer Seite nicht ignoriert werden.

Die Aus- und Weiterbildung der Offiziere und Unteroffiziere mußte wesentlich verbessert werden. Des weiteren hatten wir Voraussetzungen zu schaffen, um modernere Kampftechnik einzuführen und diese zu beherrschen. Bald sollte der Schützenpanzer BMP und die »Schilka« zur Fliegerabwehr in den Bestand des MSR-3 aufgenommen werden.

Die Führung des Mot.-Schützenregiments 3 im Sommer 1974: die Oberstleutnante Oberlein, Krüger, Kunze, Stelzer, Goldschmidt und Löffler (von links nach rechts).

Und noch etwas stellte ich fest: Die Mehrzahl des Personals hatte eine Offiziersschule absolviert. Der Aufstieg in eine höhere Dienststellung erfolgte in der Regel innerbetrieblich. Das heißt: Es entschied mehr die Sympathie oder Antipathie des Vorgesetzten über die Beförderung als die Qualifikation. Solcherart Kumpanei war nicht hilfreich.

Eine Überprüfung der theoretischen Kenntnisse und praktischen Fertigkeiten (z. B. Stabsdienst und Schießausbildung) der Offiziere des MSR-3 kam einem Offenbarungseid gleich. Neben der militärischen Weiterbildung mußten die Leiter auch in anderer Hinsicht qualifiziert werden. Sorge bereitete vor allem die Tatsache, daß noch nicht alle Offiziere befähigt waren, Zusammenhänge im Garnisonsdienst oder bei der Ausbildung auf Übungsplätzen zu erkennen, Probleme in der Führung der Einheiten festzustellen und möglichst eigenständig zu lösen, selbständig bzw. mit einem soliden Maß an Eigeninitiative die Einheiten zu führen, besonders kritische Situationen im Dienstbetrieb richtig zu bewerten und zweckmäßige Entscheidungen zu treffen.

In der Regimentsführung wurden zu diesem Zweck Ausbildungs- bzw. Qualifizierungsschwerpunkte erarbeitet. Dabei wurden Vorschläge von Offizieren des MSR-3 berücksichtigt.

Der Führung des Regiments war bewußt, daß wir den höheren Anforderungen der 70er Jahre nur dann würden genügen können, wenn es uns gelänge, Offiziere und Unteroffiziere für ihre Dienststellung zu qualifizieren. Autorität mußte durch Können und Selbstbewußtsein erworben werden. Es ging nicht darum, auf dem Platz, auf den man als Leiter gestellt war, zu funktionieren und seine Arbeit unauffällig zu machen. Sondern: Es mußte diese Aufgabe »gelebt« werden.

Ich räume ein: Das kollidierte mit tradierten Vorstellungen.

Die Auseinandersetzungen trugen jedoch bald Früchte. Zum Abschluß der taktischen Übung der 1. MSD »Lawine-71« erhielt unser Regiment die Note »Gut«. Dieses Ergebnis trug wesentlich zur Motivierung der Mehrzahl der Angehörigen des Regiments bei.

Am Ende des Ausbildungsjahres 1970/71 zeichnete der Minister für Nationale Verteidigung uns als »Bestes Regiment« aus.

Wir betrachteten die Ehrung als Anerkennung des von uns eingeschlagenen Weges. Und als Ermutigung, ihn weiter zu beschreiten.

Gewährleistung der Gefechtsbereitschaft

Der Begriff »Alarm« heißt in Beckmanns Welt-Lexikon (1930) »Zu den Waffen! Ein unerwarteter Signalruf oder Befehl an die Truppen, mit Waffen auf den vorher bestimmten Alarmplatz zu eilen!« In meinem Dienstpflichten-Katalog stand: »Der Stabschef ist für die Organisation und Aufrechterhaltung der Führung sowie der Gefechts- und Mobilmachungsbereitschaft des Regiments verantwortlich.«

Bisher hatte ich noch keine direkte Berührung mit dieser Problematik. Vom Studium in Moskau war mir bekannt, daß die Gefechtsbereitschaft den Grad der Mobilisierung der Kampfkraft der Stäbe und Truppen zu einer bestimmten Zeit dokumentiert. Und sie basierte auf der Fähigkeit der Stäbe und Truppen, innerhalb einer befohlenen Zeit mit Gefechtshandlungen zu beginnen.

Ich konsultierte meinen Stellvertreter, Major Manfred Garz, die sehr erfahrenen Stabschefs des Mot.-Schützenregiments 1 und des Artillerieregiments 1 sowie den Stabschef der 1. MSD, Oberst Bruno Petroschka. Oberst Petroschka erwies sich als ein vorbildlicher Ratgeber und unterstützte mich bei der Erarbeitung eines Planes zum Training von Elementen zur Herstellung der Gefechtsbereitschaft. Er war stets bemüht, die Kommandeure oder Stabschefs bei der Erfüllung von komplizierten Aufgaben mit Rat und Tat zu unterstützen. Selbst in kritischen Situationen bewahrte er Ruhe. Auch später, als er die NVA im Stab der Vereinten Streitkräfte vertrat, blieb er ein guter Kamerad. Bruno Petroschka wurde einer meiner Vorbilder. Mit seiner Unterstützung begriff und lernte ich, daß Voraussetzungen geschaffen werden müssen, um einen hohen Grad an Gefechtsbereitschaft zu sichern. Das Ziel bestand bis zum Jahre 1990 darin, daß die NVA – natürlich im engen Zusammenwirken mit der Sowjetarmee und den anderen Armeen des Warschauer Vertrages – stets in der Lage war, einen plötzlichen Überfall des potentiellen Gegners abzuwehren und nachfolgend den Aggressor zu zerschlagen.

Für die NVA galten ebenso wie in den anderen Armeen des Warschauer Vertrages vier Stufen der Gefechtsbereitschaft:
1. Ständige Gefechtsbereitschaft (StG),
2. Erhöhte Gefechtsbereitschaft (EG),
3. Gefechtsbereitschaft bei Kriegsgefahr (GK),
4. Volle Gefechtsbereitschaft (VG).

Zur »Ständigen Gefechtsbereitschaft« gehörte, daß mindestens 85 Prozent des Personalbestandes und der Kampftechnik präsent waren. Die Gewährleistung der StG gehörte tagtäglich zur »heiligen Pflicht« eines jeden Chefs oder Kommandeurs.

Ausbildungs- und Trainingsinhalte zur Herstellung der Stufe »Erhöhte Gefechtsbereitschaft« waren unter anderem:
– die Alarmierung des Truppenteils und der außerhalb der Kaserne/Dienststelle befindlichen Einheiten, Zeit- und Berufssoldaten,
– die Herstellung der Arbeitsbereitschaft der Führungsorgane und Stäbe,
– der Waffenempfang, Vorbereitung der Militärtechnik zum Verlassen der Kasernen, das Beziehen der Stellplätze,
– die Restverladung materieller Mittel,
– die Aufmunitionierung der Lehrgefechtstechnik.

Das Ziel der Erhöhten Gefechtsbereitschaft war die Herstellung der Marschbereitschaft der Stäbe und Truppen in der Kaserne beziehungsweise im Übungsraum.

Besonders in der Vorbereitungsetappe von Übungen wurde die »Gefechtsbereitschaft bei Kriegsgefahr« geübt. Führungsorgane und Truppen verließen nach Herstellung der Marschbereitschaft auf Signal die Kasernen und bezogen einen 10 bis 15 Kilometer entfernten Sammelraum. Die höchste Alarmstufe »Volle Gefechtsbereitschaft« wurde nur zur Verlegung der Truppen in einen Übungsraum ausgelöst. Zu diesem Zweck wurden spezielle Briefumschläge bei den Offizieren vom Dienst (OvD) eingelagert. Nach Erhalt eines Kennwortes durften die Briefumschläge geöffnet werden. Sodann wurde gemäß der mitgeteilten Aufgabenstellung gehandelt.

Im Sommer 1973 wurde das MSR-3 vor Beginn einer Regimentsübung vom vorgesetzten Stab alarmiert. Offizier vom Dienst (OvD) war der Sportoffizier des Regiments, Major Werner Alex. Wir kannten uns von der Offiziersschule. Ihm passierte in der Aufregung das Malheur, daß er nicht den Umschlag mit dem Aufdruck »Übung«, sondern einen »scharfen« Umschlag aufriß. Das war selbstverständlich ein grober Verstoß gegen die Regeln der Geheimhaltung. Von vorgesetzter Stelle und von der Parteileitung wurden Konsequenzen angekündigt. Doch Werner Alex hatte bislang die ihm übertragenen Aufgaben stets mit guten Ergebnissen erfüllt und sich durch viel Eigeninitiative und Fleiß im Regiment Anerkennung erworben. Daher übernahm ich als Stabschef des MSR-3 die Verantwortung für das Vorkommnis. Alex kam mit einem blauen Auge davon.

Daran erinnerte er sich noch 32 Jahre später, als wir uns zufällig trafen. Offenkundig hatte ihn diese Panne nachhaltig beschäftigt, daß sie noch immer präsent war.

Die Gewährleistung eines hohen Grades an Gefechtsbereitschaft brachte viel Unbill mit sich. Die oft unnötigen Überprüfungen, besonders an Wochenenden oder unmittelbar nach der Rückkehr von einer Regimentsübung, sorgten verständlicherweise für Mißmut in der Truppe. Für mich, für viele meiner Kameraden, für unsere Familien und Menschen, die lediglich in der Nähe von Kasernen wohnten, wurden die häufigen Alarmtrainings zu einer unangenehmen Belastung.

Als nicht minder unangenehm empfand ich die großen Mengen von Munition, die wir auf Vorrat in der Kaserne halten mußten. 85 Prozent der Panzer, Schützenpanzer und andere Militärtechnik waren voll aufmunitioniert. Das hieß, die technische Zone des Regiments glich einem Munitionslager. Wir saßen immer auf einem Pulverfaß. Gottlob hielten sich alle an die Brandschutzbestimmungen ...

Den Höhepunkt bei der Überprüfung der Gefechtsbereitschaft erlebte das MSR-3 im Februar 1976. Zeitgleich wurden das MSR-27 (Stern-Buchholz/Schwerin) und das MSR-3 alarmiert. Nach dem Beziehen unserer Sammelräume erhielt das Regiment die Gefechtsaufgabe, in Richtung Rathenow einen Marsch durchzuführen, die Havel über eine Pontonbrücke zu überwinden und auf dem Truppenübungsplatz Klietz zur Verteidigung überzugehen.

Als Seite »Blau«, aus Richtung Stendal kommend, handelte das MSR-27.

Diese Überprüfung mit der Tarnbezeichnung »Auftakt-76« stand unter der Leitung des Ministers für Nationale Verteidigung, Armeegeneral Heinz Hoffmann.

Beide Regimenter, das MSR-27 und das MSR-3, erfüllten mit Unterstützung der Pionierbataillone 1 und 8 trotz widriger Witterungs- und Geländebedingungen die gestellten Aufgaben und erhielten das wichtige Prädikat »Gefechtsbereit«.

Mit dem Stabschef, Oberstleutnant Fritz Goldschmidt, tauschte ich mich oft zum Thema »Gefechtsbereitschaft« aus. Natürlich war dieser Zustand auf Dauer belastend. Man wähnte sich permanent in einem Vor-kriegszustand. Nur 15 Prozent der Truppe konnten Urlaub machen oder in Ausgang gehen. Es zehrte an den Nerven und provozierte die Frage: Ist das wirklich nötig?

Wir wußten wenig bis nichts von der tatsächlichen Einsatzbereitschaft der NATO-Streitkräfte. Natürlich war uns die Latenz einer realen Kriegsgefahr bewußt. Gleichwohl wußte jeder, daß Überfälle wie jener am 22. Juni 1941 auf die Sowjetunion heute nicht mehr stattfinden würden. Das damalige traumatische Erlebnis wirkte in der sowjetischen Verteidigungspolitik nach. So etwas sollte sich nie, nie wiederholen. Und darum wurde alles so ausgerichtet, daß wir immer eine Spur schneller waren.

War diese Härte aber in den 70er Jahren gerechtfertigt und noch zeitgemäß? Hatte nicht auch der Bürger in Uniform einen Anspruch auf Familie und Freizeit, auf Entspannung?

Dieses Thema beschäftigt mich noch heute. Ich habe viele Erinnerungsberichte von NVA-Angehörigen gelesen. Die Tendenz ist durchgängig: Ja, es mußte ein solider Grad an Alarm- und Gefechtsbereitschaft gewährleistet sein. Die Gefechtsmöglichkeiten des potentiellen Gegners, der NATO, waren nicht zu unterschätzen. Jedoch war die ununterbrochene Einhaltung einer Präsenz von 85 Prozent nicht gerechtfertigt, zumal die Staaten des Warschauer Vertrages über ein respektables und zuverlässiges System der Aufklärung verfügten, wie wir vor allem aus Publikationen nach 1990 erfuhren.

In der Information Nr. 17, Seite 39, der Arbeitsgruppe »Geschichte der NVA« äußerte sich Generalmajor a. D. Hans Werner Deim in einem Interview: »Generell besaß die NATO immer einen technologischen Vorsprung. Seitens des Warschauer Vertrages, genauer gesagt der DDR, hätte man sich mit dem begnügen sollen, was man hatte, und versuchen müssen, die unterlegene Technik durch höhere Bereitschaft und bessere Ausbildung auszugleichen.«

Deim wandte sich damit nicht nur gegen den Rüstungswettlauf, den wir bekanntlich verloren – die Sowjetunion und ihre Verbündeten wurden zu Tode gerüstet. Er machte damit auch deutlich, daß es eine solche Bedrohung, der wir meinten, durch eine extrem hohe Gefechtsbereitschaft begegnen zu müssen, nicht gab. Kein Wort auch bei den anderen elf hochrangigen Militärs in dieser Publikation zum Trauma von 1941.

Kommandeur des MSR-3

Im Sommer 1972 hatte ich mich beim Divisionskommandeur, Generalmajor Claus Winter, zu einem Kadergespräch zu melden. Nachdem er mir den Inhalt einer Beurteilung (Attestation) bekannt gegeben und erläutert hatte, teilte mir Winter mit, daß er mich als Regimentskommandeur vorgeschlagen habe.

Diese Eröffnung überraschte mich. Natürlich spielt man als Militär immer in Gedanken mit Beförderungen und Berufungen. Man kennt die Regeln der Wahrscheinlichkeit und die Umstände, wann und wo und wie es auf der Stufenleiter hinaufgeht. Aber das Angebot kam mir ein wenig vor der Zeit.

Ich solle also in der weiteren Arbeit diese mögliche Weichenstellung beachten, erklärte Winter, und gab mir damit zu verstehen: Junge, keine Schnitzer. Sonst stehen wir beide im Regen –

ich, weil ich dich vorgeschlagen habe, und du, weil du dir damit alles vermasselt hast.

Ich dankte für die Anerkennung meiner Arbeit und versicherte ihm, die Chance nicht zu verspielen.

Wie war ich auf die Liste der Perspektivkader gekommen, die in der Verwaltung Kader des Ministeriums geführt wurde? Ich hatte in Moskau an der Akademie studiert. Und als Stabschef hatte ich wohl auch ganz ordentliche Leistungen geboten. Und die Genossen der Parteileitung hatten auch zugestimmt, sonst wäre nichts geschehen. Ich redete mir ein, daß ich mein Glück hart erarbeitet hatte und mir viele Menschen gewogen waren.

Ein Jahr später, am 27. Juli 1973, wurde ich zu einem weiteren Kadergespräch befohlen. Diesmal nahm sich der Stellvertreter des Ministers und Chef der Landstreitkräfte, Generalleutnant Horst Stechbarth, für mich Zeit. Das Kommando der Landstreitkräfte war im Herbst 1972 gegründet worden und hatte im Dezember 1972 die Kasernenanlage Wildpark bei Geltow/Potsdam bezogen. Diese war 1936 für die Wehrmacht als Luftkriegsschule erbaut worden. Mit einer unterirdischen Führungsstelle diente sie dem Generalstab der Luftwaffe als Gefechtsstand (»Großer Kurfürst«). In den letzten Kriegstagen nahmen Teile des Oberkommandos der Wehrmacht und des Oberkommando des Heeres auf ihrer Flucht aus Wünsdorf/Zossen hier zeitweilig Quartier. Von Mai 1945 bis zum Frühjahr 1956 nutzte der Stab der sowjetischen 3. Garde-Panzerarmee (GSSD) die Kaserne. Danach wurde die Flak-Artillerie-Schule der NVA eingerichtet.

Bis zum 2. Oktober 1990 befand sich hier also der Sitz des Kommandos der Landstreitkräfte, zu dem ich gerufen worden war. Am 3. Oktober 1990 sollte die Bundeswehr die Kaserne beziehen.

Oberstleutnant Töpsch von der Kaderabteilung erwartete mich bereits auf dem oberen, dem Chefkorridor. Ich meldete mich wie befohlen bei Generalleutnant Horst Stechbarth. Er war für mich eine Respektsperson. Im Beisein vom Chef des Stabes, Generalmajor Fritz Peter, und dem Leiter der Politischen Verwaltung erklärte Stechbarth militärisch kurz, daß ich das MSR-3 am 19. September 1973 als Kommandeur übernehmen solle.

Im Protokoll las sich die Begegnung später so: »Der Chef der Landstreitkräfte erklärte ihm, daß damit großes Vertrauen in ihn gesetzt werde. Im weiteren gab er ihm Hinweise für die künftige

Arbeit als Kommandeur, für die Arbeit mit den Unterstellten und vor allem mit der Partei- und FDJ-Organisation sowie der Gewerkschaft.«

Im Rahmen eines sehr feierlichen Appells, an dem Gäste aus der Stadt und Umgebung, aus Betrieben Brandenburgs und der sowjetischen Garnison in Brandenburg sowie vom Garde-Mot.-Schützenregiment 83 in Elsgrund/Elstal teilnahmen, wurde ich faktisch amtseingeführt.

Gemäß Befehl des Verteidigungsministers Nr. 112/73 übergab mir der Divisionskommandeur der 1. MSD das Kommando und die Truppenfahne. Der scheidende Kommandeur, Oberst Horst Unterspann, drückte mir die Hand und wünschte mir viel Glück. Dann marschierte ich an der Spitze »meiner« Truppe an der Divisionsführung, an Militärs und Zivilisten vorbei. Als Major an der Spitze des MSR-3!

Ich war glücklich, und stolz und hoch motiviert.

Übernahme der Regimentsfahne, 19. September 1973

Am Tag der Republik, am 7. Oktober 1973, wurde ich zum Oberstleutnant befördert.

Da war die sogenannte Laufzeit von vier Jahren vorüber. Die Vorschrift legte zwischen Major und Oberstleutnant diese Frist. Und wenn man dann Oberst werden wollte, mußte man sogar noch ein Jahr länger auf den nächsten Stern warten.

Die Kaderordnung sorgte also dafür, daß ich als Regimentskommandeur drei Wochen dienstgradmäßig hinter vier Genossen zurücklag. Der Stabschef, der Stellvertreter für Rückwärtige Dienste, der Politstellvertreter wie auch der Leiter Artillerie waren nicht nur älter als ich, sondern bereits Oberstleutnante.

Im Stellenplan war die Dienststellung »Regimentskommandeur« mit dem Rang »Oberst« ausgeschrieben. In der NVA war es jedoch nicht üblich, daß mit der Übernahme der höheren Dienststellung auch automatisch der ausgeschriebene Dienstgrad folgte. Ein Grund dafür schien zu sein: Jeder Berufene sollte sich in der neuen Dienststellung erst einmal bewähren. Der Ansatz war nicht schlecht – er motivierte zusätzlich.

Mein Vorgänger, Oberst Unterspann, hatte zehn Jahre als Kommandeur das MSR-3 geführt. Er wurde jetzt Stellvertreter für allgemeine Fragen des Chefs des Stabes des Kommandos der Landstreitkräfte. Diese Aufgabe erfüllte er bis zu seiner Entlassung am 2. Oktober 1990.

Würde ich ebenfalls ein Jahrzehnt auf diesem Platze bleiben?

Und: Die Zeiten waren hart, aber friedlich. Die Deutsche Demokratische Republik, der ich diente, gehörte inzwischen der UNO an. Mehr als hundert Staaten hatten sie diplomatisch anerkannt, die DDR war nicht mehr international geächtet und isoliert. Ihre diplomatischen Vertreter verhandelten mit den Abgesandten von 32 europäischen Staaten, der USA und Kanadas über Sicherheit und Zusammenarbeit in Europa. Im Sommer 1973 war in der DDR-Hauptstadt die Jugend der Welt zu Gast gewesen. Militärdelegationen aus fremden Staaten besichtigten inzwischen Truppenteile der NVA, undenkbar bis vor kurzem. Der Zug der internationalen Entspannung bekam immer mehr Fahrt ...

In diesem politischen Kontext war ich also Chef von fast zweitausend Soldaten geworden. Und Kommandeur hieß nicht nur militärischer Leiter. Fortan war ich für alles verantwortlich, was hinter dem Kasernentor geschah. Für jedes Wehwehchen. Für jedes menschliche, militärische, politisch-ideologische Problem. Selbst wenn in Sportwettkämpfen unsere Mannschaft unter den Erwartungen blieb, trug ich dafür zuständig.

Im Dienstpflichten-Katalog (K 010/3/003) war in 28 Punkten die Aufgaben eines Regimentskommandeurs beschrieben. In der Felddienstvorschrift DV 30/5 bzw. 046/0/002 wurden weitere Pflichten aufgelistet.

Ich setzte die in den Vorschriften genannten Pflichten ohne jedes Wenn und Aber durch. Heute weiß ich, daß ich mir, manchen meiner Weggefährten und meiner Familie damit das Leben erschwerte. Das ist eine freundliche Umschreibung für eine gewisse Strenge. Ich war Militär. Ich war es gewohnt zu funktionieren. Auch in meinem Elternhaus galten klare Regeln für Disziplin, Pflicht und Ordnung. Das hatte mich geprägt. Als ich den Waffenrock anzog, mußte ich mich nicht umstellen. Es gab eine Aufgabe und ein Ziel und den Ehrgeiz, dieses Ziel zu erreichen. Nicht aus Gefallsucht gegenüber Vorgesetzten, nicht aus Opportunitätsgründen. Es bereitete mir höchste Genugtuung, ein selbstgestecktes Ziel zu erreichen. Und je größer die Aufgabe, desto größer der Ehrgeiz. Ich fühlte mich dabei keineswegs fremdbestimmt. Nein, ich handelte aus mir selbst und um meiner Selbst willen. Der Befehl eines Vorgesetzten war allenfalls ein Impuls, der diesen Mechanismus in mir in Gang setzte.

Mit dieser Haltung wußte ich mich nicht allein. Ich hatte militärische Vorbilder, denen ich in dieser Hinsicht nachfolgte, etwa die Generale Horst Stechbarth, Joachim Goldbach, Manfred Grätz, Heinz Hampel und Gerhard Link, oder Oberste wie Horst Unterspann, Rudi Müller, Eugen Berger.

Aber ich nahm mir auch progressive Militärs der Geschichte zum Vorbild. Beispielsweise hingen in meinem Dienstzimmer auch Bilder von Scharnhorst und Clausewitz. Eines Tages besuchte mich der dem Kommandeur der 1. MSD zugeordnete sowjetische Militärberater, ein Kaukasier. Er betrachtete die beiden Porträts und fragte, wer das sei. Ich klärte ihn auf.

Seine Reaktion? »Weg damit!«

Um der Waffenbrüderschaft und des lieben Friedens willen hängte ich die Bilder bei mir zu Hause auf.

Vorbereitung des Ausbildungsjahres 1973/74

Der Divisionskommandeur hatte für das Ausbildungsjahr 1973/74 wie in den Jahren zuvor den üblichen Zuwachs an Kampfkraft und Gefechtsbereitschaft gefordert. Richtig war, daß das Niveau der Ausbildung, der Zustand der Militärtechnik sowie die Arbeits-, Dienst- und Lebensbedingungen im Regiment durchaus verbesserungswürdig waren.

Gerade im militärischen Bereich jedoch hofften wir, daß die Entspannungspolitik auch hier Früchte tragen und uns von der ständigen Anspannung befreien würde. Der sowjetische Parteichef Leonid Breshnew – wegen seiner Bemühungen inzwischen gleichermaßen anerkennend wie respektlos von vielen »Lonja, der Friedensschmied« genannt – war im Mai 1973 in Bonn, im Juni in Washington und in Paris gewesen. Im Oktober hatten in Wien Verhandlungen über beiderseitige und ausgewogene Verminderung von Truppen und Rüstungen (MBFR) begonnen, an denen Abgesandte von sieben Staaten des Warschauer Vertrages und von zwölf NATO-Staaten teilnahmen.

Gleichwohl waren wir als Militärs zu nüchtern, um Illusionen zu haben. Trotz dieser erfreulichen Tatsachen gab es auch gegenläufige Tendenzen. Die NATO paßte ihre Einsatzgrundsätze der neuen Strategie der flexiblen Reaktion an. Und das bedeutete Verstärkung der US-amerikanischen Land- und Luftstreitkräfte in Europa durch effektivere Waffensysteme. In Westeuropa wurden beispielsweise Panzerabwehrflugzeug A-10 »Thunderboldt 2« und der Kampfhubschrauber AH 1 G »COBRA« stationiert.

Ortskampf – ein neuer Schwerpunkt der Ausbildung

Das neue Ausbildungsjahr begann am 1. Dezember 1973, vom 10. bis 14. Dezember war für den Stab des MSR-3 bereits die Teilnahme an einer größeren Kommandostabsübung (KSÜ) befohlen. Gleich zu Beginn eines Ausbildungsjahres eine KSÜ?

Das war bisher nicht üblich und warf einige Fragen auf.

Das Thema dieser operativ-taktischen Übung unter der Bezeichnung »Turnier-73« lautete: »Die Organisation und Führung von Gefechtshandlungen zur Einnahme einer Stadt in der Grenzzone durch eine Gemischte Gruppe ohne Einsatz von Kernwaffen; die Herauslösung der Mot.-Schützendivision nach Einnahme der Stadt zur Erfüllung weiterer Aufgaben und die Organisation der Besetzung der Stadt durch Kräfte und Mittel der Grenztruppen« (GVS-Nr. B-233 855). Sie wurde vom Chef der Landstreitkräfte, Generalleutnant Horst Stechbarth, geleitet.

Die Übung erfolgte im Raum Burg, Wolmirstedt, Wanzleben, Schönebeck/Elbe und Gommern, im Zentrum lag Magdeburg.

In unserer bisherigen Ausbildung hatten Themen wie »Angriff auf Ortschaften« und »Verteidigung von und in Ortschaften« wenig Beachtung gefunden. Aber auch in einem modernen

Regimentskommandeur Löffler, Oberstleutnant, 1974.

Gefecht würde es unmöglich sein, große Ortschaften oder Städte zu umgehen. In bezug auf den Ortskampf mußten Lehren aus dem Zweiten Weltkrieg und lokalen Kriegen nach 1945 gezogen werden. Das sollte nunmehr geschehen.

Am Ende konstatierte Generalleutnant Horst Stechbarth, daß die Lehrziele erfüllt wurden. Kommandeure und Stäbe der Verbände und Truppenteile hätten erste praktische Erfahrungen gesammelt für die Organisation eines Angriffs auf eine Stadt in der Grenzzone, im Zusammenwirken zwischen Teilen der Landstreitkräfte und Grenztruppen sowie in der Führung der Truppen zur Einnahme einer Stadt. Das betraf auch die materiell-technische, medizinische und rückwärtige Sicherstellung der Truppen im Stadtkampf.

Diese Kommandostabsübung wurde von allen beteiligten Stäben gründlich ausgewertet. Es wurden Schlußfolgerungen für die Weiterbildung der Offiziere, Ausbildung der Stäbe und Truppen erarbeitet.

Für mich wurde die Übung zur ersten Bewährungsprobe in der neuen Dienststellung als Regimentskommandeur. Die vom Chef der Landstreitkräfte erhaltene Bewertung der Arbeit des Stabes des MSR-3 mit dem Prädikat »Gut« trug nicht unwesentlich zur Motivierung der neu formierten Führung des Regiments und des Regimentsstabes bei. Nun galt es, durch zielgerichtete Weiterbildungen und Training die Arbeit des Stabes im Feld- und Garnisonsdienst zu verbessern.

In der 1. Mot.-Schützendivision wurde – im Unterschied zur 8. MSD oder 11. MSD – in den folgenden Jahren die Ausbildungen »Ortskampf« verstärkt durchgeführt. Neben der taktischen Ausbildung an Häuserattrappen nutzte die 1. Mot.-Schützendivision auch das Orts- und Häuserkampfobjekt auf dem Truppenübungsplatz Streganz der Grenztruppen.

Das wurde nach 1990 wiederholt in den Medien thematisiert und als vermeintliche Vorbereitung einer Besetzung des Westteils Berlins behauptet. NATO-Soldaten übten in der US-»Geisterstadt« an der Osdorfer Straße in Berlin-Steglitz den Häuserkampf. Trainierten sie für den Einsatz in Ost-Berlin und Potsdam?

Für einen »Krisenfall Berlin« hatte die NATO-Führung vorgesorgt und Pläne zur Verteidigung von Westberlin erarbeitet. Bekannt geworden sind die LIVE OAK-Krisenpläne (1959–1960) und die NATO-BERCON-Planungen (1962–1990). Die Dienstvorschriften des Heeres der Bundeswehr HDv 212/1 und 213/1 (beide von 1962) enthalten ebenfalls eindeutige Festlegungen für den Ortskampf.

Im Heft 4 der Zeitschrift *Truppenpraxis/Wehrausbildung* im Jahr 1996 las ich einen Beitrag unter der anreizenden Überschrift »Häuserkampf mit Dudelsack: Ein Besuch beim The London Regiment«, in dem berichtet wurde: »Die Gefechtsausbildung bestand aus zwei Tagen Orts- und Häuserkampf (FIBUA) in einem Übungsgelände, das nach dem Vorbild eines typisch deutschen Dorfes erst vor wenigen Wochen für 4 Millionen Pfund gebaut worden war; […](es) stellt insgesamt ein sehenswertes Ausbildungszentrum für Orts- und Häuserkampf dar.

Der Zweck des Übungsdorfes Eastmere Village liegt auf der Hand: Die britische Armee wollte sich hier für einen möglichen militärischen Konflikt auf dem Kriegsschauplatz Deutschland vorbereiten.

Übrigens gibt es in Großbritannien mindestens drei Ausbildungszentren für Orts- und Häuserkampf, die sich nach meiner Einschätzung keineswegs hinter Hammelburg/Bayern verstecken müssen.«

Neue Dienstgrade: Fähnrich und Unterleutnant

Die Einführung moderner Kampftechnik erforderte zu Beginn der 70er Jahre eine Korrektur in der Auswahl und Ausbildung der Berufssoldaten. Da das MSR-3 u. a. mit der Zuführung des modernen und leistungsstarken Schützenpanzers SPz/BMP-1 zu rechnen hatte, stieg der Bedarf an qualifizierten Berufssoldaten. Daher begrüßten auch wir, daß auf der Grundlage eines Beschlusses des Nationalen Verteidigungsrates vom 17. Mai 1973 der Dienstgrad und das Dienstverhältnis *Fähnrich* eingeführt wurde.

Der Fähnrich der NVA war eine Dienstgradgruppe zwischen den Berufsunteroffizieren (z. B. Stabsfeldwebel) und Offizieren. Es war angestrebt, daß alle Fähnriche einen Fachschulabschluß nachwiesen. Die Dienstzeit eines Fähnrichs betrug mindestens 15 Jahre. Sein Einsatz sollte vorrangig als Spezialist für Waffensysteme, technische Ausbildungsanlagen oder Truppführer von wichtigen Funkstationen erfolgen.

Am 12. Januar 1974 wurden in unserem Regiment die ersten Fähnriche ernannt. Ich überreichte die Ernennungsurkunden an die Hauptfeldwebel (»Spieß«) Schöne, Himmelreich, Schwede, Jürke, Andack und Schönefeld sowie die Funktechniker Garbe und Klenke. Der langjährige Fahnenträger des MSR-3, Stabsfeldwebel Harry Diebold, Hauptfeldwebel in der Kfz-Transportkompanie, wurde wenig später ebenfalls berufen.

Ein weiteres Novum war die Wiedereinführung des Dienstgrades *Unterleutnant*, mit dem ich einst startete.

Um den objektiven Mangel an Offizieren zu kompensieren, wurden im Schnellverfahren Abiturienten ausgebildet. Anfang Dezember 1973 begrüßte ich die ersten jungen Offiziere auf Zeit (OaZ). Die 19- bzw. 20jährigen Männer hatten eine einjährige Ausbildung an der Offiziershochschule der Landstreitkräfte in Löbau/Sachsen absolviert. Die Dienstzeit in einem Regiment betrug zwei Jahre. Diese jungen Männer hatten es nicht leicht. Ihnen galt unsere besondere Fürsorge in der Offiziersausbildung und beim Überwinden von Schwierigkeiten, die sie etwa als Zugführer eines Mot.-Schützenzuges naturgemäß hatten. Noch heute gilt diesen jungen Männern mein Respekt für ihren Mut, auf diese Weise in einem Mot.-Schützenregiment ihre Pflicht zu erfüllen.

Bis auf wenige Ausnahmen haben die Offiziere auf Zeit nicht enttäuscht. Gleichwohl stellten sie auch für jeden Kompaniechef eine zusätzliche Belastung dar. Er mußte mitunter die Aufgaben leistungsschwacher Gruppen- oder Zugführer selbst übernehmen.

Die zumeist älteren Kompaniechefs trugen eine schwere Bürde. Nicht nur, daß sie von Montag bis Samstag täglich von 7 bis 19 Uhr in der Kaserne waren, also eine 72-Stunden-Woche hatten. Sie waren an der Offiziersschule in militärischen Fächern ausgebildet worden – für Pädagogik und Psychologie, Militärökonomie oder Führungslehre hatte man dort kaum Zeit.

Unzureichend war auch die fünfmonatige Ausbildung künftiger Gruppenführer an den Unteroffiziersschulen. Der junge Unteroffizier wurde zwar zu einem recht guten Einzelkämpfer ausgebildet, aber das Führen einer Gruppe wurde ihm nur allgemein vermittelt.

Seit dem Sommer 1972 begann die Stadt Brandenburg im Ortsteil Hohenstücken, also in unmittelbarer Nähe unserer Kaserne, mit dem Bau von großen Wohnblöcken. Uns wurde ein

Kontingent in Aussicht gestellt. Das entspannte die Situation sukzessive, denn viele Unteroffiziere und Offiziere waren zwar verheiratet, aber besaßen keine eigene oder eine angemesse Wohnung für ihre Familien.

Entsprechend den finanziellen Möglichkeiten waren in den Jahren zwischen 1956 und 1973 zwei Unterkunftsgebäude für das I. und II. MSB und einige Großgaragen errichtet worden. Doch diese Kaserne entsprach nicht einmal einem typischen Kasernenbau, kein Vergleich zu den Typenbauten der Jahre 1934 bis 1939. Dieser wenig motivierende Zustand führte ab dem Jahre 1972 zu einer lobenswerten Korrektur. Im Sommer 1972 erfolgte durch den Divisionskommandeur in Gegenwart vieler Gäste die Grundsteinlegung für einen umfangreichen Neubau. 1973 entstand das Unterkunftsgebäude für das III. MSB, im Jahr darauf für das I. MSB sowie die Truppenküche mit zwei Mannschaftsspeisesälen, einem Unteroffiziers- und einem Offiziersspeisesaal, das zentrale Gebäude für die technische Wartung der Fahrzeuge und das Stabsgebäude,

1975 wurde das Unterkunftsgebäude für das II. MSB fertiggestellt. Der gesamte Technische Bereich bezog insgesamt sechs geschlossene Hallen für die Ketten- und Radtechnik der drei Bataillone und zwei Hallen für die Ketten- und Radtechnik, die für die Ausbildung zur Verfügung stand (der Lehrgefechtspark),

Im vierten Jahr konnten wir zwei beheizbare Hallen für sensible Vorräte und für die Kfz-Transportkompanie, eine große Tankstelle und mehrere Waschrampen sowie Führungspunkte, die bei der Alarmierung genutzt wurden, übernehmen.

Die freigezogenen Gebäude wurden Schritt um Schritt saniert und modernisiert. So entstanden ein Wohnheim, eine große Bibliothek mit Lese- und Vortragssaal, eine Gaststätte sowie eine Sporthalle.

In jener Zeit war ich also nicht nur Regimentskommandeur, sondern auch Bauherr. Es war nicht immer einfach, die Bauleitung von der Einhaltung der Fertigstellungstermine, der Qualität des Bauens oder der Durchsetzung einer akzeptablen Ordnung auf den Baustellen zu überzeugen und unsere Forderungen durchzusetzen.

Dabei half mir mein Stellvertreter für Rückwärtige Dienste. Das war bis 1975 Oberstleutnant Siegfried Stelzer und danach

Major Günter Zapp. Auch mit Günter, der nach seiner 25jährigen Dienstzeit in der NVA an einer Schule in Brandenburg als Lehrer tätig war, gibt es bis in die Gegenwart eine freundschaftliche Ver-bindung.

Zur Ausbildung im Regiment

Im Katalog »Dienstpflichten« hieß es, daß der Regimentskommandeur verantwortlich sei »für die Gefechts- und politische Ausbildung«. Er habe »die Gefechts- und politische Ausbildung zu leiten, [...] die Übungen mit den Bataillonen sowie die Stabsdienstausbildung des Regiments zu leiten und die Weiterbildungsmaßnahmen mit den Bataillonskommandeuren[...] durchzuführen«.

Diese vielfältigen Aufgaben konnte ein Regimentskommandeur nicht allein bewältigen. In guter Zusammenarbeit, heute heißt das *teamwork*, insbesondere mit dem Stellvertreter für Ausbildung, dem Stabschef und dem Stellvertreter für politische Arbeit, wurden die Ausbildungsprogramme erfüllt.

Auch in jenem vom 1. Februar 1973 wurde ein kontinuierlicher Zuwachs an Kampfkraft-, Gefechts- und Mobilmachungsbereitschaft gefordert. Die neuen Programme waren auf eine schnellere Herstellung der Geschlossenheit der Einheiten, d. h. der Kompanien und Bataillone, ausgerichtet und forderten eine intensive Ausbildung im Zusammenwirken von Einheiten verschiedener Waffengattungen. Neu war, daß über einen Zeitraum von mehreren Tagen mit Themen verschiedener Ausbildungszweige, d. h. ähnlich einer taktischen Übung, die Gefechtsausbildung auf Übungsplätzen durchzuführen war. Wir benannten diese Neuerung »Ausbildungskomplexe« bzw. »Durchführung der Komplexausbildung«.

In den Monaten November und Mai, den sogenannten Übergangs- bzw. Vorbereitungsmonaten, führten wir mit den Gruppen- und Zugführern, Kompaniechefs und Bataillonskommandeuren sowie mit Offizieren des Regimentsstabes mehrtägige methodische Lehrgänge durch, um sie mit den Neuerungen der Programme bekannt zu machen. Diese Lehrgänge wurden mit der Unterstützung des Divisionsstabes und des Kommandos des MB V durchgeführt.

Eine Richtlinie für die Durchführung der Gefechtsausbildung (R 250/8/004), Methodiken und Ausbildungsanleitungen sowie das Heft »Ausbilder« waren für uns, für die Ausbilder aller Stufen, wertvolle Arbeitshilfen. Einige Offiziere aus den vorgesetzten Stäben, die zu Kontrollen der Ausbildung ins Regiment kamen, verhielten sich oftmals sehr dogmatisch. Sie forderten, daß die »Ausbildungsanleitungen« wort- und buchstabengetreu anzuwenden waren. Das engte nicht nur ein, sondern lähmte sichtlich die Initiative der Ausbilder.

Der Stellvertreter für Ausbildung, Major Manfred Preer, entwickelte in Zusammenarbeit mit den Einheitskommandeuren eine Vielzahl Ideen zum Umbau des Schießplatzes Fohrde entsprechend den neuen Ausbildungsprogrammen. Dazu gehörte ein Schießausbildungsplatz, der parallel zu den Schießbahnen angelegt wurde. Die Anregung stammte vom Kommandeur des I. MSB, Major Klaus Schink. Weiterhin schufen wir aus eigener Kraft ein Technisches Ausbildungszentrum für alle Panzer-, SPW- und Kfz-Typen, die es im MSR-3 gab. Bei diesem Vorhaben fand ich durch meinen Stellvertreter für Technik und Bewaffnung, Oberstleutnant Erhard Oberlein, die größte Unterstützung.

Das Ausbildungsjahr 1973/74 verlief, trotz vieler Neuerungen, für das MSR-3 erfolgreich. Zum Abschluß des Ausbildungsjahres wurde das MSR-3 vom Verteidigungsminister mit dem Titel »Bestes Regiment« ausgezeichnet. Die vielen Anstrengungen und Mühen, die guten Leistungen in der Ausbildung und der Verzicht auf so manche Stunde Freizeit fanden also ihre Anerkennung. Viele Angehörige des Regiments konnten mit einer Geldprämie bzw. Sonderurlaub belobigt werden. Meine Frau und ich freuten uns über eine Einladung des Verteidigungsministers zu einem »Geselligen Beisammensein« im NVA-Erholungsheim in Oberwiesenthal im Erzgebirge am 8. November 1974.

Ungeachtet der erfreulichen Enwicklung des Regiments offenbarte die Kaderabteilung im vorgesetzten Stab sichtliche Schwächen. In den Jahren zwischen 1973 und 1977, in denen ich an der Spitze des Regiments stand, wechselte zum Beispiel dreimal mein Stellvertreter für Ausbildung. Nach dem erwähnten Major Preer kam 1975 Major Kiepfel, der im August 1976 von Major Rohleder abgelöst wurde.

Zum Umgang mit der Militärtechnik

Die Militärtechnik des Mot.-Schützenregiments 3 wurde, wie überall in den Landstreitkräften, in einem sogenannten Park (technischer Bereich) abgestellt, gewartet und instandgesetzt. Im Gefechtspark standen Panzer, Schützenpanzer und Haubitzen, die stets vollständig aufmunitioniert waren. Er wurde folglich gesondert gesichert. Diese Technik durfte nur zu Übungen des Regiments und zu den Paraden in Berlin benutzt werden.

Im Lehrgefechtspark standen die Transport- und Fahrschulfahrzeuge sowie die technischen Kampfmittel, die ständig zur Ausbildung genutzt wurden. Die Militärtechnik war nach jeder Rückkehr von der Ausbildung oder vom Einsatz sowie nach Ablauf der festgelegten Wartungsfristen oder Aufbewahrungszeiten technisch zu warten.

Zur Gewährleistung der ständigen Einsatzbereitschaft der Militärtechnik, Bewaffnung und Ausrüstung sowie der Ordnung im Gefechts- und Lehrgefechtspark wurde monatlich ein »Parktag« durchgeführt. Er wurde durch mich bei einem Regimentsappell eröffnet und mit der Entgegennahme der Meldungen der Einheitskommandeure über die Erfüllung des »Planes zur Durchführung des Parktages« abgeschlossen.

Seit 1970 vollzogen sich in den Mot.-Schützenregimentern bedeutende Veränderungen in den Gefechtsmöglichkeiten, in der Beweglichkeit und in der Feuerkraft. Mit Beginn des Jahres 1975 fand im MSR-3 eine kleine waffentechnische Revolution statt, moderne Kampftechnik wurde dem Regiment zugeführt. Die erste Neuausstattung war die Vierlings-Fla-SFl 23/4 »Schilka« mit bordeigenem Radar für die Fla-Batterie.

Ergänzend dazu wurde jede Mot.-Schützenkompanie mit der Einmann-Fla-Rakete »Strela 2« ausgerüstet. Dadurch erhöhten sich die Möglichkeiten eines MSR zur Flugzeugabwehr bedeutend. Weiterhin stiegen die Möglichkeiten einer MSK zur Panzerabwehr durch die Ablösung der Panzerbüchse RPG-2 mit der RPG-7.

An Stelle des nicht schwimmfähigen und oben offenen SPW-152 trat der geschlossene und wesentlich stärker bewaffnete Schützenpanzer (SPz) BMP-1. Damit ließ das MSR-3 eine SPW-Generation aus. Uns blieb der SPW-60 PB erspart.

Der SPz BMP-1, das neue Gefechtsfahrzeug der Infanterie, war für eine Mot.-Schützengruppe konzipiert, hatte im flachen Drehturm eine 73-mm-Glattrohrkanone und ein 7,62-mm-MG sowie eine Vorrichtung zum Start von Panzerabwehrlenkraketen. In den Seitenwänden befanden sich Schießluken. Und er konnte schwimmen. Zu jedem Schützenpanzer gehörten zwei Unteroffiziere, der Gruppenführer/Kommandant und der Fahrer sowie fünf Soldaten (der Richt-/Lenk-Schütze, zwei lMG-Schützen, zwei Panzerbüchsen-Schützen und ein MPi-Schütze.

Innerhalb von sieben Monaten, von Mai bis November 1975, übernahmen wir 97 Fahrzeuge. Parallel erfolgte die Ausbildung. Die Kommandeure der drei MSB und weitere Offiziere des Regiments wurden in einem mehrwöchigen Lehrgang an der Ausbildungsstätte »Wystrel« (russ. Schuß) der sowjetischen Landstreitkräfte ausgebildet. Weitere Lehrgänge für Offiziere, an dem auch ich teilnahm, wurden an der Offiziershochschule in Löbau durchgeführt. Die Gruppenführer, SPz-Fahrer und Richt-/Lenkschützen erhielten ihre Ausbildung an den Unteroffiziersschulen. Und die Panzertechniker, Waffenmeister und Offiziere des technischen Dienstes nahmen an Ausbildungskursen an der Technischen Unteroffiziersschule/Militärtechnischen Schule in Prora/Insel Rügen teil.

Am 1. Februar 1975 meldete ich dem Kommandeur der 1. MSD, Oberst Horst Zander, Vollzug. Die Eingliederung der Schüzenpanzer war abgeschlossen. Dabei verwies ich namentlich und mit Dank auf den Beitrag von Oberst Gerhard Seifert, Stell-

Übergabe neuer Militärtechnik an das III. MSB, 1975.

vertreter des Kommandeurs der 1. MSD für Technik und Bewaffnung, des Kommandeurs des Garde-MSR-83 der GSSD, Oberst Jegerskij, und von Oberstleutnant Eberius, Kommandeur des MSR-27/8. MSD.

Auch die Stellvertreter für politische Arbeit, Oberstleutnant Heinz Krüger (1974–1975), und Major Walter Fischer, ab August 1975 im Regiment, hatten sich bei der Einführung der neuen Technik ausgezeichnet. Beide waren Offiziere aus der Truppe und besaßen ein feines Gespür. Sie gängelten und bevormundeten nicht, sondern waren in der Lage, die Soldaten ausreichend zu motivieren. Solche Politoffiziere hatte ich nicht immer.

Das zu erwähnen halte ich für erforderlich, weil es auf der anderen Seite Vorgesetzte und Offiziere in den übergeordneten Stäben und Kommandos gab, die wenig Geduld besaßen und ohne jeglichen Übergang Höchstleistungen verlangten.

Bei der Alarmübung »Auftakt-76« beispielsweise sollte das MSR-3 eine Pontonbrücke über die Havel bei Rathenow nutzen, um so den Truppenübungsplatz Klietz zu erreichen. Den Brückenbauern fehlten einige Brückenelemente, die befanden sich irgendwo zwischen Kirchmöser und der Havel. Um einen Zeitverzug zu vermeiden, erhielt ich den Befehl, mit den SPz die Havel schwimmend zu überwinden. Ich wies darauf hin, daß erstens auf der Havel Eis treibe und ich nicht wisse, wie die Schützenpanzer darauf reagierten, und daß zweitens noch nicht alle Fahrer an der Wasserfahrausbildung teilgenommen hätten. Ich fragte den Befehlsgeber, ob er die Verantwortung übernehmen werde, falls etwas schiefgehe. Die bezeichnende Antwort lautete: »Kommandeur sind Sie!«

Doch dieser Disput führte noch nach der Übung zu manchen Verstimmungen.

Zuweilen konnte ich mich auch nicht des Eindrucks erwehren, daß mancher Offizier sich durch eine Übung unterhalten lassen wollte und darum Einwände nicht akzeptierte, die den »Showwert« aus seiner Sicht minderte. So entsinne ich mich etwa der Ausbildung eines Mot.-Schützenbataillons auf dem Truppenübungsplatz Klietz. Trainiert wurde die Entfaltung des Mot.-Schützenbataillons aus der Marschordnung. Auf den »Feldherrenhügeln« Mylberge und Höhe 66,0 hatten sich Offiziere vom Kommando des Militärbezirkes V versammelt, um uns zu kontrollieren. Einigen schien das Tempo der Entfaltung zu gering. Sie forderten eine höhere Fahrgeschwindigkeit der Schützenpanzer.

Ich erlaubte mir den Hinweis, daß die Kanone keinen Stabilisator habe – wenn der Richt-/Lenkschütze den Gegner im Visier behalten wolle, könne das Fahrzeug nicht über den Sturzacker rasen. Zudem säßen dort Menschen im geschlossenen Fahrzeug. Ob er eine Ahnung habe, wie es dort drinnen zugehe. Da könne man richtig seekrank werden.

Papperlapapp, hieß es. Gelobt sei, was hart mache.

NVA-Soldaten zum Blauhelm-Einsatz?

An einem Samstag im September 1975 rief mich gegen 21 Uhr der OvD an und übermittelte mir, daß ich mich um 22.00 Uhr beim Divisionskommandeur zu melden habe. Der Dienstwagen sei schon unterwegs. Ich fragte ihn, was der Grund für die unplanmäßige Dienstfahrt nach Potsdam sei. Er kannte ihn nicht.

Etwas beunruhigt fuhr ich zum Stab. Der Divisionskommandeur wurde von Oberst Schönke vertreten. Bei ihm hatten sich die Regimentskommandeure, die für Personalfragen zuständigen Leiter und ein Vertreter der Militärabwehr im Besprechungsraum versammelt. Schönke nannte den Grund der Zusammenkunft: »Auswahl von Angehörigen der NVA für einen Blauhelm-Einsatz.« Noch in der Nacht erwarte man einen entsprechenden Befehl. Die Sache sei absolut geheim.

Soweit waren wir bereits im Bilde, was diese Chiffre bedeutete. Die DDR war seit fast zwei Jahren Mitglied der UNO und folglich wie jeder andere Staat der Vereinten Nationen verpflichtet, in friedensstiftenden Missionen notfalls auch Truppenkontingente zu stellen. Bislang hatte die Völkergemeinschaft davon Abstand genommen, deutsche Soldaten für einen solchen Zweck zu rekrutieren: So kurz war das Gedächtnis der Menschheit nicht, um die beiden Weltkriege und den Beitrag der Deutschen daran bereits vergessen zu haben.

Außerdem: Die UNO-Vollversammlung hatte zwar am 18. September 1973 beide deutsche Staaten aufgenommen. Doch schon acht Tage später protestierte Israel gegen die Aufnahme der DDR, da diese angeblich die historische Verantwortung Deutschlands und die daraus resultierenden moralischen Verpflichtungen ignoriert habe – im Unterschied zur Bundesrepublik, deren Aufnahme Israel ausdrücklich befürwortet hätte.

Wir begannen zu überlegen, wer von den Offizieren und Berufsunteroffizieren für einen Einsatz in einem Krisengebiet tauglich und verfügbar war. Auswahlkriterien, Termine und mögliche Einsatzorte waren unbekannt. Wir warteten bis in den frühen Morgen – ein Befehl kam nicht.

Erleichtert fuhren wir nach Hause.

Wir haben nie wieder etwas davon gehört. Damals. Fast drei Jahrzehnte später erfuhr ich von einem, der dabei war, daß tatsächlich einige Offiziere der NVA für internationale Aufgaben ausgewählt und in Naumburg vorbereitet wurden. Es habe sich fast ausnahmslos um Absolventen sowjetischer Militärakademien gehandelt, die Französisch und Englisch lernten und Vorlesungen von Mitarbeitern des Außenministeriums über Völkerrecht und internationale Politik hörten.

Erstmals nahmen 1992 deutsche Soldaten an einem Blauhelmeinsatz teil, es ging nach Kambodscha.

Yassir Arafat und andere Gäste besuchen unser Regiment

Der Unmut Tel Avivs wurzelte nicht nur in der Tatsache, daß die DDR dem Staat Israel keine »Wiedergutmachung« zahlte. Es lag auch an der Haltung der DDR zu arabischen Staaten und insbesondere zum palästinensischen Volk. Die Palästinenser lebten traditionell dort, wo durch UNO-Mandat nach dem Krieg der Staat Israel begründet worden war. Sie fühlten sich vertrieben, ausgegrenzt und unterdrückt. Gegen die Politik Israels formierte sich eine Freiheitsbewegung, die PLO, die von Yassir Arafat geführt wurde. Dieser besuchte im August 1973 die X. Weltfestspiele der Jugend und Studenten in Berlin. Und anschließend uns.

In der Nähe Berlins waren zwei Truppenteile stationiert, die häufig Gäste des Ministeriums für Nationale Verteidigung und des Kommandos der Landstreitkräfte zu empfangen hatten.

Das war das Artillerieregiment 1 in Lehnitz bei Oranienburg und das MSR-3. Neben der geringen Entfernung von Berlin und Strausberg sprachen der Zustand der Kasernen, die Ausbildungsanlagen sowie die moderne Militärtechnik dafür: alles war vorzeigbar.

Yassir Arafat und seine Begleitung erschienen mit großem Sicherheitsaufwand im Regiment. Auf unserem Übungsplatz bei Brielow demonstrierten wir ihnen Möglichkeiten einer wirksamen Bekämpfung von Panzern und SPW im Nahkampf. Und sie interessierten sich für den Schutz vor Napalm und anderen Flammmitteln.

Beim gemeinsamen Mittagessen erklärte Yassir Arafat bedauernd, daß die arabische Welt es nicht vermocht habe, einen vergleichbaren Militärblock wie den Warschauer Vertrag zu schaffen. Wir schwiegen dazu höflich, weil es für ein Bündnis dieser Art nicht nur des Militärs bedurfte. Aber natürlich applaudierten wir Zustimmung, als er ebenfalls ausführte, daß PLO wie NVA im ersten Graben vor dem Imperialismus lägen.

Ein andermal besuchte uns eine Delegation von Veteranen der Sowjetarmee. Sie stand unter der Leitung des Helden der Sowjetunion, Armeegeneral D. D. Leljushenko, im Zweiten Weltkrieg war er Befehlshaber der 3. Gardearmee.

Für Oberst Manfred Grätz, Stabschef der 1. MSD, und mich

Von rechts nach links: Generaloberst Horst Stechbarth, Chef der Landstreitkräfte; Armeegeneral Heinz Hoffmann, Verteidigungsminister; Armeegeneral Iwanowski, Oberbefehlshaber der GSSD; Oberst Horst Zander, Kommandeur des 1. MSD; Oberstleutnant Hans-Georg Löffler, Kommandeur MSR-3, 1976

war es eine angenehme Aufgabe, die Kriegsveteranen mit dem Leben eines Mot.-Schützenregiments der NVA bekanntzumachen.

Es kamen Militärdelegationen aus Ungarn, Kuba, Vietnam und der CSSR. Im April 1976 kam schließlich der Oberkommandierende der Gruppe der Sowjetischen Streitkräfte in Deutschland, Armeegeneral Jewgeni Iwanow, zu uns. Die Vertreter der GSSD folgten einer Einladung unseres Verteidigungsministers. Unter den strengen Augen des Chefs der Landstreitkräfte, Generaloberst Horst Stechbarth, und des Divisionskommandeurs, Oberst Horst Zander, bewiesen Soldaten des MSR-3 ihr Können.

Ausbau von Flugplätzen – Nachwirkungen des Nahostkrieges 1973

Im Juni 1967 hatte Israel in einem Sechs-Tage-Krieg Ost-Jerusalem, die Westbank, den Gaza-Streifen und die Halbinsel Sinai besetzt. Dieser dritte bewaffnete Konflikt seit Gründung des Staates zwischen Israel und den arabischen Nachbarn wurde als Präventivmaßnahme deklariert. (Im Jahr darauf war Arafat zum PLO-Vorsitzenden gewählt worden.)

In den folgenden Jahren erhielt Israel umfangreiche Militärhilfe durch die USA, während Syrien und Ägypten von der Sowjetunion unterstützt wurden.

Am 15. Oktober 1973, genau an Yom Kippur, griffen Ägypten und Syrien Israel an. (Für die Juden in aller Welt ist Yom Kippur der Tag der Versöhnung. Er steht am Ende der von Rosh Hashanah eingeleiteten Bußzeit und ist der wichtigste Feiertag nach dem jüdischen Kalender. Gläubige Juden nehmen für 24 Stunden keine Speisen und Getränke zu sich und bitten um Vergebung für alle Verfehlungen und Sünden des vergangenen Jahres, denn an Yom Kippur richtet Gott sowohl über das Vergangene als auch über das, was im kommenden Jahr folgen wird.)

Mit einem Präventivschlag attackierten nunmehr die Araber den israelischen Staat gleichzeitig vom Süden (Suezkanal) und vom Norden (Golanhöhen) her. Der Angriff kam für das feiernde Land völlig unerwartet. Israel erwehrte sich nicht nur des Angriffs, sondern rückte weit in die Gebiete der angreifenden Staaten vor: Zuerst besetzten die israelischen Truppen die Golanhöhen, dann, am 16. Oktober, standen sie 35 km vor Damaskus. Am Suezkanal eroberte die israelische Armee 725 Quadratkilometer ägyptischen

Boden. Ein Waffenstillstand kam erst durch die UN-Sicherheitsratsresolution 338 zustande. 7.000 Blauhelme überwachten die Truppentrennung der Armeen. (Die Forderung der Resolution ist indes bis heute nicht vollständig erfüllt, denn Israel hat sich bislang nicht von den Golanhöhen zurückgezogen, sondern diese zu einem Teil des Staates erklärt.)

In diesem unsinnigen, drei Wochen währenden Krieg gab es große Menschen- und Materialverluste auf beiden Seiten. Die beteiligten arabischen Staaten verloren über 2.500 Panzer, 450 Flugzeuge im Luftkampf und andere militärische Ausrüstungen. Der Krieg war nicht nur zu einem politischen, sondern auch zu einem militärischen Desaster der Araber wie für die Sowjetunion

1. Juni 1976: Überprüfung des MSR-3 zu Beginn des 2. Ausbildungshalbjahres 1975/76 durch eine Kontrollgruppe des Kommandos des MB V.
Von links nach rechts: Oberst Zander, Kommandeur der 1. MSD; Oberstleutnant Löffler, Kommandeur des MSR-3; Generalleutnant Goldbach, Chef des MB V; Generalmajor Claus Winter, Chef Ausbildung des MB V, sowie der sowjetische Militärspezialist beim Kommandeur der 1. MSD und dessen Dolmetscher

geworden, denn deren materielle und personelle Unterstützung hatte nicht den erwarteten Erfolg gebracht.

Im Bündnis des Warschauer Vertrages wurden Lehren gezogen. Das System der Luftverteidigung mußte verbessert werden, für unsere Kampfflugzeuge wurden nunmehr gedeckte Hangars errichtet und dergleichen.

Vom 1. Februar bis 25. Mai 1975 wurden Einheiten des MSR-3 zum pioniertechnischen Ausbau des Flugplatzes Marxwalde (seit 1990 Neuhardenberg) abkommandiert. Ich hatte ein Baubataillon zu formieren, das Major Harry Zoschka, Stabschef des III. MSB, befehligte. Dieses Baubataillon rekrutierte sich aus der 5., 7. und 8. Mot.-Schützenkompanie. Sie waren dort recht fleißig und erfüllten die gestellten Aufgaben.

Aber es entstand ein schwer aufzuholendes Defizit in der militärischen Ausbildung, besonders in der Schießausbildung, und im Sport. Später war es nicht einfach, die Soldaten der drei MSK wieder an das geordnete Kasernenleben zu gewöhnen.

Vereidigungen junger Soldaten

In den Jahren meines Dienstes im Mot.-Schützenregiment 3 fand die Vereidigun neuer Soldaten bis auf wenige Ausnahmen in der Öffentlichkeit statt. Wir nutzten dafür den Neustädter Markt, das Ehrenmalgelände am Marienberg, das Stahl- und Walzwerk sowie das Getriebewerk. Maximal zehn Polizisten stellte uns der Polizeichef der Stadt Brandenburg, Oberstleutnant Otto Schäfer, für die Absicherung der Vereidigung zur Verfügung. Und von denen regelte jeder Zweite lediglich den Verkehr. Ich kann mich nicht erinnern, obwohl stets sehr viele Zuschauer den Vereidigungen beiwohnten, daß es zu Angriffen oder Attacken durch Zuschauer kam. Jeweils in der zweiten Mai- bzw. Novemberhälfte marschierten – in Verantwortung und Regie des Kommandeurs des MSR-3 – alle zum Standort Brandenburg gehörenden Truppenteile auf. Die etwa 700 bis 800 jungen Soldaten wurden vereidigt. Zum Standort gehörten neben dem MSR-3 das Transporthubschrauber-Geschwader 34 (Briest), das Pionierbataillon-1 (Kirchmöser), das Bataillon materielle Sicherstellung 1 (Damsdorf) und andere.

An diesen Vereidigungen nahmen Familienangehörige der jungen Soldaten, Gäste aus der Politik und Wirtschaft der Stadt und des Landkreises, Vertreter der sowjetischen Garnison (GSSD) sowie Abordnungen aus den Betrieben und Schulen teil. Sehr häufig sprachen der Oberbürgermeister Brandenburgs und ein Vertreter der GSSD.

Ich empfand es stets als einen sehr feierlichen Akt, obwohl ich mich nie so richtig mit dem langen Text und dem abschließenden Satz des Fahneneides, der wie eine Strafandrohung klang, anfreunden konnte. Aber das haben wohl alle militärischen Gelöbnisse so an sich. »Sollte ich jemals diesen meinen feierlichen Fahneneid verletzen, so möge mich die harte Strafe der Gesetze unserer Republik und die Verachtung des werktätigen Volkes treffen.«

Im Anschluß an die Vereidigung bedankten wir uns bei unseren Gästen und bei den Zuschauern mit einem zünftigen Platzkonzert, mit Erbsen und Speck aus der Gulaschkanone und mit einer Technikschau.

Für die jungen Soldaten war es der erste Ausgang nach der militärischen Grundausbildung.

Divisionsübung »Lawine-77«

Trotz Schlußakte der KSZE und aller Entspannungsreden gingen der Kalte Krieg und der Rüstungswettlauf weiter. Manöver und Truppenübungen wie »Autumn Forge-76« (25. 8. – 16. 11. 1976) und »Wintex-77« (1. – 10. 3. 1977) sowie die Einführung immer wirksamerer Waffensysteme in die Streitkräfte der NATO zwangen uns, Ausbildungsprogramme, die Inhalte und Abläufe der Schießübungen, die Schwerpunkte für taktische Übungen in den Streitkräften des Warschauer Vertrages und somit in den Landstreitkräften der NVA, von Ausbildungsjahr zu Ausbildungsjahr immer höheren Anforderungen zu unterwerfen.

Was die Militärtechnik betraf, hatten wir alle Voraussetzungen für einen weiteren Leistungsanstieg, die theoretischen Kenntnisse jedoch und besonders die praktischen Fertigkeiten vieler junger Absolventen der Offiziershochschule und der Unteroffiziersschulen entsprachen nicht immer dem, was von einem MSB oder einer MSK in der laufenden Ausbildung gefordert wurde.

An den Schulen wurden gute Soldaten ausgebildet, sie trugen die Schützenschnur und die höchste Stufe des Militärsportabzeichens, jedoch fehlte es an anwendungsbereiten Fertigkeiten zum Führen einer Gruppe bzw. eines Zuges. Dieser Zustand erforderte eine konsequente Fortsetzung der instruktiv-methodischen Ausbildung in der Truppe.

Viele zusätzliche Aufgaben, etwa der Ausbau von Übungsplätzen oder Flugplätzen in Truppeneigenleistung, der Einsatz in der Volkswirtschaft, beispielsweise die Unterstützung des Baus von Erdgastrassen oder der Einsatz von Einheiten bei politischen Großveranstaltungen, störten nachhaltig die kontinuierliche Ausbildung. Alles zusammen führte zu einer spürbaren Verschlechterung des Ausbildungsstandes sowie der militärischen Disziplin und Ordnung.

Bis zum 15. März 1977 hatten die Truppenteile der 1. MSD die Bereitschaft zur Durchführung der Divisionsübung herzustellen. Sie begann am 25. März und sollte acht Tage dauern.

Nach dem Beziehen der Konzentrierungsräume bereiteten wir uns auf den Angriff aus der Bewegung auf einen »Gegner« vor, der zwischen der Havel und Elbe zur Verteidigung übergegangen war (Truppenübungsplatz Klietz).

Wir überwanden Sperrknoten, durchbrachen die Verteidigung des »Gegners« und verfolgen ihn. Dabei wurde die Elbe auf breiter Front forciert.

Danach entwickelte sich der Angriff in die Tiefe der gegnerischen Verteidigung. Wir gingen schließlich über zur Verteidigung, um einen Gegenschlag abzuwehren.

In der letzten Übungsetappe wurden die aufmunitionierten Truppenteile im kombinierten Marsch (Eisenbahntransport und Straße) in die Standorte zurückgeführt und die »ständige Gefechtsbereitschaft« in den Kasernen hergestellt.

Am Abend des 31. März 1977 erreichte das MSR-3 den Standort Brandenburg.

Als ich in der Kaserne ankam, erwarteten mich bereits mehrere Kontrolloffiziere aus den Abteilungen Ausbildung des Kommandos des Militärbezirkes V und des Kommandos der Landstreitkräfte. Sie teilten mir mit, daß noch heute und morgen mehrere Mot.-Schützen- und Panzerkompanien sowie weitere Kompanien bzw. Batterien in der Schieß- und Schutzausbildung sowie im Militärsport überprüft werden sollten.

Die Überprüfungen im Schießen erfolgten auf den Schießplätzen Brück (Panzer), Lehnin und Fohrde (Schützenwaffen).

Nach fast sieben Tagen Divisionsübung wurde diese Überprüfung zu einer harten Bewährungsprobe. Denn die Soldaten, Unteroffiziere und Offiziere des MSR-3 hatten auf Freizeit und Erholung gehofft, und zehn Prozent von ihnen wären sogar in den Wochenendurlaub gefahren.

Diese »Einlage« hatte auf die Disziplin einiger Soldaten erheblichen Einfluß. Wir registrierten unerlaubte Entfernungen von der Truppe und Ausgangs- und Urlaubsüberschreitungen. Wir empfanden dies als eine Art Denkzettel. Und so war es wohl auch gedacht. Die politische Großwetterlage und der private Glücksanspruch waren selten in Übereinstimmung zu bringen.

Am Sonnabend, dem 2. April, erfolgte in der Dienststelle Damsdorf die Auswertung der Divisionsübung und der beiden besonderen Überprüfungen. Erfreut über die gute Einschätzung für die Leistungen der Angehörigen des MSR-3, fuhr ich zurück in den Standort. Erst am späten Nachmittag »meldete« ich mich bei meiner Familie zurück. Daheim warteten schon einige Gäste auf mich. Unser Sohn hatte Jugendweihe.

Waffenbrüderschaft

Die Beziehungen zwischen der Nationalen Volksarmee und der Sowjetarmee basierten auf dem Staatsvertrag zwischen der UdSSR und der DDR über »Freundschaft, gegenseitigen Beistand und Zusammenarbeit« vom 12. Juni 1964.

Das MSR-3 unterhielt enge Partnerschaftsbeziehungen mit dem Garde-Mot.-Schützenregiment 83 der 35. MSD der GSSD. Für jedes Halbjahr erarbeiteten wir mit unseren Partnern »im Regiment nebenan« einen »Plan der Maßnahmen«. Das Ziel der Partnerschaftsbeziehungen bestand darin, das Verständnis der Soldaten, Unteroffiziere und Offiziere untereinander zu fördern. Zu den Schwerpunkten gehörten die Teilnahme an Veranstaltungen zu den Tagen der Streitkräfte am 23. Februar und am 1. März, Lehrvorführungen zu ausgewählten Themen der Gefechtsausbildung, Leistungsvergleiche in der Schieß-, Fahr- und Schutzausbildung, gemeinsame Sportfeste und Kulturveranstaltungen.

Die Kommandeure des Garde-MSR-83, Oberst Jegerskij (bis 1975) und sein Nachfolger Oberstleutnant Boris Mochow bemühten sich, die getroffenen Vereinbarungen einzuhalten.

Armeegeneral Iwanowski, Oberbefehlshaber der GSSD, besucht das MSR-3, April 1976.

Unser Patenregiment war in einer Kaserne im Elsgrund, westlich des Olympischen Dorfes von 1936, stationiert. Diese Kaserne, bis 1945 als Flieger-Kaserne bekannt, befand sich in unmittelbarer Nachbarschaft zur nachmaligen Adler- und Löwenkaserne. (Dieses große Kasernenareal gehört seit 1994 zu einem Konversionsbereich des Landes Brandenburg.) Als Ausbildungsgelände nutzte die 35. MSD der GSSD und das Garde-MSR-83 den Truppenübungsplatz Döberitzer Heide.

Selbstverständlich gab es ebenfalls zu der in Brandenburg stationierten 1. Pionierbrigade und der Kfz-Technischen Schule der GSSD freundschaftliche Beziehungen.

Am 25. Februar 1976 fand im MSR-3 traditionell die zentrale Veranstaltung zur Eröffnung der »Woche der Waffenbrüderschaft«, diesmal anläßlich des 58. Jahrestages der Sowjetarmee und des 20. Jahrestages der NVA, statt. Eine Vielzahl von militärischen und sportlichen Leistungsvergleichen sowie ein deutsch-sowjetisches Kulturprogramm ließen recht viele Soldaten den Waffenbruder »vom Regiment nebenan« kennenlernen. Gleichwohl gingen solche Kontakte selten über den offiziellen Rahmen hinaus.

Zusammenarbeit mit dem Stellvertreter für Politische Arbeit

Einem Regimentskommandeur, so auch mir, waren fünf Stellvertreter nachgeordnet. Das waren der Stabschef (als 1. Stellvertreter und befehlsbefugt), die Stellvertreter für Ausbildung, für Technik und Bewaffnung, für Rückwärtige Dienste und für Politische Arbeit.

Der Stellvertreter für Politische Arbeit (StKPA) war mir als Kommandeur unmittelbar unterstellt und gegenüber dem Personalbestand des Regiments weisungs- bzw. anordnungsberechtigt, d. h. er hatte keine Befehlsbefugnis.

Der StKPA führte eine Arbeitsgruppe, bestehend aus dem Sekretär der Zentralen Parteileitung (SED), dem Instrukteur für Jugendarbeit (FDJ), dem Offizier für Propaganda, dem Offizier für Agitation, dem Offizier für kulturelle Massenarbeit und dem Instrukteur für politische Arbeit. Sieben Politoffiziere insgesamt also. Des weiteren gab es noch in jedem Bataillon einen hauptamtlichen Politstellvertreter und einen FDJ-Sekretär sowie in jeder Mot.-Schützenkompanie einen Politstellvertreter.

Die Politoffiziere wurden in Kursen an den Offiziersschulen auf ihre Aufgabe vorbereitet. Der Stellvertreter des Kommandeurs für Politische Arbeit hatte in der Regel die Militärakademie in Dresden bzw. Moskau absolviert. Fachlich wurden die Politoffiziere des Regiments von der Politabteilung der Division angeleitet.

Der Stellvertreter für Politische Arbeit gehörte zur Führung des Regiments, und so war es selbstverständlich, daß er über alle Belange des Regiments die erforderlichen Informationen erhielt, seine Meinung und Vorschläge zur Lösung von Aufgaben sowie zur Behebung von Mängeln gefragt war.

Mit dem Politstellvertreter Oberstleutnant Heinz Krüger und seinem Nachfolger, Major Walter Fischer, hatte ich eine sehr solide Arbeitsteilung. Ähnlich verfuhren die Bataillonskommandeure. Wir Kommandeure sorgten uns vorrangig um die Vorbereitung und Durchführung der militärischen Ausbildung und der Übungen, der Einsatzbereitschaft der Militärtechnik sowie der Dienst- und Lebensbedingungen der Armeeangehörigen.

Die Politoffiziere im Regiment waren verantwortlich für die komplexe Organisation und truppenwirksame Führung der politischen Arbeit; die Festigung des politisch-moralischen Zustandes, insbesondere für die Erziehung der Armeeangehörigen zur Erfüllung des Fahneneides und zu bewußter militärischer Disziplin und Ordnung sowie für die Wirksamkeit der politischen Arbeit in der militärischen Ausbildung und bei Übungen.

Um die Kompaniechefs und Zugführer bei der Betreuung bzw. Beschäftigung der Soldaten nach Dienst zu entlasten, hatte ich mit dem Politstellvertreter vereinbart, daß die Politoffiziere tageweise erst um 10.00 Uhr bzw. 11.00 Uhr zum Dienst erschienen, um ab 17.00 Uhr kulturelle oder sportliche Maßnahmen in den Kompanien durchzuführen. Ich erinnere daran: 85 % der Soldaten und Unteroffiziere mußten ständig präsent sein und darum auch betreut und »zerstreut« werden.

Der Politstellvertreter und seine Arbeitsgruppe entlasteten mich und den Stabschef auch in der Öffentlichkeitsarbeit, bei der Vorbereitung von Treffen oder Leistungsvergleichen mit dem sowjetischen Partnerregiment, bei der Vorbereitung von Feierlichkeiten im Regiment (Tag der NVA, Vereidigung, Weihnachten u.a.) oder bei der Betreuung von Arbeitskommandos auf Übungsplätzen oder in Betrieben.

»Der Kommandeur lädt ein« – *die monatliche Aussprache mit Soldaten im MSR-3, 1976.*

Auch bei Übungen gab es eine nützliche Arbeitsteilung zwischen mir als Kommandeur und dem Politstellvertreter, da es unser gemeinsames Anliegen war, alle Lehrfragen und Übungsetappen mit guten Ergebnissen abzuschließen. Der Politstellvertreter und die Politoffiziere im Regiment bemühten sich um die Moti-vation der Armeeangehörigen, um die rechtzeitige und qualitätsgerechte Zuführung der Verpflegung bis in den Schützengraben, um die Betreuung der Soldaten in besonders kritischen Situationen im Übungsverlauf usw.

Sie wußten, wie die Stimmung unter den Armeeangehörigen und Zivilbeschäftigten des Regiments war. Diese Informationen waren wichtig für mich als Kommandeur, für die Bataillonskommandeure und Kompaniechefs, um auf geäußerte Sorgen oder Probleme reagieren zu können.

Ich selbst lud ein- bis zweimal im Monat (»Der Kommandeur lädt ein«) zu Kaffee und Kuchen. In den Gesprächsrunden mit jeweils 10 bis 15 Soldaten, Unteroffizieren und Offizieren erfuhr ich, was sie bedrückte, verärgerte, wo wir Fehler gemacht und Irrtümer begangen hatten.

Dienstreise nach Moskau – in den Stab der Vereinten Streitkräfte

Im August 1977 weilte ich mit meiner Familie bei Rheinsberg im Urlaub. Am 25. August informierte mich Oberstleutnant Fritz Goldschmidt, Stabschef des MSR-3, daß ich mich am 26. August beim Chef des Militärbezirkes V, Generalleutnant Goldbach, zu einem Kadergespräch zu melden habe.

Das bedeutete in der Regel eine neue Aufgabe.

Was ich nicht wußte (und erst später meinen Akten entnahm), hatte am 16. April 1977 mein Divisionskommandeur, Generalmajor Horst Zander, meine Versetzung in einen Stab vorgeschlagen und das so begründet: »Oberstleutnant Löffler erfüllte von 1970 bis 1973 die Aufgaben in der Dienststellung als SC des MSR-3 und ist seit Oktober 1973 als Kommandeur des MSR-3 eingesetzt. Das MSR erfüllte unter seiner Führung die gestellten Aufgaben. Die Umrüstung auf BMP-Technik wurde in guter Qualität gewährleistet. In Auswertung der Truppenübung ›Lawine-77‹ erhielt das MSR-3 eine gute Einschätzung.

Oberstleutnant Löffler ist ein erfahrener Stabsoffizier und Truppenkommandeur, mit guten praktischen und theoretischen Kenntnissen in der Führung des Stabes und der Organisation der Gefechtsausbildung. Er ist entschlußfreudig und energisch in der Durchsetzung gegebener Befehle. Oberstleutnant Löffler ist ehrgeizig.«

Am 22. April hatte der Chef des Militärbezirkes V einen Einsatz in einem Stab ab Herbst 1977 bestätigt.

Im Herbst 1977 sollte die Übergabe des MSR-3 an Oberstleutnant Fritz Goldschmidt erfolgen. Das war mir inzwischen bekannt, doch ich wußte noch nicht, was ich danach tun würde.

Ich fuhr also zum Termin nach Neubrandenburg und meldete mich beim Chef des Militärbezirkes V.

Im Zimmer saßen der Chef Ausbildung, Generalmajor Claus Winter und Oberst Uhlig, Abteilungsleiter Kader.

»Sind Sie bereit, die Dienststellung des Leiters der Abteilung Operativ im Kommando MB V zu übernehmen?«

Ich war freudig überrascht und fragte sofort: »Wann?«

»Nach der Parade in Berlin. Doch vorher ist noch eine besondere Aufgabe zu erfüllen!«

Ich solle, sagte General Goldbach, im September eine operative Gruppe der Feldführung des Kommandos des Militärbezirkes V leiten, die an einer operativ-strategischen Kommandostabsübung der Rückwärtigen Dienste (Tarnbezeichnung »Transit-77«) der Vereinten Streitkäfte teilnehmen würde.

Ich kehrte nach Brandenburg zurück und übergab die Dienstgeschäfte bis Mitte September an den Stabschef. Dann fuhr ich zum Urlaubsort der Familie und erklärte meine Ferien für beendet und daß wir demnächst nach Neubrandenburg umziehen würden.

Am Tag darauf, einem Freitag, machte ich mich in Neubrandenburg mit den Offizieren bekannt, mit denen ich in der operativen Gruppe zusammenarbeiten würde. Sodann stellte ich mich beim Stellvertreter des Chefs MB V für Rückwärtige Dienste, Oberst Gerhard Link, vor. Am Samstag meldete ich mich in Strausberg beim Stellvertreter des Ministers und Chef der Rückwärtigen Dienste, Generalleutnant Helmut Poppe.

16.57 Uhr hob die TU-134 A in Marxwalde ab und brachte mich nach Moskau.

Am 29. und 30. August bereitete ich mich im Stab der Vereinten Streitkräfte des Warschauer Vertrages auf die Übung«Transit-77« vor.

Am 31. August meldete ich dem Leitenden der Übung, Marschall der Sowjetunion V. G. Kulikow. An der Übung sollten Stäbe der Land-, Luft- und Seestreitkräfte der Sowjetunion (Belorussischer Militärbezirk, Nordgruppe in Polen und GSSD), Polens und der DDR teilnehmen.

Ich räume ein, daß ich vor und während meines Auskunftsberichtes in Gegenwart von etwa 100 Generalen, Admiralen und Offizieren recht aufgeregt war. Als Oberstleutnant vor so einem respektablen Forum kam ich mir doch ein wenig klein vor. Der Marschall merkte meine anfängliche Nervosität und beruhigte mich väterlich: »Junger Mann, alles wird gut!«

Der »junge Mann« war 40.

Am späten Abend flog ich zurück in die DDR.

In den folgenden Tagen, bis zum Abend des 10. September, fand auf dem Gebiet Belorußlands, Nordpolens und in der Nordhälfte der DDR die Kommandostabsübung statt.

An einem Übungstag inspizierten Marschall Kulikow und weitere Generale des Leitungsstabes den Gefechtsstand/Rückwärtige

Führungsstaffel der 10. Armee (Übungsnumerierung). In Gegenwart von Generalmajor Kurt Gottwald, dem Stellvertreter des Chefs des Stabes der Vereinten Streitkräfte, überprüfte er unsere Kenntnisse über Arten und Wirkungsweise der Neutronenwaffe sowie über Schutzmöglichkeiten.

Am 22. September 1977 erfolgte in der Kaserne des Pionierregiments 2 in Seelow die Auswertung der operativ-strategischen Kommandostabsübung. Die Teilnehmer vom Kommando des Militärbezirkes V hatten die an sie gestellten Aufgaben erfüllt. Oberst Gerhard Link und weitere Offiziere des MB V wurden für ihre fleißige Arbeit belobigt. Marschall Kulikow dankte auch mir und überreichte mir ein kleines Transistorradio »für das Leben auf Übungsplätzen«.

Anschließend lud Armeegeneral Heinz Hoffmann zum Essen.

Bei der Übung hatte ich die aktuellen Arbeitsmethoden im Kommando des Militärbezirkes und in den Stäben der an der Übung beteiligten Armeen Polens und der Sowjetunion kennenlernen können. Davon würde ich künftig profitieren.

Abschied vom Regiment

Die Übergabe des Regiments an Oberstleutnant Fritz Goldschmidt sollte am 21. Oktober 1977 erfolgen. Bis dahin waren noch zwei wichtige Aufgaben vorzubereiten: die Parade in Berlin am 7. Oktober, dem »Tag der Republik«, und die Überprüfung der Ausbildung zum Abschluß des Ausbildungsjahres 1976/77.

Nachdem dies geschehen war, vollzog der Divisionskommandeur, Generalmajor Horst Zander, den Wechsel.

Oberstleutnant Fritz Goldschmidt, seit 1. September 1972 Stabschef im MSR-3, wurde mein Nachfolger.

Ich war innerlich sehr bewegt, als ich vom Fähnrich Harry Diebold, dem langjährigen Fahnenträger des MSR-3, die Truppenfahne übernahm und an den Divisionskommandeur zur Übergabe an den neuen Kommandeur weiterreichte.

Auf dem Appellplatz waren die etwa 2.000 Mann des Regiments in Paradeuniform angetreten.

Auf und neben der Tribüne standen Gäste aus dem Stadt- und Landkreis, die Kommandeure der Regimenter der 1. Mot.-Schützendivision und der zum Standort gehörenden Truppen-

Im September 1973 erhielt Major Hans-Georg Löffler die Fahne des MSR-3. Vier Jahre später wurde sie an Oberstleutnant Fritz Goldschmidt weitergegeben. Damit war der Wachwechsel an der Spitze des Regiments vollzogen.

teile der NVA und der Sowjetarmee sowie die Zivilbeschäftigten des Regiments.

In meinen Abschiedsworten bedankte ich mich bei den Angehörigen des Regiments für deren Leistungsbereitschaft, Fleiß und für die Bereitschaft, so manche Entbehrung zu ertragen. Ich

*3. Treffen der Ehemaligen des MSR-3 in Netzen,
15. Oktober 2005*

dankte dem Divisionskommandeur, den Offizieren des Divisionsstabes und den Gästen für so manche Hilfestellung im Verlaufe meiner Dienstzeit als Regimentskommandeur.

Dann folgte der Vorbeimarsch des Regiments, voran der neue Kommandeur, dem ich in meiner Ansprache viel Erfolg und alles Gute gewünscht hatte.

Das war ein sehr bewegender Moment. Ich spürte, daß ein für mich wichtiger Lebensabschnitt zu Ende ging.

Das MSR-3 existiert inzwischen nur noch in der Erinnerung und in Gestalt des »Freundeskreises ehem. MSR-3«.

VI.
Vom Kommandeur zum Stabsarbeiter

Nach sieben Jahren war ich also wieder im Kommando des Militärbezirkes V. Am 1. November 1977 meldete ich mich zum Dienstantritt bei meinem neuen Vorgesetzten, Oberst Max Butzlaff. Zugegen war der Leiter der Operativen Abteilung, Oberst Karl-Heinz Schmidt.

Oberst Butzlaff, Stellvertreter des Chefs des Stabes für operative Arbeit, teilte mir mit, daß ich gemäß Befehl Nr. 110/77 die Operative Abteilung schnellstens zu übernehmen habe, da Oberst Schmidt in wenigen Tagen eine Abteilung im Verteidigungsministerium übernehmen solle.

Zum Ablauf des ersten Tages gehörte selbstverständlich der Antrittsbesuch beim Chef des Stabes, Generalmajor Walter Krysmann. Er genoß im Militärbezirk den Ruf eines sehr fleißigen, akkuraten und manchmal äußerst peniblen Vorgesetzten. Das Vorstellungsgespräch nahm wenig Zeit in Anspruch, erstens war ich für ihn kein Unbekannter und zweitens bereitete er seine Versetzung an die Militärakademie »Friedrich Engels« in Dresden vor. Dort sollte er 1. Stellvertreter des Chefs der Akademie werden.

Bei dieser Gelegenheit erfuhr ich, daß der Kommandeur der 9. Panzerdivision, Generalmajor Manfred Gehmert, sein Nachfolger werden würde.

Aus der Arbeit der Operativen Abteilung

Zur Operativen Abteilung gehörten im Garnisonsdienst die Unterabteilungen Operativ, operative Schulung und Richtungsoffiziere sowie die Arbeitsgruppe Funkelektronischer Kampf. Jedoch nach Auslösung einer höheren Stufe der Gefechtsbereitschaft, d. h. im Felddienst, gab es die Arbeitsgruppen Operativ, Planung, Richtungsoffiziere und Funkelektronischer Kampf.

Gut war, daß ich die meisten Offiziere und Unteroffiziere der Operativen Abteilung bereits aus meiner Tätigkeit in dieser Abteilung kannte. Einige, die 1969/70 meine Vorgesetzten waren, wurden mir nun unterstellt. Ich weiß, daß das mancherorts Probleme bereitete. Hier war es nicht so.

Gemäß der »Felddienstvorschrift der Stäbe« wurde der Leiter der Operativen Abteilung zum Stellvertreter des Chefs des Stabes. Er hatte das Recht, im Auftrage des Stabchefs die Chefs und Leiter der Waffengattungen, Spezialtruppen und Dienste zur Erarbeitung von Führungs- und Gefechtsdokumenten heranzuziehen.

Ähnlich verhielt es sich im Garnisonsdienst. Jedoch basierten Organisation und Durchführung der Stabsarbeit unter Garnisonsbedingungen auf der Grundlage der entsprechenden Dienstvorschrift.

Die Aufgaben der Operativen Abteilung waren recht vielfältig, eine wahrhaft bunte Palette im Vergleich zu manchen Fachdiensten. Zu den Aufgaben der koordinierenden Abteilung im Kommando MB V gehörten die Erarbeitung der Aufgaben des Militärbezirkes V im Ausbildungsjahr, Planung und Ausarbeitung der Übungen mit den Divisionen; Vorbereitung, Organisation und Auswertung der Weiterbildungen mit den Divisionsführungen; die Vorbereitung der Stabsdienstausbildungen mit der Feldführung des Kommandos MB V, d. h. mit dem Stab des V. Armeekorps; die Erarbeitung des Planes der Überprüfungen der Gefechtsbereitschaft der Divisionen und einzelner Truppenteile/Regimenter und des Planes der Kontrollen.

Aus der Aufzählung der Schwerpunkte wird deutlich, daß die Ausbildung den Hauptteil der militärischen Tätigkeit in den Stäben, Truppen und Lehreinrichtungen der NVA bildete. Das Ziel bestand im kontinuierlichen Zuwachs an Kampfkraft, Gefechts- und Mobilmachungsbereitschaft. Diesem Ziel war alles andere zu- bzw. untergeordnet.

Die Ausbildung teilte sich in drei Gruppen: in die Aus- und Weiterbildung von Zeit- und Berufssoldaten, in die Stabs- und Truppenausbildung sowie in die Operative Ausbildung.

Für Vorbereitung, Sicherstellung, Durchführung und Auswertung der Ausbildung trugen der Chef des Militärbezirkes sowie die Kommandeure der Verbände (Divisionen) und Truppenteile (Regimenter) die volle Verantwortung.

Die Befehle bzw. Anordnungen für die Ausbildung wurden in den einzelnen Führungsebenen nacheinander erarbeitet, beginnend im Ministerium und endend im Regiment.

Jeweils in den Monaten Juli und August wurde im Ministerium für Nationale Verteidigung der Befehl Nr. 100/XX für das neue Ausbildungsjahr erarbeitet. Es erfolgten Abstimmungen mit dem Stab der Vereinten Streitkräfte und der GSSD bezüglich gemeinsamer Übungen und über die Benutzung sowjetischer

Übungsplätze auf dem Gebiet der DDR oder der UdSSR. Im September jeden Jahres fanden regelmäßig im MfNV die Kommandeurstagungen zur Auswertung des abgelaufenen Ausbildungsjahres statt. Es wurden Orientierungen für besonders komplizierte Aufgaben des neuen Ausbildungsjahres gegeben.

Jeder Kommandeur hatte auf der Grundlage der ihm übertragenen Aufgaben für das neue Ausbildungsjahr einen Entschluß zu fassen. Der Kommandeur einer Mot.-Schützendivision, zum Beispiel, hatte dem Chef des Militärbezirkes seinen Entschluß zu melden und ihm gegenüber zu verteidigen.

Die Vorbereitung und die Durchführung von Übungen galten naturgemäß als Schwerpunkte im Ausbildungsjahr. Für deren Dauer galt es folgende Festlegungen zu beachten: Armee-Kommandostabsübungen dauerten acht bis zwölf Tage, Kommandostabsübungen (zum Beispiel mit einer Mot.-Schützendivision und Panzerdivision) vier bis sechs Tage, eine taktische Übung mit einem Verband (Division, Brigade) acht bis zehn Tage, taktische Übungen mit einem Regiment (Mot.-Schützen-, Panzer-, Fla-Raketenregiment) fünf bis sieben Tage, Bataillonsübungen drei bis fünf Tage, Kompanie-/Batterieübungen zwei bis drei Tage.

Für die Durchführung der praktischen Ausbildungen und taktischen Übungen standen dem Militärbezirk V die Truppenübungsplätze Klietz, Lehnin, Lübtheen und Jägerbrück sowie 18 Standortübungsplätze zur Verfügung. Für Divisionsübungen konnten, nach Anmeldung beim Oberkommando der GSSD in Wünsdorf, die großen sowjetischen Übungsplätze Wittstock, Letzlinger Heide/Magdeburg und Jüterbog/Heidehof genutzt werden.

Die 5. Raketenbrigade führte alle zwei Jahre eine taktische Übung mit Gefechtsstarts in der UdSSR auf dem Truppenübungsplatz Kapustin Jar, 150 km östlich von Wolgograd, und die Fla-Raketenregimenter des Militärbezirks und der Divisionen auf dem Truppenübungsplatz Aschelug bei Astrachan/Wolga durch.

Ohne eine intensive Aus- und Weiterbildung der Vorgesetzten aller Stufen, vom Gruppenführer bis zum Divisionskommandeur, waren die Ausbildungs- und Übungsziele nicht zu erreichen. Daher hatte die Aus- und Weiterbildung im Stabs- und Truppendienst die Aufgabe, die theoretischen Kenntnisse, praktischen Fertigkeiten und das physische Leistungsvermögen der Zeit- und Berufssoldaten kontinuierlich zu vervollkommnen.

Die Aus- und Weiterbildung des Unteroffiziers und Offiziers, besonders jener in der Position eines Vorgesetzten, wurde sehr intensiv betrieben. Jedoch verwendeten wir zu wenig Zeit für die Vermittlung der für einen Vorgesetzten erforderlichen Kenntnisse in der Militärpädagogik, -psychologie und -ökonomie.

Schon als Regimentskommandeur war mir das bewußt geworden. Doch erst die Militärreform im letzten Jahr der DDR, also fünf Minuten nach 12, wollte das ändern. Generalleutnant Klaus-Jürgen Baarß übergab Minister Theodor Hoffmann »Vorschläge zur Aus- und Weiterbildung von Zeit- und Berufskadern der NVA«.

Nicht nur im Bereich der Aus- und Weiterbildung hätte es schon weit vor dem Herbst 1989 einige Korrekturen geben müssen. Doch uns fehlte der Mut, diese Dinge überhaupt anzusprechen. Als Militär hatte man zu gehorchen und Befehle auszuführen und nicht über diese zu diskutieren.

Ich darf »Sperrliteratur« lesen

Die Erarbeitung der Pläne für die taktischen Übungen auf Divisionsebene erforderten fundierte Kenntnisse über Gliederung, Bestand und Einsatzgrundsätze der »Eigenen« wie der »Seite Blau«. Ähnlich verhielt es sich bei der Erarbeitung von Lektionen für Weiterbildungsveranstaltungen im Militärbezirk V.

In der DV 046/0/005 »Gemeinsame Übungen« hieß es dazu beispielsweise: »Vom Charakter her muß die Idee der Übung die modernen Ansichten der operativen Kunst, die letzten Veränderungen in der Gliederung und Bewaffnung der eigenen Truppen sowie die Gliederung und die operativ-taktischen Ansichten des wahrscheinlichen Gegners widerspiegeln.«

Zur Erweiterung unserer theoretischen Kenntnisse über die Eigenen und den potentiellen Gegner standen uns Dienstvorschriften, Zeitschriften und Informationen zur Verfügung. Doch das reichte nicht aus. Mich interessierten Publikationen aus dem NATO-Bereich, besonders suchte ich nach Informationen über das I. Armeekorps (GE), das I. Armeekorps (NL) und über das Jütländische Armeekorps (GE/DK). Während meines Studiums in Moskau – das lag nun schon acht Jahre zurück – gab es in dieser Sache keine Einschränkungen. Im Kommando des Militärbezirkes gab es eine Bibliothek mit einem sehr soliden Angebot, einschließlich Tageszeitungen aus dem Norden der BRD und Militärzeitschriften. Doch diese waren unter Verschluß und waren registriert unter dem Begriff »Sperrliteratur«. Für deren Empfang galten folgende Regeln:

Der Chef des Militärbezirkes kann Tageszeitungen und Militärschriften aus dem Westen erhalten und lesen, diese sind ihm in einem geschlossenen Umschlag zu übergeben.

Chefs und Leiter im Kommando können Militärzeitschriften erhalten und lesen, benötigen jedoch dafür eine schriftliche Genehmigung vom Chef der Politischen Verwaltung. Dazu muß ein entsprechender Vordruck ausgefüllt werden.

Ich holte mir den Vordruck, füllte ihn aus und übergab ihn an den Chef der Politischen Verwaltung, Generalmajor Kurt Wagner.

Nach einigen Tagen erhielt ich den Vordruck mit dem Vermerk »Genehmigt« zurück. So einfach ging das.

Nun las ich regelmäßig *Truppenpraxis, Soldat und Technik*, die Truppenzeitschrift *Heer, Europäische Wehrkunde* und die *Österreichische Militärzeitschrift*.

Mich interessierten besonders Berichte über Manöver und Übungen auf Truppenübungsplätzen in der BRD, im Ostseeraum oder in Kanada, Informationen über die taktische Weiterbildung der Offiziere, der Inhalte von Kurzplanübungen und über das Training der Kampftruppen im »Gefecht der verbundenen Waffen«.

Von herausragender Wichtigkeit jedoch waren für mich Erläuterungen zu den wesentlichen Merkmalen der Militärdoktrinen der NATO-Staaten und Beschreibungen des Umsetzens der aktuellen strategischen Konzepte, auf die die Streitkräfte des Warschauer Vertrages im Krisenfall hätten reagieren müssen.

»Winterschlacht« zur Jahreswende 1978/79

Zum Jahreswechsel 1978/79 und während der ersten Wochen des Jahres 1979 bestanden tausende Soldaten, Unteroffiziere und Offiziere der NVA eine ganz besondere Bewährungsprobe: Sie standen im Kampf mit den Naturgewalten. Soldaten wurden zu Helden.

Am Morgen des 1. Januar 1979 zeigte das Thermometer minus 27° C. An der Ostseeküste hatten heftige Schneefälle und Sturmböen fast alle Straßen und Eisenbahnstrecken unpassierbar gemacht.

Am 2. Januar übernahm ich die Aufgabe des Leiters einer operativen Gruppe im Führungszentrum des Kommandos MB V. Wir saßen in Kellerräumen des Hauses 4 und koordinierten die Rettungsarbeiten. Auch in den Divisionsstäben und Wehrbezirkskommandos wurden operative Gruppen aktiv und koordinierten den Einsatz von Arbeitskommandos aus den Truppenteilen des Militärbezirkes V, der Transporteinheiten sowie der schweren Berge- und Räumtechnik.

Unsere Soldaten, Unteroffiziere und Offiziere kämpften in jenen Wochen Schulter an Schulter mit den Eisenbahnern, Bauern, Bergleuten sowie mit Studenten und Soldaten der Sowjetarmee. Es galt, im Schnee festgefahrene Personen- und Güterzüge freizuschaufeln, Zufahrten zu Krankenhäusern, Molkereien und Betrieben befahrbar zu machen und zu helfen, daß die durch die Eislast zerrissenen Stromleitungen repariert wurden. Hubschrauber und Kettenfahrzeuge wurden eingesetzt zum Transport von Kranken, Lebensmitteln und Reparaturgruppen.

In jenen Wochen gab es eine Energiekrise, es kam flächenweise zu Stromabschaltungen, die auch zum Stillstand der Produktion in vielen Betrieben führte. Es entstanden enorme Schäden und Verluste für die Volkswirtschaft.

Erschwerend kam hinzu, daß die DDR aus Gründen ökonomischer Vernunft vornehmlich auf dem einzigen einheimischen Energieträger setzte, die Braunkohle. Doch in den Tagebauen stockte die Förderung, die Kohleberge waren festgefroren und die Waggons, in denen die Kohle befördert wurde, ließen sich nicht leeren.

Der engagierte Einsatz der Soldaten in der Energieversorgung, in Betrieben und Krankenhäusern, bei der Deutschen Reichsbahn und im Verkehrswesen wurde überall anerkannt. Hier handelte eine Volksarmee im Interesse des ganzen Volkes. Und vermutlich erwarb sie sich damit mehr Anerkennung und Respekt als mit Paraden und Manövern. Das Ansehen der Soldaten der NVA war vielleicht nie größer als in jener Zeit – vergleichbar etwa dem Einsatz der Bundeswehr beim Hochwasser an der Oder 1997.

Vom V. Armeekorps zur 5. Armee

In den Jahren von 1976 bis 1980 vollzog sich in den NVA-Landstreitkräften ein qualitativer und quantitativer Sprung. Aus dem III. Armeekorps (Leipzig) und unserem V. Armeekorps wurden die 3. bzw. 5. Armee. Das war nicht nur eine Umbenennung, sondern zog auch eine Überarbeitung der bisherigen »Operativen Planung« nach sich

Mit der Aufwertung der Landstreitkräfte und der Formierung der 3. und 5. Armee wurden alle bisherigen Festlegungen zur Übergabe von einzelnen Verbänden (MSD/PD) der NVA an Armeen der GSSD aufgehoben. In Anlehnung an die bisherige operative Planung wurde vom Oberkommandierenden der GSSD der 5. Armee befohlen, nach Auslösung der Alarmstufe »Volle Gefechtsbereitschaft« mit drei Mot.-Schützendivisionen in der 1. Staffel (8. und 20. MSD/NVA; 94. Garde-MSD/GSSD) und mit der 9. PD/NVA in der 2. Staffel auf der allgemeinen Linie Kalkhorst/Ostsee, Schönberg, Wittenburg, Boizenburg, Lübtheen und Wittenberge, in engem Zusammenwirken mit der Volksmarine der DDR (rechter Nachbar) und der 2. Garde-Panzerarmee der GSSD (linker Nachbar) sowie mit den Regimentern des Grenzkommandos Nord (Stendal) zur Verteidigung überzugehen und bereit zu sein zur Abwehr eines möglichen Angriffs des Jütländischen und von Teilen des I. Armeekorps (NL).

Entsprechend dieser Vorgabe begann eine kleine Gruppe von Generalen und Offizieren des Kommandos MB V mit der schrittweisen Neuerarbeitung der Dokumentation für die operative Planung. Diese Arbeiten verliefen, logischerweise unter strengster Geheimhaltung, teils im Ministerium in Strausberg, teils im Oberkommando der GSSD in Wünsdorf.

In diesem Zusammenhang hatten wir die Aufgabe, neue Standorte für Führungsstellen (Gefechtsstände) der 5. Armee, der MSD/PD sowie weiterer Verbände und Truppenteile auszuwählen und auszubauen.

Mit Beginn meiner Tätigkeit gehörte es zu meinen Pflichten, das Baugeschehen zu begleiten, d. h. den Bauablauf aus der Sicht des künftigen Nutzers zu überwachen und bei Notwendigkeit mit den Vertretern der Abteilung Spezialbauten, der Verwaltung Militärbauwesen und Unterbringung erforderliche Entscheidungen zu treffen. In meiner Zeit als Regimentskommandeur hatte ich ge-lernt, mit Bauleuten umzugehen, einmal gezahltes Lehrgeld war ausreichend.

Intensivierung der Gefechtsausbildung

Die Forderungen zur Intensivierung der Gefechtsausbildung, die Zunahme der Anzahl der Stabstrainings, Kommandostabs- und Truppenübungen, aber auch die Vorbereitungen zur Stationierung sowjetischer Mittelstreckenraketen vom Typ SS 20 wurden in der Führung des Warschauer Vertrages und folglich in der Führung der NVA mit einer weiteren Zunahme an Aggressionsfähigkeit der NATO-Streitkräfte begründet.

Es wurde auf den am 12. Dezember 1979 im NATO-Rat gefaßten Beschluß verwiesen, ab 1983 insgesamt 572 nuklear bestückte Mittelstreckenrakten und Marschflugkörper (»Cruise Missiles«) in Westeuropa zu stationieren. Allein auf dem Territorium der BRD sollten 108 Pershing II (Reichweite bis 2.500 km) und 96 Flügelraketen »Tomahawk« (Reichweite bis 2.600 km) stationiert werden. Dadurch, daß sie die strategischen Kernwaffensilos der UdSSR erreichten, wurden aus den taktischen Raketen strategische Waffen. Dieses Faktum machte alle Abrüstungsverhandlungen und -vereinbarungen obsolet.

Als Indiz für die Zunahme der Aggressivität auf Seiten der NATO galt die Zuführung von insgesamt 1.800 Kampfpanzern »Leopard 2« ab 25. Oktober 1979 in die Bundeswehr sowie die am 7. November 1978 vorgestellte neue Heeresstruktur 4. Damit sollte die Anzahl der Brigaden des Heeres der Bundeswehr von 33 auf 36 erhöht und alle 155-mm-Feld- und Panzerhaubitzen in den Panzer-, Panzergrenadier- und Jägerbrigaden zum Verschuß von nuklearer Munition umgerüstet werden.

Die Hoffnung wurde genährt, daß es eine Umkehr auf dem Wege des Wettrüstens geben könnte, als sich am 18. Juni 1979 in Wien US-Präsident Jimmy Carter und der sowjetische Partei- und Staatschef Leonid Breshnew trafen.

1969 hatten die beiden Großmächte ihre Gespräche über die nukleare Rüstungsbegrenzung (Strategic Arms Limitation Talks – SALT) in Helsinki begonnen. Der Durchbruch kam mit SALT I, Nixon und Breshnew unterzeichneten 1972 in Moskau diesen

Vertrag, der eine gemeinsame Obergrenze festlegte. SALT II wurde zwar unterzeichnet, aber vom Senat in Washington nie ratifiziert. Der Grund: Im Dezember 1979 intervenierten sowjetische Truppen in Afghanistan.

SALT II legte die zahlenmäßige Begrenzung jeden Typs und Untertyps der strategischen Trägermittel fest und führte zu jedem Typ spezielle Definitionen an. In ihm wurde die Vernichtung sämtlicher Trägermittel, die die vorgeschriebene Zahl überschritt, festgelegt, Tests und Weiterentwicklung bestimmter Trägermittelkategorien wurden aber nicht verhindert. Obgleich der SALT-II-Vertrag nicht in Kraft trat, hielten sich die Sowjetunion und die USA stillschweigend an die Abmachung.

Das aber wußten wir erst hinterher.

Der Führung des Militärbezirkes V jedenfalls erhielt vom Verteidigungsminister und vom Chef der Landstreitkräfte die Aufgabe, die Ausbildung mit dem Ziel zu intensivieren, daß die NVA im engen Zusammenwirken mit der Sowjetarmee und den anderen Armeen des Warschauer Vertrages in der Lage sei, einen »plötzlichen Überfall des potentiellen Gegners« abzuwehren und nachfolgend den Angreifer zu zerschlagen. Folglich wurden in Befehlen und Anordnungen bisher gestellte Aufgaben zur Verbesserung der Ausbildung und Erhöhung des Grades der Gefechtsbereitschaft erweitert. Ergänzend dazu forderte der Chef der Landstreitkräfte »mehr Kriegsbezogenheit in der Gefechtsausbildung«.

Dazu wurden Beispiele und Lehren aus dem Zweiten Weltkrieg und lokalen Kriegen nach 1945 in der Ausbildung vermittelt.

Wir folgten der gewiß zutreffenden Logik: Unsere Stärke muß so hoch sein, daß sie abschreckt. Wir wollten den Frieden und ihn dadurch sichern, daß der potientielle Gegner begriff, daß er keine Chance hat.

Das allerdings veranlaßte ihn zu der Annahme, daß wir deshalb uns hochrüsteten, um aus der militärischen Überlegenheit mindestens politisches Kapital zu schlagen – wenn wir uns nicht in ein Kriegsabenteuer stürzten.

Diese Logik des Wettrüstens trieb die Spirale in die Höhe, und die Gefahr eines ungewollten Kriegsausbruchs nahm zu. Was war noch Nach-, was schon Vorrüstung? Was war Aktion, was Reaktion.

Und in diesen Automatismus spielten auch noch politische

und ideologische Gründe hinein. Rüstungskonzerne verfolgten das gleiche Interesse wie jedes Unternehmen: Sie wollten verdienen. Also entwickelten sie fortgesetzt neue, bessere, modernere Waffen. Und auch auf der sowjetischen Seite existierte ein Militärisch-Industrieller Komplex, der Staat im Staate war und eigene Interessen außerhalb der volkswirtschaftlichen Belange besaß, die er durchzusetzen verstand. Und der neue Präsident Reagan hatte die Parole ausgegeben, das »Reich des Bösen«, also die Sowjetunion und ihre Verbündeten, zu Tode rüsten zu wollen. Wenn man sich schon nicht gegenseitig totschießen konnte, weil dabei die ganze Welt zugrundegehen würde, so sollte der andere an den Rüstungsausgaben zerbrechen. Der Entzug von Ressourcen würde die Völker aufbegehren lassen, so das Kalkül der Strategen in Washington. Denn davon waren sie überzeugt: Der Westen verfügte über größere wirtschaftliche Potenzen als der Osten.

Immer wieder Übungen

Die Jahre 1978 und 1979 waren für die Operative Abteilung sehr arbeitsintensiv. Von den Leitern der einzelnen Unterabteilungen, den Oberstleutnanten Horst Wagenführ (Operativ/Dienstplanung), Günter Preißler (Planung/Operative Schulung) und Herbert Fischer (Richtungsoffiziere) erhielt ich die erforderliche Unterstützung und Zuarbeit, um die der Abteilung gestellten Aufgaben stets in guter Qualität und termingerecht erfüllen zu können.

Auch diesen Offizieren habe ich es zu verdanken, daß mich der Chef des Stabes, Generalmajor Manfred Gehmert, im Juli 1979 als Kandidat zum Besuch der Akademie des Generalstabes der Streitkräfte der UdSSR vorschlug. Generalleutnant Joachim Goldbach befürwortete den Vorschlag.

In einem Kadergespräch am Rande einer Divisionsübung teilte mir der Chef MB V mit, daß für mich am 1. September 1980 in Moskau das Studium beginne. Allerdings, so schränkte er ein, sei es davon abhängig, wie ich meine Pflichten als Leiter der Operativen Abteilung in den folgenden Monaten erfüllte.

Im Ausbildungsjahr 1979/80 gab es wiederum eine Vielzahl von Einsätzen. So wirkte ich im Januar 1980 an der operativ-strategischen Schulung (Kriegsspiel) mit Führungen der Vereinten

Ostsee-Flotten (VOF) mit. Ich nahm im April 1980 teil an der gemeinsamen Truppenübung der 9. Panzerdivision und der 21. MSD/GSSD »Udar-80«, an der operativ-strategischen Kommandostabsübung »Wesna-80« Mai/Juni 1980 und an einigen Stabsdienstausbildungen des Kommandos des Militärbezirkes V.

In Vorbereitung auf größere Übungen führten das Kommando des Militärbezirkes V sowie die Divisions- und Regimentsstäbe Stabsdienstausbildungen durch. Das war eine organisatorische Form der operativen bzw. taktischen Ausbildung der Stäbe, die der Qualifizierung der Angehörigen eines Stabes für die Wahrnehmung ihrer Pflichten in der Operation bzw. im Gefecht, der Vervollkommnung der Arbeitsorganisation auf den Gefechtsständen und Führungsstellen sowie der Erprobung neuer Arbeitsmethoden und -mittel in den Stäben diente.

Der Operativen Abteilung oblag es, die für die Stabsausbildungen benötigten Dokumentationen in Zusammenarbeit mit den Chefs und Leitern im Kdo. MB V zu erarbeiten. Da die russische Sprache die Kommandosprache war, mußten alle Führungsdokumente, Entschluß- und Arbeitskarten russisch beschriftet werden. Analog galt dieses für die Erarbeitung der Gefechtsbefehle, Lagemeldungen oder Berechnungen. Da nur ein Teil der Stabsoffiziere eine Militärakademie in der Sowjetunion absolviert hatte,

Operativ-strategische Schulung der Führungen der Vereinten Ostsee-Flotten (VOF) in Polen, Januar 1980.

mußten die Chefs und Leiter in den Stäben sich um die sprachliche Ausbildung ihrer Nachgeordneten kümmern.

In diesem Zusammenhang trugen wir wiederholt den Wunsch vor, daß Offiziere der NVA zeitweilig in benachbarten Stäben der Sowjetarmee/GSSD arbeiteten und im Gegenzug sowjetische Offiziere in einen NVA-Divisionsstab bzw. ins Kommando kämen. Das geschah nie. Über die Gründe kann man nur spekulieren. Eine offizielle Absage wurde nicht erteilt.

Anders reagierten in dieser Angelegenheit unsere polnischen und tschechoslowakischen Waffenbrüder. Auf der Grundlage eines langfristigen Arbeitsplanes kam es zum Austausch von Offizieren. So arbeiteten Offiziere des Kommandos des Militärbezirkes 6 bis 8 Wochen im Stab der Landstreitkräfte in Warschau, im Stab des Pommerschen Militärbezirkes und in Divisionsstäben der polnischen Armee. Analog waren Offiziere des benachbarten, des Pommerschen Militärbezirkes, für mehrere Wochen in den Stäben der 8. MSD und 9. PD sowie des Kdo. MB V integriert. Dabei gab es keine Probleme, schließlich fußte die Ausbildung der Stäbe und Truppen des Warschauer Vertrages auf der Grundlage nahezu gleichlautender Programme, Dienstvorschriften und Normenkataloge.

Anfang Januar 1980 nahm ich an der Schulung der Führungen der Baltischen Rotbannerflotte, der Polnischen Seekriegsflotte und der Volksmarine der DDR teil. Diese Weiterbildungsmaßnahme stand unter der Leitung des Stellvertreters des Oberkommandierenden der Vereinten Streitkräfte des Warschauer Vertrages für die Seestreitkräfte, Admiral W. W. Michailin. Dabei wurde er von den Befehlshabern der drei verbündeten Flotten, Admiral Siderow (Baltisk-Pillau), Admiral Janjeczshin (Gdynia) und Admiral Wilhelm Ehm (Rostock) unterstützt.

Mit dem operativen Bereich des Kommandos der Volksmarine gab es schon seit mehreren Jahren eine gute Zusammenarbeit. Diese war begründet durch die Aufgaben der Volksmarine im Krisenfall. Es gab diesbezüglich Konsultationen, den Austausch von Informationen, die gemeinsame Erarbeitung von Führungsdokumenten des Zusammenwirkens und den Austausch von operativen Gruppen.

Mit Beginn meiner Tätigkeit als Leiter der Operativen Abteilung kooperierte ich mit dem Stellvertreter des Chefs des Stabes für operative Arbeit, Konteradmiral Theodor Hoffmann, mit dem Kapitän zur See Fritz Minow und dem Leiter der Operativen Gruppe auf unserem Gefechtsstand, Fregattenkapitän Jochen Kaiser. Ich habe gern mit den Offizieren der Marine zusammengearbeitet; besonders imponierten mir ihre Umgangsformen und ihr stark ausgeprägter Teamgeist. Das aber lag wohl an den Umständen: Wer auf einem Schiff lebte und arbeitete, mußte mit allen klarkommen, sonst ging man über Bord. Seefahrt war eine Schule der Toleranz!

Mit dem Küstenschutzschiff »Wilhelm Pieck« (S-41) verlegten die Schulungsteilnehmer des Kommandos der Volksmarine vom Stützpunkt der 4. Flottille (Warnemünde-Hohe Düne) zum Stützpunkt der PSKF auf der Halbinsel Hel, nördlich von Gdansk.

Für mich waren die Tage auf der Halbinsel Hel sehr informativ und lehrreich, Tage mit wahrhaft erlebter Waffenbrüderschaft. Später traf ich an der Moskauer Akademie einige Admirale, Generale und Offiziere wieder.

Der Hauptinhalt dieser Schulung bestand in der kollektiven Durcharbeitung der möglichen gemeinsamen Kampfhandlungen

Abschlußappell der Truppenübung »Udar-80« mit der 9. PD (NVA) und der 94. Garde-MSD (GSSD). Von rechts nach links: Oberst Apelt, Oberst Löffler, Oberst Gruschke, Generalmajor Sylla und sowjetische Offiziere, 1980.

der Vereinten Ostseeflotten (VOF) mit den in der Küstenrichtung einzusetzenden Landstreitkräften, d. h. Teilen der Streitkräfte Polens und der 5. Armee der NVA. In den Vorträgen der Befehlshaber bzw. Chefs der Flotten wurden das Pro und Kontra von Seelandungen, der Landungsabwehr und Deckung der Seeflanke der in der Küstenrichtung handelnden Landstreitkräfte dargestellt. Ein Vortrag von Admiral Michailin zu dieser Problematik stützte sich auf Forschungsergebnisse der Militärakademie des Generalstabes derUdSSR-Streitkräfte.

Die Schulung der Führungen der drei verbündeten Ostseeflotten wurde würdig und marinemäßig mit kameradschaftlichen Mittagessen beendet. Gastgeber am 24. Januar 1980 war der Befehlshaber der Polnischen Seekriegsflotte, Admiral Janscyszyn, am Tage darauf der Vertreter des Oberkommandos der Vereinten Streitkräfte, Admiral W. W. Michailin.

Bei für Infanteristen stürmischer See verließ unser Schiff den polnischen Marinestützpunkt und nahm Kurs auf Rostock-Warnemünde.

Gemeinsame Truppenübung »Udar-80«

Zum Abschluß des 1. Ausbildungshalbjahres, also im April, fand eine gemeinsame taktische Übung der 9. PD (Eggesin) und der 21. MSD der GSSD (Perleberg) unter der Tarnbezeichnung »Udar-80« statt. Taktische Übungen sind die höchste Form der Ausbildung. Fanden sie jedoch zum Abschluß eines Ausbildungshalbjahres statt, glichen sie einem Examen. Das galt für die Übenden, aber auch für die Erarbeiter der Übungsdokumentation und den Leitungsstab.

Den Operativen Abteilungen der 2. Garde-Panzerarmee (Fürstenberg/Havel) und des Kommandos des Militärbezirkes V oblag es, federführend die erforderliche Dokumentation für die Vorbereitung, Leitung, Durchführung und Auswertung der Übung in russischer Sprache zu erarbeiten. Auf diese Aufgabe habe ich mich gefreut, denn in Vorbereitung auf das Studium war es notwendig, alle Möglichkeiten zum Training der russischen Sprache zu nutzen. In der Regie der beiden Chefs der Stäbe, Generalmajor W. M. Schuraljow und Generalmajor Manfred Grätz, erfolgte die Erarbeitung der Idee der Übung.

Nachfolgend hatten mein Amtskollege, Gardeoberst Valeri Spitzyn, und ich die Aufgabe, die Idee der Übung in den vorgesetzten Stäben zur Prüfung vorzulegen, zu erläutern und nach Erhalt der Zustimmung mit der Erarbeitung der gesamten Übungsdokumentation zu beginnen.

Mit der Leitung der Übung war der Befehlshaber der 2. Garde-Panzerarmee beauftragt. Das zwang dazu, daß die Erarbeitung der Übungsdokumentation größtenteils in Fürstenberg erfolgte. Mit einem »Arbeitszyklogramm« steuerten wir den termin- und inhaltlichen Ablauf unserer Arbeit.

Etwas störend war, daß unsere sowjetischen Partner morgens recht spät zum Dienst erschienen und, da oft die Entscheidungsfreude fehlte, bis in die Nachtstunden hinein gearbeitet werden mußte. Da sie jedoch gute Gastgeber waren, sahen wir notgedrungen über den großzügigen Umgang mit der Zeit hinweg.

In der Auswahl des Bestandes und der Handlungen der Gegnerdarstellung mußte darauf geachtet werden, daß keine Truppenteile der GSSD als »Gegner« für die 9. PD der NVA festgelegt wurden und keine Soldaten der NVA als »Gegner« der 21. MSD der GSSD handelten.

Wenn wir mit gleicher Akribie auch die Bevölkerung über unsere Pläne informiert hätten, wäre uns vermutlich viel Unmut erspart geblieben, der uns aber oft, wenn wir Straßen mit unseren Marschkolonnen blockierten, Ver- und Entladebahnhöfe in Beschlag nahmen, offen entgegentrat. Wir handelten ohne jede Ankündigung und bekamen die Quittung auf diese Weise.

Die Übungsdokumentation wurde vom Chef der Landstreitkräfte der NVA, Generaloberst Horst Stechbarth, und vom Oberkommandierenden der GSSD, Armeegeneral E. F. Iwanowskij, bestätigt.

Für die gemeinsame Übung standen die Truppenübungsplätze Wittstock, Klietz und Letzlinger Heide sowie die Havel zwischen Havelberg und Rathenow und die Elbe ab Sandau bis Tangermünde zur Verfügung.

Mit einem großen Appell fand die Übung auf dem Truppenübungsplatz Letzlinger Heide einen würdigen Abschluß. Die 21. MSD/GSSD und die 9. PD hatten die Aufgaben erfüllt.

Die Offiziere und Unteroffiziere der Operativen Abteilung erfüllten ebenfalls in guter Qualität und lobenswerter Einsatzbereitschaft das umfangreiche Pensum. Stellvertretend sollen genannt sein Oberstleutnant Günter Preißler (Planungsgruppe), Oberstleutnant Manfred Nickel (Arbeitsgruppe Operativ), Major Hans Senechal (Richtungsgruppe) und Oberstleutnant Bodo Kothlow (Arbeitsgruppe Funkelektronischer Kampf) sowie Stabsfeldwebel Günter Rehfeld (Zeichner).

Kommandostabsübung »Wesna-80« in Polen

Wenige Tage nach Abschluß und Auswertung der Divisionsübung begannen wir mit der Vorbereitung auf die operativ-strategische Kommandostabsübung »Wesna-80«. Sie sollte planmäßig, d. h. auf der Grundlage des Fünfjahrplanes für Übungen des Stabes der Vereinten Streitkräfte in Moskau, Ende Mai in Polen stattfinden.

Dies festzuhalten ist wichtig, da zuweilen behauptet wird, bei dieser Übung habe es sich um eine politische Demonstration gehandelt.

In jener Zeit befand sich Polen in einer innenpolitischen Krise. Preiserhöhungen hatten zu Unruhen geführt, in den Betrieben wurde aus Protest die Arbeit niedergelegt. Zentrum der Auseinandersetzungen war die Lenin-Werft in Gdansk. Regimekritische Intellektuelle, die katholische Kirche (seit zwei Jahren war ein Pole Papst) und Bundesgenossen im Westen forcierten die Entwicklung, die schon bald zur Bildung einer »unabhängigen Gewerkschaft« namens Solidarnosc führen sollte.

Vor diesem Hintergrund fand unsere Übung statt. Sie stand unter der Leitung des polnischen Verteidigungsministers, Armeegeneral Wojciech Jaruzelski. Als Führungsstab der 2. Front handelte das Kommando der Landstreitkräfte Polens.

Die 2. Front bestand aus der 1. Armee, die Feldführung des Pommerschen Militärbezirkes (Bydgoszsz); der 2. Armee, die Feldführung des Warschauer Militärbezirkes, und der 11. Armee (aus der Nordgruppe der Sowjetarmee in Polen, Stab: Swidnica), sowie aus der 5. Armee (NVA), die Feldführung des Kommandos des Militärbezirkes V.

Desweiteren gehörten zu den Übungsteilnehmern operative Gruppen der Vereinten Ostsee-Flotten, der Luftstreitkräfte und Luftverteidigung des Landes sowie operative Gruppen der polnischen Luftlande- und Marine-Infanteriedivisionen.

Die Kommandostabsübung wurde in der Zeit vom 20. Mai bis 2. Juni 1980 im Gebiet Pojezierze Pomorski durchgeführt. Der Leitungsstab befand sich in einer Kaserne in der Nähe der Kommandantur des Truppenübungsplatz Drawsko Pomorski.

Zu den Schwerpunkten der Übung gehörten die Organisation der Verteidigung und Abwehr einer Aggression der »Seite Blau« im Zusammenwirken mit den Grenztruppen, See- und Luftstreitkräften/Luftverteidigung, die Organisation und Durchführung von Gegenangriffen und Gegenschlägen der Divisionen bzw. Armee der 2. Staffel.

Das Lehrziel bestand darin, das Zusammenwirken der Land-, Luft- und Seestreitkräfte in der Küstenrichtung zu trainieren.

Wir deutschen Übungsteilnehmer hatten keine Probleme damit, von Generalen und Offizieren der polnischen Streitkräfte Befehle und Weisungen zu erhalten. Auch im Krisenfall hätte es eine solche Konstellation gegeben. Mir fiel jedoch auf, daß einige Polen, obgleich doch die Kommandosprache Russisch war, diese nicht benutzten. Meine Vermutung wurde durch Nachfrage bestätigt: Der Umgang mit Polen 1939 durch die Sowjetunion hatte nachhaltig Spuren hinterlassen, auch der Name Katyn fiel. Dort, unweit von Smolensk, sollten auf Stalins Anweisung mehrere tausend polnische Offiziere hingerichtet worden sein. Die Sowjetunion bestritt das. 1990 sollte Gorbatschow eingestehen, daß am 5. März 1940 die Mitglieder des Politbüros der KPdSU Josef Stalin, Wjatscheslaw Molotow, Lasar Kaganowitsch, Michail Iwanowitsch Kalinin, Kliment Woroschilow und der Volkskommissar für Inneres, Lawrenti Berija, einen Befehl zur Exekution von »Nationalisten und konterrevolutionären Aktivisten« in den von der Sowjetarmee besetzten polnischen Gebieten unterzeichnet hatten. Betroffen wurden davon 25.700 polnische Bürger einschließlich Kriegsgefangene in sowjetischem Gewahrsam.

Diese und ähnliche Vorgänge belasteten das Verhältnis Polens zur Sowjetunion. Aber es wirkte ebenfalls der Einfluß des Westens auf die polnische Bevölkerung.

Im Nachgang begann ich die polnischen Offiziere besser zu verstehen.

In Vorbereitung und Durchführung dieser Übung in Polen erhielt die Operative Abteilung große Unterstützung vom Chef des Stabes, Generalmajor Manfred Grätz. Er zeichnete sich aus durch gute Manieren, Fleiß und ein sehr solides operatives Wissen; er war uns ein Vorbild, ein Vorgesetzter, den wir absolut respektierten. Zum Erfolg der Übungen trugen Heinz Mende, Siegfried Geißler, Johannes Bluhm und Georg Haus nicht minder bei.

Abschied von Neubrandenburg

Nach drei Jahren in Neubrandenburg hieß es also wieder Koffer packen. Mein Ziel, die Operative Abteilung zum unangefochtenen Koordinationszentrum und operativen Kern des Kommandos MB V bzw. der Feldführung der 5. Armee zu machen, sei mir, so der Chef des Militärbezirks, gelungen.

Gleichwohl war die Zeit nicht problemlos. Die Fülle der Aufgaben lieferten auch Anlaß zu Meinungsverschiedenheiten; es gab

Überlastungen und Überforderungen einzelner Mitarbeiter. Für »Operative« waren Plankorrekturen das größte Übel. So manche Anweisung zur Korrektur bzw. Ergänzung war unlogisch und überflüssig. In jenen Jahren entstand der »Planungs-Song«, dessen Refrain so ging:

Wir ändern morgen, wir ändern heut',
wir ändern wütend und erfreut.
Wir ändern, ohne zu verzagen,
an allen sieben Wochentagen.

Wenige Tage vor meiner Abreise nach Moskau wurde ich vom Chef des Stabes, Generalmajor Manfred Grätz, feierlich aus dem Kommando des Militärbezirkes verabschiedet. Neben »Operativen« aus den Divisionen war auch mein Partner in der 2. Garde-Panzerarmee, Oberst Spitzyn, gekommen. Er brachte eine Grußadresse von der Führung der Panzerarmee, unterschrieben von den Generalmajoren W. M. Schuraljow und G. Komlew.

Sie gehört zu den mir wichtigen Erinnerungsstücken aus meiner Soldatenzeit.

VII.
An der Generalstabsakademie in Moskau

Vor drei Jahren war ich letztmalig in Moskau gewesen. Die jetzige Dienstreise begann am 28. August 1980 und sollte erst 1982 im Sommer enden. Sie erfolgte auf der Grundlage des Befehls Nr. 76/80 des Ministers für Nationale Verteidigung. Ich sollte an der Militärakademie des Generalstabes der Streitkräfte der UdSSR »K. E. Woroschilow« studieren.

Schon am Vormittag des 29. August versammelte sich unsere Lehrgruppe vor dem Haupteingang der renommiertesten militärischen Bildungsstätte in der UdSSR und der Staaten des Warschauer Vertrages. Links von der Eingangstür des Hauptgebäudes, mit den Diensträumen der Führung der Akademie, beeindruckten in Marmor die Nachbildungen des Suworow-Ordens, verliehen 1941, und des Lenin-Ordens, verliehen 1968. Rechts neben der Pforte, ebenfalls in Marmor, las man, daß von 1936 bis 1938 der spätere Held und Marschall der Sowjetunion, Leonid Alexandrowitsch Goworow (1887–1955) an der Akademie des Generalstabes studiert habe. Goworow war ab 1942 Oberbefehlshaber der Leningrader Front und koordinierte ab Oktober 1944 die Handlungen der 2. und 3. Baltischen Front.

Der Gebäudekomplex der Akademie befand sich seit 1936 in einer Seitenstraße des Komsomolskij Prospektes, in der Pereulok Cholsunowa. Das Zentrum der Akademie bildeten die Diensträume der Akademieführung und das Auditorium maximum, die in einem ehemaligen Palast eines russischen Fürsten untergebracht waren. Mehrere An- und Erweiterungsbauten, darunter ein zehngeschossiges Lehrgebäude, waren später hinzugekommen.

Die im Jahre 1936 gegründete Akademie griff damals auf Lehrkräfte und Erfahrungen der zaristischen Generalstabsakademie und auf Generalstabsausbildungen an der Militärakademie »M. W. Frunse« (ab 1918) zurück. Inzwischen war sie eine militärische Lehreinrichtung mit einer operativ-strategischen Fachrichtung und einem militärtheoretischen Zentrum der Erforschung der Probleme der Militärwissenschaft.

An dieser Akademie wurden Generale, Admirale und Offiziere der sowjetischen Teilstreitkräfte sowie der Streitkräfte des Warschauer Vertrages und befreundeter Staaten ausgebildet, die bereits eine Militärakademie absolviert hatten und für die Arbeit in Befehlshaber- bzw. Kommandeurs-, militärpolitischen und Stabsdienststellungen der operativ-strategischen Führungsebene vorgesehen waren. Die Studienzeit betrug zwei Jahre.

Außerdem wurden an der Akademie militärische Führungskräfte, in der Regel Generale und Admirale, in sechs- bis achtwöchigen Lehrgängen weitergebildet. Diese Lehrgänge wurden als »Höhere Akademische Kurse« (HAK) bezeichnet, zu denen auch Generale und Admirale aus den Armeen des Warschauer Vertrages delegiert wurden.

Im Haus Nr. 2, in der 2. Etage, lagen die Unterrichtsräume für die neun ausländischen Lehrgruppen. Am zweijährigen Ausbildungskurs nahmen Offiziere aus Bulgarien, der CSSR, der DDR und Polen sowie aus Kuba, der Mongolei und Vietnam teil. Offiziere aus Angola und Afghanistan, darunter der damalige Verteidigungsminister, wurden in einem einjährigen Kurs nach einem speziellen Programm ausgebildet.

Von 1980 bis 1982 studierten etwa 65 ausländische Offiziere an der Akademie.

Unter diesen befanden sich einige herausragende Persönlich-

Die deutschen Hörer und ihre Lehrer vor dem Portal der Woroschilow-Akademie in Moskau, 1980.

Von links nach rechts (stehend): Berger, Zimmernmann, Wiegand, Bazily, Schwipper, Boh, Beyer; (sitzend) Jonischkies, Erdmann, Hienzsch, Generalleutnant Antonow, Löffler, Generalmajor Machorin, Schmidt.

keiten und kriegserprobte Offiziere. Dazu gehörten in der polnischen Lehrgruppe der Kosmonaut, Held der Sowjetunion und Polens, Oberst Miroslaw Hermaszewski, mit dem ich auch nach 1990 eine freundschaftliche Verbindung aufrecht erhielt und mit dem ich mich Anfang November 1998 zum »14. Tag der Raumfahrt« in Neubrandenburg traf. Weiterhin zählten dazu Oberst Tadeusz Wilecki, nach 1990 Waffengeneral (3 Sterne) und Chef des Generalstabes der Streitkräfte Polens sowie Oberstleutnant Janucz Ornatowski, nach 1990 Divisionsgeneral (2 Sterne) und Befehlshaber des Schlesischen Militärbezirkes.

Zu jenen, die über eine Kriegserfahrung verfügten, gehörten Offiziere aus Afghanistan, Angola, Kuba und Vietnam. Von den zehn kubanischen Militärstudenten kamen zwei Generale und vier Offiziere direkt aus dem Kriegsgebiet in Angola.

Sehr interessant, aber auch oft erschütternd und nachdenklich stimmten Erzählungen aus den Kriegsgebieten Vietnam und ausd dem südlichen Afrika. Im Unterrichten machten solche Offiziere oft deutlich, daß Theorie und Praxis zwei verschiedene Dinge seien. Das Beherrschen von Dienstvorschriften garantiere auf dem Gefechtsfeld nicht unbedingt den Erfolg. Dort galten andere Gesetze.

Die deutsche Lehrgruppe

Ein sowjetischer Major, der Sekretär des Fakultätschefs, führte uns in den Unterrichtsraum 314 und kündigte an, daß in Kürze unser Klassenlehrer, Lehrer für Taktik und Operative Kunst, Generalmajor Dr. Nikolai Grigorowitsch Usolzew, erscheinen und sich jeder Einzelne vorstellen solle. Natürlich in russisch.

Generalmajor Dr. Usolzew, truppen- und stabsdiensterfahren, gehörte zu jenen Lehrern, die uns gleich am Anfang des Studiums zu verstehen gaben, daß sie von der deutschen Lehrgruppe beste Studienergebnisse erwarteten. Es sei Tradition, daß die Deutschen stets zu den Besten der gesamten Akademie gehörten. Vielleicht verhielt es sich so. Mindestens hatte er auf diese Weise unseren kollektiven Ehrgeiz geweckt.

Generalmajor Usolzew erzählte uns einiges über seine ukrainische Heimat, über seine Familie und über seine Soldatenjahre. Dabei erfuhren wir, daß er im April 1945 an den Kämpfen um die Festung Küstrin und bei der Erstürmung der Seelower Höhen beteiligt war.

Nun waren wir an der Reihe.

Oberst Günter Bazily stellte sich als langjähriger Kommandeur eines Grenzregiments vor. Er war 1979/80 operativer Offizier im Grenzkommando Mitte in Berlin, Absolvent der Militärakademie »Friedrich Engels« in Dresden.

Der nächste war Oberst Rolf Berger, von 1977 bis 1980 Stellvertreter für Jagdflieger in der 1. Luftverteidigungsdivision (1. LVD) in Cottbus, Teilnehmer am Auswahlverfahren und Training für Kosmonauten im »Sternenstädtchen« bei Moskau (bekanntlich flog dann 1978 Sigmund Jähn), Absolvent der Militärakademie »Friedrich Engels«.

Ihm folgte Oberst Bernhard Beyer, von 1978 bis 1980 Stellvertreter für Rückwärtige Dienste an der Unteroffiziersschule I in Weißkeisel/Lausitz, Absolvent der Militärakademie für Rückwärtige Dienste und Transportwesen in Leningrad.

Oberstleutnant Gerhard Boh war von 1979 bis 1980 Stellvertreter für Ausbildung in der 3. Raketenbrigade in Tautenhain bei Gera, Absolvent der Militärakademie für Raketentruppen und Artillerie in Leningrad;

Oberst Franz Erdmann, von 1979 bis 1980 Stellvertreter für

Ausbildung in der 9. PD in Eggesin, hatte ebenfalls die Militärakademie »Friedrich Engels« in Dresden absolviert.

Oberst Eberhard Hienzsch kam wie ich von der Frunse-Akademie. Er hatte von 1978 bis 1980 die Unterabteilung Operativ im Kommando der Landstreitkräfte in Geltow bei Potsdam geleitet.

Ebenso Oberstleutnant Manfred Jonischkies, von 1978 bis 1980 Stellvertreter für Ausbildung in der 1. MSD in Potsdam.

Oberst Erwin Schmidt leitete von 1979 bis 1980 die Politabteilung in der 7. PD in Dresden, er war Absolvent der Militärakademie »Friedrich Engels«.

Oberstleutnant Dr. Bernd Schwipper, von 1979 bis 1980 Stellvertreter für Fla-Raketen in der 1. LVD, hatte bereits in Dresden akademische Weihen erhalten.

Oberst Klaus Wiegand, von 1979 bis 1980 Leiter der Operativen Abteilung im Kdo. MB III in Leipzig, war Absolvent der Militärakademie »M. W. Frunse«.

Der elfte im Bunde hieß Oberstleutnant Klaus Zimmermann, er war von 1978 bis 1980 Stellvertreter für Jagdflieger in der 3. LVD in Trollenhagen/Neubrandenburg und Absolvent der Militärakademie »Friedrich Engels«.

Ich machte das Dutzend voll. Eine klassische Runde. Es erwies sich bald als nachteilig, daß die Hälfte unserer Gruppe bisher keine Akademie in der Sowjetunion absolviert hatte. Ihre russischen Sprachkenntnisse reichten nicht aus. Franz Erdmann und Günter Bazily hatten große Mühe und erhielten Manfred Jonischkies und Gerhard Boh als Helfer zugeteilt. Ich assistierte Bernd Schwipper und Rolf Berger.

Das Studium beginnt

Montag, der 1. September 1980: Im großen Lektionssaal der Akademie des Generalstabes, dem Auditorium maximum, fanden sich zur Eröffnung des neuen Studienjahres die Führung der Akademie, die Fakultätschefs, Lehrstuhlleiter und Klassenlehrer sowie die Lehrgangsteilnehmer ein.

Der Chef der Militärakademie, Armeegeneral M. M. Koslow, übermittelte uns neuen die Grüße des Chefs des Generalstabes und wünschte uns den besten Erfolg bei der Eroberung der neuesten

Erkenntnisse der sowjetischen Militärwissenschaft, der Strategie und Operativen Kunst. In seinem Vortrag machte er uns mit der aktuellen militärpolitischen Lage bekannt. Er bewertete den Grad der Einsatzbereitschaft der Streitkräfte der NATO und nannte Schlußfolgerungen und Aufgaben, die zur weiteren Erhöhung der Kampfkraft der Streitkräfte der UdSSR und der Mitgliedsländer des Warschauer Vertrages notwendig wären. Dazu gehörte auch, so seine Forderung an uns, das Studium mit größter Intensität zu absolvieren.

Seinem Vortrag folgten Beiträge von Lehrstuhlleitern, die uns über die Schwerpunkte ihres Ausbildungsfaches informierten.

An diesem ersten Studientag gab es ein Wiedersehen mit einigen Generalen und Offizieren der Sowjetarmee und der polnischen Armee, mit denen ich im Jahre 1969 die Militärakademie »M. W. Frunse« absolviert oder die ich in den vergangenen Jahren bei gemeinsamen Manövern und Übungen kennengelernt hatte. Im Laufe der folgenden zwei Jahre sollte sich zu einigen ein sehr freundschaftliches und kameradschaftliches Verhältnis entwickeln.

Wie schon während meines Studiums in Moskau Ende der 60er Jahre bemühte ich mich um ein gutes Verhältnis zu den Studienkollegen aus der Sowjetarmee, den Armeen Polens und der CSSR.

Ich wollte am Ende zu den besten Militärstudenten gehören. Mit diesem Vorsatz trat ich an.

Vor mir hatten bislang 27 Offiziere der NVA das Studium an der Akademie des Generalstabes mit dem Prädikat »Sehr gut« und mit Goldmedaille absolviert. Dazu gehörten Fritz Streletz (1961), Horst Stechbarth (1961), Joachim Goldbach (1966), Horst Skerra (1966), Walter Krysmann (1968) und Hans Werner Deim (1973). Seit 1956 hatten insgesamt 216 Offiziere der NVA die Akademie absolviert.

Die Ausbildung an der Akademie erfolgte in operativ-strategischem Rahmen. Diesem waren die einzelnen Ausbildungsfächer zugeordnet. Das waren die Sowjetische Militärstrategie, die Operative Kunst, die Taktik der Landstreitkräfte, die Geschichte der Kriege und der Kriegskunst, die Streitkräfte der wichtigsten NATO-Staaten, die Gefechtseigenschaften der Kernwaffen und Grundsätze des Einsatzes von Kernwaffen, Funkelektronischer Kampf, Dialektischer und historischer Materialismus sowie aktuelle Probleme der Politik der KPdSU.

Im Verlaufe der zwei Studienjahre mußten zwei Staatsexamen, fünf schriftliche und siebzehn mündliche Prüfungen absolviert sowie eine Diplomarbeit erarbeitet und diese vor einer Prüfungskommission verteidigt werden.

Die Ausbildung im 1. Studienjahr konzentrierte sich im wesentlichen auf Zusammenhänge und Besonderheiten bei der Vorbereitung und Durchführung von Verteidigungs- und Angriffsoperationen im Armeemaßstab.

Der Schwerpunkt der Ausbildung im 2. Studienjahr lag im Bekanntmachen mit der Art und Weise der Vorbereitung und Durchführung von Operationen der Fronten (Heeresgruppen).

Besonders wichtig war für uns, im Hinblick auf unseren Einsatz nach dem Studium, daß wir mit den Grundsätzen der Strategie, Operativen Kunst und Taktik nicht nur der Landstreitkräfte, sondern auch mit denen aller Teilstreitkräfte, Waffengattungen, Spezialtruppen und Dienste vertraut gemacht wurden.

Bei meinem Studium an der Militärakademie »M. W. Frunse« von 1966 bis 1969 hatte ich erste Einblicke in die Grundlagen der sowjetischen Militärwissenschaft, der Kriegskunst und Militärdoktrin sowie der Strategie und operativen Kunst erhalten. Die Ausbildung an der Militärakademie des Generalstabes war in dieser Hinsicht weitaus tiefgründiger.

Die Gestaltung des Lehrprogramms ermöglichte, daß unsere theoretischen Kenntnisse systematisch erweitert und vertieft wurden. So wurden wir befähigt, die militärstrategischen Konzeptionen für die Streitkräfte der UdSSR, der USA, des Warschauer Vertrages und der NATO zu beurteilen und Schlußfolgerungen abzuleiten.

Mit großer Intensität verlief der Unterricht im Lehrfach Operative Kunst. In Lektionen hörten wir von den theoretischen Grundlagen zur Vorbereitung und Durchführung von Verteidigungs- und Angriffsoperationen einer Armee bzw. einer Front (Heeresgruppe). Diese Lektionen wurden ergänzt mit Vorträgen über den Bestand, die Strukturen, die Einsatz- und Gefechtsmöglichkeiten der Teilstreitkräfte, der Waffengattungen, Spezialtruppen und Dienste.

Mit respektabler Gründlichkeit vermittelten uns die Lehrer die einzelnen Methoden zur Entschlußfassung und zur Erarbeitung der Aufgabenstellungen an die unterstellten Verbände oder Truppenteile. Unsere Dozenten lehrten uns, daß von der Art und Weise der Führung der Truppen der Erfolg einer Operation bzw. eines Gefechts abhänge.

In Seminaren oder bei Übungen, sei es im Lehr-Gefechtsstand in der Akademie oder im Gelände, erlernten wir den gesamten Komplex der Arbeiten eines Befehlshabers oder Kommandeurs nach dem Erhalt einer Gefechtsaufgabe. Dabei hatten wir mit Akribie das »Klarmachen der Aufgabe« und die »Beurteilung der Lage« im Interesse eines allseitig begründbaren Entschlusses durchzuführen.

Es motivierte uns sehr, daß unsere Lehrer nicht grundsätzlich auf der Position des Lehrstuhls beharrten, sondern wie Voltaire erklärten: »Ich bin wahrhaftig nicht Ihrer Meinung. Aber ich werde dafür einstehen, daß Sie sie vertreten können.«

Daheim, auf den heimatlichen Übungsplätzen, wollte man von Voltaire und diesem Prinzip wenig wissen.

Olympische Spiele, lokale Kriege und Krisen

Bei unseren Fahrten durch die fast zehn Millionen Einwohner zählende Hauptstadt sahen wir Transparente und Fahnen an zentralen Plätzen, Sportstätten und Hauptstraßen. Sie waren von den XXII. Olympischen Spielen übriggeblieben, die es im August gegeben hatte.

Die Spiele waren von etwa 50 Staaten boykottiert worden. Als Begründung diente der sowjetische Einmarsch in Afghanistan. Dennoch waren etwas über 5.000 Sportlerinnen und Sportler aus 80 Staaten an die Moskwa gekommen. (Vier Jahre später boykottierten Moskau und zwangsweise auch seine Verbündeten im Gegenzug die Olympischen Spiele in Los Angeles, an denen etwa 7.000 Athleten aus 140 Staaten teilnahmen.)

Viel stärker jedoch wirkte der militärische Konflikt zwischen Irak und Iran auf unsere Ausbildung.

1979 wurde im Iran der Schah gestürzt, Ayatollah Khomenei kehrte aus dem Pariser Exil zurück (nachdem er 1978 aus dem Irak ausgewiesen worden war) und begann mit dem Aufbau eines islamischen Gottesstaates. Das innenpolitische Chaos versuchte Saddam Hussein zu nutzen. Am 22. September 1980 überschritt die irakische Armee die Grenze auf einer Breite von 600 Kilometern. Saddam Husseins Luftwaffe versuchte, die iranische Luftwaffe auf ihren Flugplätzen zu zerschlagen, wie es 1967 Israel in Syrien und Ägypten erfolgreich praktiziert hatte. Die irakische Armee überschritt die Staatsgrenzen, um die iranische Erdölprovinz Khuzestan zu erobern. Doch aus dem »Blitzkrieg«, den Saddam Hussein geplant hatte, entwickelte sich einer der längsten und blutigsten Stellungskriege der neueren Geschichte unter dem Namen Golfkrieg. Später wurde er der erste Golfkrieg genannt, als es 1991 zu einem zweiten kam, bei dem zunächst Saddam Kuweit besetzt hatte, was die USA zum Anlaß für einen Krieg gegen den Irak nahmen.

Auf beiden Seiten der irakisch-iranischen Front waren sowjetische Militärspezialisten tätig, einige irakische Offiziere hatten die sowjetischen Militärakademien durchlaufen.

Filmaufnahmen und Presseberichte lieferten den Beweis dafür, daß der größte Teil der technischen Ausrüstung der Streitkräfte des Irak – ob Kampfflugzeuge, Raketen oder Panzer – in sowjetischen Rüstungsbetrieben hergestellt worden waren. Der Verlauf des Krieges provozierte aber Fragen nach Inhalt und Qualität der Ausbildung an militärischen Lehreinrichtungen in der UdSSR. Waren die technischen Parameter der Waffensysteme aus sowjetischer Produktion vergleichbaren Systemen der gegnerischen Seite überlegen, oder waren sie schlechter? Wie waren die Kampfeigenschaften von Waffen, die zur Ausrüstung einiger Streitkräfte der NATO gehören? Etwa der britische Kampfpanzer »Chieftain FV 4201«, der auf irakischer und iranischer Seite zum Einsatz kam.

Die Auskünfte waren selten befriedigend. Die Dauer des Krieges war bezeichnend genug. Am Ende sollte er fast zehn Jahre dauern. Über eine Millionen Menschen verloren ihr Leben, die Schäden waren gewaltig. Keine Seite hatte am Ende etwas gewonnen.

Zum Krieg in Afghanistan

Im November 1980 hatte ich einen Sportunfall und kam in ein Krankenhaus der Sowjetarmee. Auf meinem täglichen Weg in die physiotherapeutische Abteilung mußte ich wegen der Außentemperatur von etwa minus 20° C einen Korridor der chirurgischen Klinik benutzen. Dort lagen, wohl wegen Platzmangels, schwerverwundete Soldaten. Zustand und Aussehen erschütterten mich sehr. Obgleich seit zweieinhalb Jahrzehnten Soldat, sah ich zum ersten Male in meinem Leben Menschen, denen Minen Gliedmaße abgerissen hatten und die durch Flammenwerfer verbrannt und Granaten verstümmelt worden waren. Ich sah junge Rekruten, denen ein Ohr oder die Zunge, eine Hand oder ein Fuß abgetrennt oder die Haut heruntergerissen worden waren: grausame Spuren barbarischer Folter durch sogenannte Freiheitskämpfer, Mujaheddin, die von den USA und Saudi-Arabien finanziert wurden, damit sie gegen die sowjetischen Invasoren in Afghanistan kämpften.

Ich sprach in der Klinik mit sowjetischen Offizieren. Sie sagten, daß sie vom Befehl zum Einmarsch in Afghanistan am 26./27. Dezember 1979 völlig überrascht wurden und kritisierten, daß den Truppenteilen aus den südlichen Militärbezirken nur wenig Zeit zur Verfügung gestanden habe, um sich auf den Einsatz vorzubereiten. Ihnen sei gesagt worden, daß sie – wie zwölf Jahre zuvor – einem Hilfruf folgten. Wie in der CSSR hofften sie nun auch, auf wenig oder keinen Widerstand zu stoßen. Man wollte das Land besetzen und durch Präsenz die seit 1978 herrschende kommunistische Regierung stützen, die mit Moskau einen Freundschafts- und Beistandsvertrag geschlossen hatte.

Das erwies sich als eine völlige Fehleinschätzung.

Gut bewaffnete und beratene Rebellen griffen immer wieder an. Sie nutzten die Kenntnis ihres unwirtlichen Landes, waren flink und beweglich, während die sowjetischen Einheiten vergleichsweise schwerfällig und ortsunkundig operierten.

Ich bemerkte, daß die Soldaten, mit denen ich sprach, sehr deprimiert waren und an der Führungsfähigkeit der höheren Vorgesetzten zweifelten. Ich teilte ihre Auffassung. Irgendetwas konnte nicht stimmen.

Ein Lehrer versuchte uns weiszumachen, daß eine gewisse Angst vor dem Übergreifen der »islamischen Revolution« vom Iran auf Afghanistan und von dort aus auf die südlichen Sowjetrepubliken ursächlich für den Einsatz der Sowjetarmee in Afghanistan gewesen sei. Denn im Süden der UdSSR lebten viele Moslems.

Uns blieb auch nicht verborgen, daß in der Folgezeit Lehrer oder Offiziershörer für einige Zeit nach Afghanistan abkommandiert wurden.

Doch offiziell wurde an der Militärakademie über den Krieg in Afghanistan kaum gesprochen. Das stimmte einige von uns sehr nachdenklich. Eine so große Militärmacht wurde mit ein paar Rebellen einfach nicht fertig.

Ein anderer Krisenherd existierte in der Nachbarschaft. In Polen gärte es. Unsere polnischen Studienkollegen reagierten recht unterschiedlich auf die Ankündigung, daß vom 17. März bis zum 7. April 1981 auf den Territorien der westlichen Sowjetunion, in der CSSR, in der DDR und Polen eine Kommandostabsübung des Warschauer Vertrages stattfinden werde. Der Oberkommandierende der Vereinten Streitkräfte, Marschall V. G. Kulikow, hatte im Januar 1981 den Generalsekretär der PVAP, Stanislaw Kania, von der Notwendigkeit einer solchen Übung überzeugt.

Im Februar 1981 trat jedoch der Ministerpräsident zurück, sein Nachfolger wurde General Wojciech Jaruzelski. Dennoch trat keine Ruhe ein. Eine Intervention wie zwölf Jahre zuvor fand nicht statt: Jaruzelski verhängte am 13. Dezember 1981 den Ausnahmezustand und löste »Solidarnosc«, die maßgeblich die innenpolitische Krise forciert hatte, auf.

Ein »Militärrat der nationalen Errettung« übernahm die Regierungsverantwortung.

Die Regierung der USA machte die Sowjetunion für die Verhängung des Kriegsrechts verantwortlich und kündigte Sanktionen an.

Die dramatische Lage in Polen belastete spürbar das Verhältnis einiger unserer polnischen Studienkollegen nicht nur zu Offizieren der Sowjetarmee, sondern auch zu uns. Sie kehrten in ihre Heimat zurück.

Mit sehr viel Zurückhaltung diskutierten wir in den Lehrfächern »Dialektischer und historischer Materialismus« und »Aktuelle Probleme der Politik der KPdSU« das Geschehen in Polen, einem nicht unwichtigen Mitglied des Warschauer Vertrages. Die Frage nach der inneren Stabilität unseres politischen und militärischen Bündnisses rückte in den Vordergrund. In anderen Fächern fielen Begriffe wie Polen oder Afghanistan nie.

Fast dankbar nahmen etliche Dozenten den Beginn des Falkland-Krieges im April 1982 zur Kenntnis und ins Lehrprogramm.

Ungefähr 5.000 argentinische Soldaten waren auf den seit 1833 britischen Inseln im Südatlantik gelandet und hatten sie fast kampflos besetzt. Die britische Garnison bestand nur aus 80 Marineinfanteristen. London schickte umgehend einen Flottenverband mit 36 Kriegsschiffen mit 5.000 Mann dorthin. Eine kombinierte Luft- und Seelandung eröffnete am 21. Mai 1982 die Kämpfe zur Rückeroberung der Falkland-Inseln, die am 22. Juni 1982 erfolgreich für die Briten beendet wurden.

Im Lehrfach »Seestreitkräfte« behandelten wir unter fachlicher Anleitung von Konteradmiral M. K. Cholodow den Ablauf der kombinierten Luft- und Seelandung, den Einsatz der Luftstreitkräfte, die Treffergenauigkeit und Wirkungsweise der Schiff-Schiff-Raketen und ähnliches.

Wir sollten daraus Schlußfolgerungen für eine mögliche Konfliktsituation im Ostseeraum ableiten.

Lebensbedingungen in Moskau

Für Generale und Offiziere, die an der Militärakademie des Generalstabes studierten, standen Wohnungen im Haus Nr. 25 auf dem Prospekt Wernadskogo und Zimmer in einem Wohnheim in der Setshenowskij-Gasse zur Verfügung. Im großen Haus Nr. 25, mit seinen fünf Eingängen, wohnten die Militärstudenten aus der Sowjetunion, Bulgarien, der CSSR, der DDR, aus Polen und Afghanistan in recht kleinen Wohnungen. Es war ein Mietshaus mit multinationalen Bewohnern und folglich mit multikulturellem Flair. Die Wohnungen, die von Ausländern genutzt wurden, waren möbliert.

Ich zahlte für ein Zimmer, die kleine Küche, Bad und Vorraum 3,67 Rubel (=12,03 Mark) Miete im Monat. Hinzu kamen Nebenkosten (Heizung, Wasser, Elektro, Gas) von insgesamt 5,95 Rubel (=19,51 Mark).

Diese Wohnung hatte ich auf Anraten und mit Unterstützung sowjetischer Freunde aus Fürstenberg/Havel und Wünsdorf genommen. Sie rieten mir dringend davon ab, ins Wohnheim zu ziehen. Sie hatten so recht. Die Bedingungen im Internat, einem fast 100jährigen Gebäude, waren primitiv. Mehrere Offiziere waren in einem Zimmer untergebracht. Je Etage gab es fünf bis sieben Zimmer mit einem gemeinsam genutzten Waschraum, einer Küche und einer kleinen Toilette.

Einige meiner deutschen Studienkollegen kritisierten meine individuelle Entscheidung und versuchten, diese rückgängig zu machen, indem sie die Kaderverwaltung des MfNV in Strausberg einschalteten. Doch mit Unterstützung des Leiters für Rückwärtige Dienste der Akademie, einem Generalmajor, und unseres Klassenlehrers konnte ich im Haus Nr. 25 bleiben.

Die Gründe für die Intervention einiger Kameraden waren gewiß vielschichtig. Ausgeprägt bei uns war ein gewisser Gruppenzwang. Nicht nur beim Militär mochte man es nicht, wenn einer aus der Reihe tanzte. Außerdem war die Selbstkontrolle wirksamer, wenn alle unter einem Dach lebten. Unser Gruppenältester und der Parteisekretär der Gruppe rapportierten einmal im Monat beim Gehilfen des Militärattachés unserer Botschaft. Wir liebten es, wenn alles überschaubar war und geordnet zuging.

Und nicht überrascht las ich nach 1990 in der Zeitung, daß natürlich auch unsere Abwehr sich um die etwa tausend Militärhörer, die an 14 sowjetischen Standorten studierten, kümmerte. »Wir gingen davon aus, daß die Militärs im Ausland weit eher angreifbar waren als unter der ›Käseglocke‹ zu Hause«, zitierte der Moskau-Korrespondent der *Berliner Zeitung* am 18. März 1993 einen Major Müller von der MfS-Verwaltung 2000 (Militärabwehr).

Mit der Heimat zu telefonieren war seit 1969 keineswegs leichter geworden. Zwei bis drei Tage vorher mußte das Telefongespräch beim Postamt angemeldet werden, Sajawka nannte man diesen Antrag. Man mußte auf dem Vordruck das Land, die Stadt, die Adresse des Anzurufenden und dessen Telefonnummer angeben. Dann vermerkte man Datum und Uhrzeit des Gesprächs sowie dessen geplante Dauer und unterschrieb.

Wählte ich meinen eigenen Anschluß in Neubrandenburg, gab ich die Zahlenfolge 637-0990-2153-2032677 ein. Die Verbindung war schlecht, und es knackte fortgesetzt in der Leitung, was den gewiß nicht unbegründeten Verdacht nährte, daß es einige Mithörer gab. Hier telefonierte schließlich einer mit »dem Westen«. Das Mißtrauen war so groß wie das Land.

Für unseren Lebensunterhalt erhielten wir monatlich 150 Rubel, das waren umgerechnet 490 Mark. Diese Summe wurden in der DDR von unserem Gehalt abgezogen, das weiter aufs Konto floß. Zuwendungen irgendwelcher Art gab es nicht.

Diese 150 Rubel entsprachen ungefähr dem durchschnittlichen Monatslohn eines sehr guten Arbeiters im Moskauer Automobilwerk. Alle Flugkosten für Ehefrau und Kinder von Berlin nach

Moskau und zurück, die Reisekosten vom Heimatort zum Flughafen Berlin-Schönefeld und zurück hatte man selbst zu tragen. Verglichen mit unseren Genossen, die in Dresden an der Militärakademie studierten, zahlten wir Auslandsstudenten zu. Das erklärt, weshalb nicht jeder das Angebot, im Ausland zu studieren, auch annahm. Mancher achtete auf jede Mark.

Zweimal im Jahr erhielten wir Heimaturlaub. Das waren vier Wochen im Monat August und zwei im Februar. Gern wären wir, auch auf eigene Kosten, zum Weihnachtsfest oder zu Ostern nach Hause gefahren, aber dafür gab es im Ausbildungsprogramm keine Lücke.

Wie schon auf der Frunse-Akademie gehörte eine Kommandostabsübung über die Weihnachtsfeiertage zum Standard. Sie fand aber auf dem Lehr-Gefechtsstand in den Kellerräumen der Akademie statt. So konnten wir an jedem Abend in die Wohnung zurückkehren.

Der Lebensstandard in der Sowjetunion hatte sich seit Ende der 60er Jahre erkennbar verschlechtert. Dafür gab es mehrere

Ausflug mit sowjetischen Studienkollegen und Freunden ins Moskauer Umland, Sommer 1981. Stehend links außen: Generalmajor M. A. Moissejew, er wurde Chef des Generalstabes der UdSSR. Hans-Georg Löffler, zweiter von links erste Reihe.

Gründe, der wesentliche Grund aber war wohl, daß die Führung ihren Aufgaben nicht mehr gewachsen war. Breshnew litt seit den 70er Jahren dahin, und auch die anderen im Politbüro waren nicht jünger oder gar gesünder. Als Breshnew starb, folgte ihm der schwerkranke ehemalige KGB-Chef Andropow im Amt, der aber nach einem Jahr auch starb. Ihm folgte bekanntlich der ebenfalls nicht sehr gesunde Tschernenko nach, der nach seinem Hinscheiden Anfang 1985 den Weg für den deutlich jüngeren und gesünderen Gorbatschow freimachte. Doch zu diesem Zeitpunkt hatte die Sowjetunion vermutlich bereits jenen Punkt überschritten, an dem sie sich hätte noch aus eigener Kraft am Schopfe packen und aus dem Sumpf ziehen können.

Das aber war zu Beginn der 80er Jahre, als ich in Moskau weilte, nicht absehbar. Ich sah nur: Vieles war schlechter geworden, seit ich die Stadt 1969 verlassen hatte. 1979, 1980 und 1981 hatte es Mißernten gegeben. Der Rüstungswettlauf verschlang Unsummen. Um uns Ausländern, ob Polen oder Deutschen, den Einkauf von Lebensmitteln zu erleichtern, konnten wir an jedem Dienstag unsere (limitierten) Wünsche in eine Bestelliste eintragen. In unserer Lehrgruppe hatte sich Oberstleutnant Manfred Jonischkies als Verbindungsmann zur Lebensmittelverkaufsstelle in der Akademie zur Verfügung gestellt. Jeweils freitags wurden lehrgruppenweise – die sowjetischen Gruppen ausgenommen – die Bestellungen für Butter, Fleisch, Wurst, Käse und Marmelade ausgeliefert.

Es war bitter zu sehen, daß ein so großes Land nicht in der Lage war, die eigene Bevölkerung und ihre Gäste ausreichend mit Lebensmitteln zu versorgen.

Und nicht für alles ließen sich der Klassenkampf, die Sicherung des Weltfriedens, das Wetter und die Kaffeepreise auf dem Weltmarkt haftbar machen.

Exkursionen und Übungen

Zur Vertiefung der theoretischen Kenntnisse standen Übungen, Lehrvorführungen, die Besichtigung von Militärtechnik sowie Exkursionen im Lehrprogramm.

In diesem Zusammenhang führte uns eine Eisenbahnreise vom 7. bis zum 12. September auf die Halbinsel Krim. Wir besichtig-

Ausbildung im Gelände bei Moskau, Februar 1981.

ten, wie schon in den 60er Jahren, Schiffe und U-Boote der Schwarzmeerflotte im Hafen von Sewastopol, nahmen an der Lehrvorführung eines Regiments der Marineinfanterie, der Durchführung einer Seelandung bei Sewastopol, teil und sahen Einrichtungen der Küstenverteidigung. Wir besuchten Erinnerungsstätten einiger Kriege, etwa das Panorama »Verteidigung Sewastopols 1854–1855«, das Diorama »Sturm der Höhen Sapun-gori durch Verbände der Roten Armee 1944«, waren am Ort der Krimkonferenz vom 4. bis 11. Februar 1945.

Alles in allem ein umfangreiches Programm.

Vorbereitung auf Prüfungen und Diplomarbeit

Am Jahresbeginn 1982 intensivierten die Lehrer die Ausbildung im Interesse der abschließenden Prüfungen. Die meisten waren Praktiker, sie hatten entweder als Chef des Stabes einer Armee, als Divisionskommandeur, als Leiter eines Erprobungszentrums für Raketen oder als Kommandant eines Kreuzers gearbeitet. Einige von ihnen verfügten über Kriegserfahrungen aus der Zeit vor 1945 oder aus Vietnam, dem Nahen Osten und dem südlichen Afrika. Mein Eindruck war, daß sie fortlaufend ihr Wissen erweiterten. Sie nahmen an Kommandostabsübungen in der Akademie und an Manövern und Übungen teil. Sie arbeiteten in Schiedsrichter- und

Auswertungsgruppen in den Leitungsstäben von Manövern und Übungen innerhalb und außerhalb der Sowjetunion.

Beispielsweise verstand es Oberst M. S. Jicharew, Lehrer für das Fach »Aufklärung«, ausgezeichnet, uns mit der Gliederung, dem Bestand, der Ausrüstung und mit den Einsatzgrundsätzen der

NATO-Land- und Luftstreitkräfte bekanntzumachen. Wir erfuhren von der wahrscheinlichen Gruppierung der NATO-Streitkräfte auf dem Westlichen Kriegsschauplatz und deren möglichen Aufgaben in der Verteidigung und im Angriff. Besonders gründlich waren die Erläuterungen zur »Strategie der flexiblen Reaktion«. Wir hörten von den Aufgaben der drei miteinander verbundenen Elemente der NATO-Triade – den konventionellen Streitkräften, den nuklearen Streitkräften kurzer Reichweite sowie den strategischen Nuklearstreitkräften der USA und Großbritanniens. Mit Jicharews Unterstützung analysierten wir die Philosophie der »Vorneverteidigung«, eines der militärstrategischen Prinzipien zur Verwirklichung der Militärdoktrin der NATO.

Oberst I. M. Danilow lehrte uns den Einsatz der Truppenteile des chemischen Dienstes (ABC-Abwehr) zum Schutz vor dem Einsatz von Massenvernichtungsmitteln durch den Gegner. An simulierten Fallbeispielen, u. a. im Bereich des westlichen Kriegsschauplatzes, lernten wir die Auswertung der Kernstrahlungs- bzw. der chemischen Lage. Wir wurden mit Informationen konfrontiert, die uns die Haare zu Berge stehen ließen, etwa die Pläne über den Einsatz von Kernminen an der Grenze der BRD zur DDR und zur CSSR durch NATO-Streitkräfte.

Im Lehrfach »Geschichte der Kriege und Geschichte der Kriegskunst« verstand es Oberst I. W. Timochowitsch sehr gut, uns von der Notwendigkeit und Wichtigkeit der Analyse von Kriegen zu überzeugen. Er befähigte uns, das Wesen und die Ziele der Militärdoktrinen und strategischen Konzeptionen der wichtigsten NATO-Staaten zu bewerten. Ferner machte er uns mit der Entwicklung der Kriegskunst in lokalen Kriegen nach 1945 bekannt.

Generalmajor N. A. Antonow, Lehrer für das Fach »Luftverteidigung«, ein absoluter Experte seines Faches, beendete jeden Unterricht, wohl als Zeichen seiner Sympathie für uns Deutsche, mit der Formel in unserer Muttersprache: »Schluß, aus, vorbei!«

Die letzte Etappe des Studiums begann im März 1982 mit der Auswahl der Themen für die Diplomarbeit. Ich hatte mich für die Ausarbeitung einer Kommandostabsübung entschieden. Ich vermutete, daß ich damit künftig häufiger zu tun haben würde.

Die Diplomarbeit wurde zwischen dem 5. April und 25. Mai erarbeitet. Der Lehrer für »Operative Kunst«, Generalmajor Dr. N. G. Usolzew, betreute mich als Mentor.

Für die Ausarbeitung der Übung erhielt ich folgende Vorgaben: Die Übung erfolgt im Armeerahmen und ist zweiseitig und zweistufig durchzuführen. Neben den Armee- und Divisionsstäben haben auf der Seite der »Westlichen« und auf der Seite der »Östlichen« Darstellungstruppen teilzunehmen. Die Kommandostabsübung hat im Gelände stattzufinden, und die Handlungen der Darstellungstruppen sind auf Truppenübungsplätzen durchzuführen.

Für die Übungen hatte ich folgende Themen ausgewählt:
1. Für die »Östlichen«: »Die Vorbereitung und Durchführung der Angriffsoperation einer Armee ohne Einsatz von Massenvernichtungswaffen«; 2. für die »Westlichen«: »Die Vorbereitung und Durchführung der Verteidigungsoperation einer Armee, Teilnahme am Gegenschlag der Front und Übergang zum Angriff ohne Einsatz von Massenvernichtungswaffen.«

Die Übung sollte in der Zeit vom 6. bis 12. September durchgeführt werden, als Übungsraum wurde der Süden der DDR angenommen. Daran sollten teilnehmen Führungen und Stäbe zweier Armeen (d. h. des Militärbezirkes III und V), von acht Mot.-Schützen- und zwei Panzerdivisionen sowie mehrere Stäbe von Verbänden und Truppenteilen, die zum Bestand der Armee gehörten. Als Leitungsstab sollte das Kommando der Landstreitkräfte in der Rolle eines Frontstabes handeln. Im theoretischen Teil der Diplomarbeit und somit der Übungsdokumentation hatte ich zu beweisen, daß Kommandostabsübungen, Stabsdienstausbildungen oder Kriegsspiele sehr wichtig für die Herstellung der Geschlossenheit der Stäbe aller Führungsebenen sind. Diese Ausbildungsmaßnahmen sollten zur Verbesserung der Professionalität und der Perfektion der Ausübung der funktionellen Pflichten eines Befehlshabers, Chefs Raketentruppen und Artillerie oder des Leiters Pionierwesen beitragen.

Weitere Schwerpunkte des theoretischen Teils waren die Darstellung der optimalen Arbeitsbedingungen und Arbeitsmethoden für den Befehlshaber und den Stab einer Armee, die Grundsätze für die Entschlußfassung und Planung der Angriffsoperation einer Armee, die Planung und Organisation der Bekämpfung des Gegners durch das Feuer beim Durchbruch seiner Verteidigung und bei der Einführung der Operativen Manövergruppe (OMG) in die Schlacht sowie ein Auszug aus dem »Plan des Zusammenwirkens«

beim Durchbruch der Verteidigung des Gegners, bei der Einführung der OMG in die Schlacht.

Thema und Schwerpunkte der Übung ließen erkennen, daß eine Vielzahl von Berechnungen notwendig war. Ich konsultierte dazu Generalleutnant der Flieger W. I. Andrianow, Generalmajor der Artillerie J. S. Paschomenko oder Generalmajor I. M. Siwak, Lehrer für Rückwärtige Dienste.

Die Arbeit bereitete mir zunächst einige Schwierigkeiten. Die Handlungen der beteiligten Stäbe, Darstellungs- und Sicherstellungstruppen mußten nach Zeit, Ort und Inhalt, gemäß den Lehrzielen und Lehrfragen sowie den Etappen und Schwerpunkten der Übung, chronologisch dargestellt werden. Dieser »Plan der Durchführung« sollte wie ein Rollenbuch aussehen – mit unmißverständlichen Darstellungen der Handlungen des Leitungsstabes, der Schiedsrichter- und Einlagegruppen sowie der Übenden. Doch je mehr ich in dieser Übung lebte und mich mit dem Ablauf identifizierte, desto leichter fiel mir das Formulieren.

Neben dem schriftlichen Teil, ca. 120 Blatt, fertigte ich noch vier topographische Karten an.

Seit 1995 befindet sich meine Diplomarbeit in der Bibliothek der Bundeswehr in Strausberg.

In unserem Jahrgang erreichten zwölf Absolventen einen Abschluß mit Auszeichnung und Goldmedaille: neun Russen, ein

Pole, ein Bulgare und ich als einziger Deutsche. Am 28. Juni 1982 überreichte mir der Marschall und Held der Sowjetunion, N. W. Ogarkow, Chef des Generalstabes der Streitkräfte der UdSSR, das Diplom, die Medaille und das goldumrandete Absolventenabzeichen. Nunmehr konnte ich mich Diplommilitärwissenschaftler nennen und war hinlänglich qualifiziert, eine höhere Dienststellung im Ministerium für Nationale Verteidigung, in den Kommandos der Teilstreitkräfte oder in einer Divisionsführung zu übernehmen.

Wie schon 1969 fand die feierliche Abschlußveranstaltung mit anschließendem Empfang im prächtigen Georgs-Saal im Großen Kreml-Palast statt. Verteidigungsminister Marschall D. F. Ustinow hielt eine Rede.

Am 30. Juni sagten wir »Auf Wiedersehen, Moskau« und flogen in die Heimat zurück. Zur gleichen Zeit hatte mein Sohn sein Abitur gemacht. Für uns beide sollte nun ein neuer Lebensabschnitt beginnen – für ihn in einem Hörsaal, für mich im Stab des Militärbezirkskommandos V.

Wieder im Kommando des Militärbezirkes V

Am 1. August 1982 begann mein Einsatz als Stellvertreter des Chefs des Stabes für Operative Arbeit im Kommando des Militärbezirkes V. An jenem Tag gab es ein freudiges Wiedersehen mit vielen Weggefährten, mit denen ich schon als junger Operativer (1969–1970) und als Leiter der Operativen Abteilung (1977 bis 1980) in Neubrandenburg zusammengearbeitet hatte.

Zwei Jahre zuvor, ebenfalls im August, hatte mich der Chef des Stabes, Generalmajor Manfred Grätz, zum Studium verabschiedet. Dieser bereitete sich gerade auf seinen Weggang vor: Er sollte Chef des Militärbezirkes III werden. Zur Übernahme seiner neuen Dienstgeschäfte befand sich der bisherige Kommandeur der 8. MSD, Oberst Ulrich Bethmann, im Kommando. Ulli kannte ich aus gemeinsamen Dienstjahren in der 1. MSD (er sollte am 7. Oktober 1982 zum Generalmajor ernannt werden).

In meiner neuen Dienststellung unterstanden mir die Operative Abteilung (Oberst Klaus Tracksdorf), die Abteilung Territoriale Arbeit (Oberst Günter Starke), die Unterabteilung Funkelektronischer Kampf (Oberstleutnant Bodo Kothlow) sowie die geschützten Führungsstellen der Feldführung (5. Armee) in Kreien bei Lübz und die der Führung des Territorialen Militärbezirkes in Alt Rehse bei Neubrandenburg.

Damit verbunden war, daß ich erstmals einen umfassenden Einblick erhielt in die Aufgaben der Wehrbezirks- und Wehrkreiskommandos sowie in die Führung des Territorialen Militärbezirkes im Verteidigungszustand, besonders bei der Mobilmachung der NVA. Mit diesem Aufgabenbereich waren wir in Moskau nicht konfrontiert worden.

Kaum in der neuen Dienststellung, hatte ich mich auf die Auswertung des Ausbildungsjahres 1981/82 und auf die Planung des neuen zu konzentrieren. Dadurch gewann ich sehr schnell einen Überblick über die Tätigkeit im Militärbezirk V.

Aus dem Befehl Nr. 100/82 des Ministers und der Anordnung Nr. 80/82 des Chefs der Landstreitkräfte für das neue Ausbildungsjahr wurde deutlich, daß die Anzahl der Kommandostabs- und Truppenübungen erhöht und mit einer sehr hohen Intensität absolviert werden sollten. Hintergrund war der NATO-Doppelbeschluß und die neue Stufe des Rüstungswettlaufs. Reagan, der US-Präsident, griff nach den Sternen, die internationalen Spannungen hatten seit Beginn der 80er Jahre spürbar zugenommen. Die Abrüstungsgespräche stagnierten, in Wien und Genf und wo immer verhandelt wurde, trat man auf der Stelle.

Vor diesem Hintergrund bekam das Kommando der Landstreitkräfte – auf Empfehlung des Stabes der Vereinten Streitkräfte (Moskau) – die Aufgabe, eine operativ-taktische Übung zum Thema »Der Einsatz und die Führung der Armee- und Frontfliegerkräfte in der Angriffsoperation einer Armee« vorzubereiten und durchzuführen. Zu den Gästen und Teilnehmern dieser Lehrvorführung gehörten Generale und Offiziere des Stabes der Vereinten Streitkräfte, Befehlshaber bzw. Chefs der Luftstreitkräfte und Luftverteidigung der UdSSR, der Front- und Armeefliegerkräfte sowie der Truppenluftabwehr (Flugabwehr) aus den westlichen Militärbezirken der Sowjetunion, von den Streitkräften Polens, der sowjetischen Nordgruppe in Polen, der Gruppe der sowjetischen Streitkräfte in Deutschland und von der NVA.

Der Chef der Landstreitkräfte, Generaloberst Horst Stechbarth, leitete die Übung.

Zu den Übungsteilnehmern und Darstellungstruppen gehörten der Chef des Militärbezirkes V als Befehlshaber der 15. Armee, die Feldführung des Kommandos MB V als Führung und Stab der 15. Armee, die Führung und der Stab der 9. PD, das PR-21, MSR-9 und FRR-9 als 19. PD, das Fla-Raketenregiment 5 als FRR-15, das Kampfhubschraubergeschwader 57 als KHG-15, Teile der Frontfliegerkräfte und des Transporthubschraubergeschwaders 34.

Die Lehrvorführung erfolgte im Raum Neuruppin, Brandenburg, Tangermünde und Stendal sowie unter Nutzung des Truppenübungsplatzes Klietz und des Wasserübungsplatzes an der Elbe nördlich von Tangermünde.

Neben meiner strukturmäßigen Funktion als Leiter des Wechselgefechtsstandes der 15. Armee hatte ich die Aufgabe, die Handlungen der Darstellungstruppen auf russisch zu kommentieren.

Ich erhalte eine neue Aufgabe

Im März 1983 meldete ich mich befehlsgemäß zum Kadergespräch bei Generalleutnant Gehmert. In Gegenwart des Chefs des Stabes, Generalmajor Ulrich Bethmann, teilte mir der Chef des Militärbezirks mit, daß er mich zum Einsatz als Kommandeur der 1. MSD (Potsdam) vorgeschlagen habe.

Am 22. März 1983 fand dieses Gespräch seine Fortsetzung beim Chef der Landstreitkräfte. Nach zehn Jahren betrat ich erstmals wieder das Dienstzimmer von Horst Stechbarth. Damals, im Jahre 1973, ging es um meinen Einsatz als Kommandeur eines Mot.-Schützenregimentes. Jetzt also um eine Division.

Am Tisch saßen auch Generalleutnant Gehmert und Oberst Weiske, Chef Kader Landstreitkräfte, der auch das Protokoll zu schreiben hatte.

General Stechbarth war, wie er berichtete, von 1957 bis 1959 Kommandeur der 1. MSD und kannte die Besonderheiten, die sich aus dem Standort ergaben. Die Division lag nicht nur in der Nähe der Staatsgrenze, sondern auch in Reichweite der Hauptstadt, des Verteidigungsministeriums und des Kommandos der Landstreitkräfte. Das hatte recht unterschiedliche Konsequenzen.

Weitere Hinweise bezogen sich auf die Zusammenarbeit mit den Offizieren im Divisionsstab, mit der 35. MSD der GSSD als

Partnerdivision, mit den Behörden im Bezirk Potsdam sowie in den Landkreisen.

Abschließend gab es den freundschaftlichen Hinweis, daß die Berufung zum Kommandeur natürlich davon abhänge, wie ich weiter auf meinem jetzigen Posten arbeite. Ich hörte so etwas nicht zum ersten Mal. Offenkundig hatte man schon die Erfahrung gemacht, daß einer, dem man den Aufstieg in Aussicht gestellt hatte, die Beine gehoben und nur noch auf die Versetzung gewartet hatte.

Intensivierung der Ausbildung der Stäbe

Seit Anfang der 80er Jahre wurde nach Möglichkeiten einer effektiveren und kostengünstigeren Ausbildung der Führungen der Militärbezirke und der Stäbe aller Führungsebenen gesucht. Dabei halfen uns die Waffenbrüder. Bei einer Inspektion der 3. Stoßarmee (Magdeburg) durch den sowjetischen Verteidigungsminister Ustinow wurde in der Kommandantur des Truppenübungsplatzes Letzlinger Heide ein Ausbildungszentrum für Stäbe durch den Befehlshaber der 3. Stoßarmee vorgestellt. Marschall Ustinow erteilte seine Zustimmung.

Generale und Offiziere aus dem Kommando der Landstreitkräfte und aus beiden Kommandos der Militärbezirke erhielten in der Folge eine Einladung aus Wünsdorf, um das Ausbildungszentrum zu besichtigen.

Daraufhin begannen wir für das Kommando des Militärbezirkes V eine Konzeption für ein »Operativ-taktisches Ausbildungszentrum« (OAZ) zu erarbeiten. Das OAZ sollte bis zum Herbst 1983 innerhalb der Dienststelle des Kommandos entstehen. Zur Realisierung dieser Aufgabe wurde eine Arbeitsgruppe gebildet, der Generalleutnant Gehmert als Leiter, Generalmajor Großer (Chef Raketentruppen und Artillerie), Oberst Apelt (Chef Truppenluftabwehr), Oberstleutnant Becker (Abt. Nachrichten/Fernmeldewesen), Oberstleutnant Enke (Operative Abteilung), Oberst Richter (Leiter der Abteilung Mechanisierung und Automatisierung der Truppenführung) und ich angehörten. Meine Aufgabe bestand darin, den gesamten Prozeß zu steuern und zu koordinieren.

Mit der Übernahme der 1. MSD im Herbst 1983 begann ich

sofort mit der Erarbeitung von Konzeptionen für das Einrichten von »Taktischen Ausbildungszentren« (TAZ) im Stabsgebäude der 1. MSD und in den Stabsgebäuden der Regimenter. Diese Ausbildungszentren wurden genutzt für das Training von Elementen der Gefechts- und Mobilmachungsbereitschaft, die Lösung taktischer Aufgaben, die Führung der Truppen beziehungsweise Einheiten in der ersten Übungsetappe, also bei Alarmierung, beim Beziehen der vorgesehenen Konzentrierungsräume und bei Märschen.

Auf diese Weise wurden die Berufssoldaten befähigt, ihre Aufgabe zur Überführung der Truppen vom Friedens- in den Verteidigungszustand und zur Erfüllung einer Gefechtsaufgabe in guter Qualität zu erfüllen. Das trug wesentlich zur Erhöhung der Gefechtsbereitschaft bei.

Die Aufgabe zur Schaffung von Voraussetzungen zu einer intensiveren und kostengünstigeren Aus- und Weiterbildung der Generale, Offiziere und Unteroffiziere im Militärbezirk V konnte durch eine sehr gute kollektive Leistung erfüllt werden. Die Mitglieder der vom Chef des Militärbezirkes V geleiteten Arbeitsgruppe wurden am 28. November 1984 für hervorragende wissenschaftliche Leistungen zum Nutzen der Landesverteidigung mit dem »Friedrich-Engels-Preis« ausgezeichnet.

VIII.
Kommandeur der
1. Mot.-Schützendivision

Am 1. November 1983 erhielt ich mit einem feierlichen Zeremoniell vom Chef des Militärbezirkes V die Truppenfahne der 1. Mot.-Schützendivision überreicht, Generalleutnant Manfred Gehmert übertrug mir die Befehls- und Kommandogewalt über mehr als zehntausend Soldaten.

Mein Vorgänger, Generalmajor Siegfried Zabelt, übernahm die Leitung der Militärischen Hauptabteilung im Ministerium für Hoch- und Fachschulwesen in Berlin und war fortan verantwortlich für die militärische Ausbildung der Studenten in der DDR.

Am Wachwechsel nahmen Abordnungen aus allen Truppenteilen der Division teil. Jede Delegation bestand aus dem Kommandeur, dem Fahnenkommando und einem Ehrenzug. Zu den Gästen gehörten Generale und Offiziere vom Kommando des Militärbezirkes V, aus der 8. MSD und 9. PD, aus der 35. MSD der GSSD und Vertreter von Behörden des Bezirkes Potsdam und einiger Landkreise sowie die Zivilbeschäftigten der Dienststelle Damsdorf, in der wir zusammengekommen waren.

Ich war nunmehr der zehnte Kommandeur in der Geschichte der 1. MSD.

Mein neuer Dienstort befand sich in Potsdam-Eiche. Die Kaserne war von 1935 bis 1937 für Stabs- und Nachrichteneinheiten der Luftwaffe erbaut worden. Seit 1956 saß hier die Führung und der Stab der 1. MSD, das Nachrichtenbataillon 1 und weitere Stabseinheiten. Nach dem 3. Oktober 1990 wurde sie von der Bundeswehr übernommen, bekam den Namen »Havelland« und war zunächst Quartier des Stabes der Panzerbrigade 42 »Brandenburg«.

Potsdam wurde 1713 preußische Garnison. Von 1871 bis 1918 waren hier Soldaten der deutschen Kaiser Wilhelm I. und Wilhelm II. Nach dem Ersten Weltkrieg gehörte Potsdam zu den größten Garnisonen der gemäß Versailler Vertrag reduzierten Reichswehr, aus der im Dritten Reich die Wehrmacht wurde. Die Garnisonskirche, 1735 errichtet, berühmt wegen ihres Glockenspiels, lieferte am 21. März 1933 die Kulisse für ein von den Nationalsozialisten inszeniertes Propagandastück: »Der Weltkriegsgefreite« Hitler beugte sein Haupt vor dem greisen Reichspräsidenten von Hindenburg, dem einstigen Generalfeldmarschall, und nannte das »die Versöhnung des alten mit dem jungen Deutschland«. Symbolisch wurde an jenem »Tag von Postdam« die unheilvolle Allianz zwischen dem reaktionären preußisch-deutschen Militarismus und dem Nationalsozialismus geschlossen, der »Geist von Potsdam« erhielt eine Ausdeutung, die zum Tiefpunkt deutscher Geschichte führen sollte.

Ich lernte Potsdam als eine deutsch-sowjetische Garnison kennen. Der unselige Geist von Potsdam war verschwunden wie die im Weltkrieg von angloamerikanischen Bomben zerstörte und von der DDR abgeräumte Garnisonskirche. Neben dem Kommando

1. November 1983: Übernahme der Truppenfahne der 1. Mot.-Schützendivision aus den Händen des Chefs des Militärbezirks V. Von links nach rechts: Generalmajor Zabelt, der scheidende Kommandeurs des 1. MSD, Generalleutnant Gehmert und der neue Kommandeur des 1. MSD.

der Landstreitkräfte, dem Stab der 1. MSD, dem Militärgeschichtlichen Institut der DDR und weiteren Dienststellen der Nationalen Volksarmee gehörten fast 13.000 Mann der Sowjetarmee zur Potsdamer Garnison.

Auch für einen Divisionskommandeur war es schwierig, in Potsdam eine Wohnung zu bekommen. Bereits Anfang 1983 hatte ich ein Wohnungsgesuch an die Standortwohnungskommission gerichtet. Nach mehreren Nachfragen erhielt ich Anfang des Sommers eine Zuweisung für eine Wohnung in der Teltower Vorstadt. Irgendwie erfuhr der Chef der Landstreitkräfte davon und meinte, die Entfernung zwischen Wohnung und Stab sei zu groß. Bei Alarm wäre das problematisch.

Daraufhin wurde mir ein Quartier in der Wohnsiedlung der NVA im Stadtteil Potsdam-West zugewiesen. Ich tauschte mit Oberstleutnant Knackstädt, der zum Kommando des Militärbezirkes V nach Neubrandenburg versetzt worden war. Ich übernahm seine Wohnung in Potsdam, er die meine. Auf halber Strecke, auf der Straße bei Gransee, trafen sich die Möbelwagen und wir tauschten die Schlüssel.

Die 1. Mot.-Schützendivision

Die Division war am 30. April 1956 im Potsdamer Stadion »Luftschiffhafen« als erste Division der Landstreitkräfte der NVA gegründet worden. Die Truppenfahne übergab Verteidigungsminis-ter Generaloberst Willi Stoph. In der Verleihungsurkunde hieß es: »Auf Beschluß des Präsidiums des Ministerrats der DDR wird der 1. Mechanisierten Division der NVA zum 30. April 1956 die Truppenfahne verliehen. Die Truppenfahne ist das Symbol militärischer Ehre, Tapferkeit und des Ruhms. Sie mahnt jeden Kämpfer und Kommandeur an seine heilige Pflicht, der DDR ergeben zu dienen, sie mutig und opferbereit zu schützen.«

Die in diesem kurzen Text genannten Forderungen entsprachen in all meinen Dienstjahren – von August 1955 bis zum 2. Oktober 1990 – meiner Dienstauffassung und Überzeugung.

Zum Bestand der 1. MSD gehörten sechs Regimenter, zehn selbständige Abteilungen bzw. Bataillone, sechs selbständige Kompanien bzw. Einheiten sowie der Truppenübungsplatz Lehnin/Brück und der Wasserübungsplatz bei Briest/Havel.

Die 1. MSD hatte 1983/84 einen Sollbestand »Krieg« von 15.000 Mann und einen Sollbestand »Frieden« von 10.520 Mann. Das war auch die tatsächliche Dienststärke.

Im Zusammenhang mit der Operativen Aufgabe der 1. MSD mußten einige Truppenteile aus entfernten Standorten in neu erbaute Kasernen in der Nähe Potsdams bzw. Berlins disloziert werden. Hierzu gehörte die Verlegung des Panzerregiments 1 in den Jahren 1983 und 1984 von Burg bei Magdeburg nach Beelitz, der Panzerjägerabteilung 1 und Geschoßwerferabteilung 1 von Klietz (südlich Havelberg) nach Beelitz sowie des Bataillons Chemische Abwehr 1 und der Flammenwerferkompanie 1 nach Lehnitz Ende 1985.

Die Planung, Sicherstellung und Durchführung der Verlegung von Truppenteilen in neue Standorte und die Übergabe der bisher genutzten Kasernen an das Ausbildungszentrum 19 (Burg) erforderten große Anstrengungen. Verantwortlich zeichneten dafür die Kommandeure der betreffenden Truppenteile und in der Gesamtheit der Divisionskommandeur.

Der Neubau von Kasernen und die Durchführung von Erweiterungsbauten waren wegen der Änderung von Strukturen und der Ausrüstung einiger Truppenteile der 1. MSD notwendig

Erstes Gespräch mit der Besatzung der Funkstation R-145 des Divisionskommandeurs.

geworden. Es gehörte in diesen Fällen zu den erweiterten Pflichten eines Kommandeurs, daß er das Baugeschehen kontrollierend begleitete. Selbstverständlich war es mir als Divisionskommandeur, trotz guter fachlicher Unterstützung durch meinen Stellvertreter für Rückwärtige Dienste, Oberst Bernhard Beyer, und den Stellvertreter für Technik und Bewaffnung, Oberstleutnant Dieter Dreißig, nicht möglich, alle Aufgaben im Verlaufe des Baugeschehens zu erfüllen. Hierzu bedurfte es weiterer fachlicher Unterstützung.

Diese erhielt ich, sehr kameradschaftlich, vom Leiter der Unterkunftsabteilung für den Bezirk Potsdam, Oberst Günter Hauke, und vom Leiter der Abteilung Militärbauwesen und Unterbringung im Kommando der Landstreitkräfte, Oberst Karl-Heinz Fischinger. Karl-Heinz Fischinger und ich fanden nach unserer Entlassung aus den Streitkräften einen beruflichen Neuanfang in Unternehmen, die für die Planung bzw. technische Ausrüstung von Verkehrsanlagen zuständig waren. Auch in diesen neuen Rollen unterstützten wir uns gegenseitig.

Der Kommandeur des Panzerregiments 1, Oberstleutnant Rolf Zander, bemühte sich als neuer Standort- und Kasernenältester von Beelitz sehr um die termin- und qualitätsgerechte Fertigstellung der neuen »Friedrich-Wolf-Kaserne«.

1991 wurde sie in »Hans-Joachim-von-Zieten-Kaserne« umbenannt. Neuer Nutzer war das Panzeraufklärungsbataillon 14. Im Herbst 1997 folgten das Instandsetzungsbataillon 410 und die Standortverwaltung.

Besonderheiten

Bei meinen Antrittsbesuchen in den einzelnen Truppenteilen wurden mir rasch die Unterschiede zur 8. MSD (Schwerin) und der 9. PD (Eggesin) bewußt. General Stechbarth hatte sie mir ja bereits angedeutet. Die Nähe zur Hauptstadt und zur Bezirksstadt Potsdam hatte nicht nur Vorzüge. Sehr häufig und oft unangekündigt mußten Arbeitskommandos zur Unterstützung politischer Großveranstaltungen gestellt werden. Ausbildungsstunden fielen weg.

Auch die geringe Entfernung zum Verteidigungsministerium in Strausberg und zum Kommando der Landstreitkräfte hatte zur

Besprechung mit Offizieren des MSR-2 in Stahnsdorf. Rechts Generalleutnant Paul Kneiphoff, Chef der Truppenluftabwehr. Neben ihm Oberstleutnant Siegfried Meusel, Leiter der Politabteilung der 1. MSD; 16. November 1983.

Folge, daß zusätzliche Aufgaben direkt – also unter Umgehung des Dienstwegs über das Kommando des Militärbezirkes V in Neubrandenburg – an uns herangetragen wurden.

Dazu gehörten sehr häufig Vorführungen, wenn ausländische Militärdelegationen in Strausberg weilten. Auch das führte zum Ausfall von regulären Ausbildungsstunden, war eine Störung des allgemeinen Dienstablaufes. Am Ende des Ausbildungsjahres gab es keine besondere Wertung für die Zusatzaufgaben, da zählte nur das tatsächlich gebrachte Ergebnis.

Bei Gesprächen mit den Regimentskommandeuren, Stabschefs und Politstellvertretern in Oranienburg (MSR-1), Lehnitz (AR-1) und Stahnsdorf (MSR-2) mußte ich feststellen, daß die Führungen dieser Truppenteile sehr besorgt waren über das Sinken der Wehrmoral. Die Einsatz- und Leistungsbereitschaft bei Soldaten, Unteroffizieren und einigen Berufssoldaten hatte sichtbar nachgelassen. Als Gründe für diese Entwicklung nannten sie die allgemeine Verschlechterung der Versorgungslage in der DDR und den Einfluß westlicher Propaganda auf die Denk- und Verhaltensweisen. Obgleich der Empfang westlicher Fernseh- und Radiosendungen verboten war, sah man fern und hörte Rundfunksender »von drüben«. Im Ausgang gab es Kontakte mit Tagestouristen aus Westberlin, der Transitverkehr von und nach Westberlin durch den Stationierungsraum der 1. MSD blieb nicht folgenlos. Insgesamt entfaltete die Nähe zu Westberlin auf unterschiedliche Weise Wirkung.

Nun war es vergleichsweise leicht, die Ursachen außerhalb der Kaserne zu suchen. Die eigentliche Frage aber mußte doch lauten: Wir sind nicht ausreichend überzeugend. Warum?

Warum gingen junge Soldaten nicht nur geistig, sondern auch physisch »von der Fahne«? Es gab inzwischen Desertionen.

Jede versuchte und jede vollzogene Fahnenflucht eines Soldaten aus der 1. MSD zog einen Rattenschwanz an Maßnahmen nach sich. Man suchte im Truppenteil nach »Schuldigen«. Es hagelte Kritik von oben, rief nach Ergebnissen und Konsequenzen, und die Genossen »vor Ort« stießen auf eine Mauer des Schweigens und der Ablehnung.

Die NVA war Teil der DDR. Was vor den Kasernentoren geschah, vollzog sich auch dahinter. Es waren die selben Menschen. Sie stellten die gleichen Fragen und vernahmen die gleichen unbefriedigenden Antworten. Die in der Propaganda beschworene »Einheit von Volk und Partei« erodierte. Daran arbeiteten wir selbst wie auch die Gegenseite. Und wie es schien: erfolgreich.

Ich verstand es so wenig wie die anderen auch: Warum wurden uns Rekruten angeboten, die vor ihrer Einberufung einen Ausreiseantrag gestellt hatten, also mit dem Staat, den sie verteidigen sollten, nichts mehr am Hute hatten? Wieso bildeten wir Vorbestrafte an der Waffe aus: Machten wir damit nicht den Bock zum Gärtner?

Zwei Tage vor Heiligabend 1983 flüchteten zwei Soldaten aus Stahnsdorf (MSR-2) über die Grenzübergangsstelle Drewitz/Dreilinden nach Westberlin. Für Oberstleutnant Rohleder, Kommandeur des MSR-2, und andere – einschließlich Divisionskommandeur – fiel das Weihnachtsfest aus. Wir hatten den Auftrag, »das schwere besondere Vorkommnis zu untersuchen, Ursachen zu ermitteln und weitere Fahnenfluchten durch geeignete Maßnahmen zu verhindern«.

*Zusammenarbeit mit den
Kommandeuren und Führungen der Truppenteile*

Die Vorgesetzten aller Stufen, beginnend beim Gruppenführer und endend beim Disivionskommandeur, hatten neben den militärischen Aufgaben auch sehr viele andere zu erfüllen. Das führte zu sehr hohen Belastungen und zu Fehlern in der Führungstätigkeit. Mancher begann zu resignieren.

Allerdings hatten Bequemlichkeit und Phlegma inzwischen ziemlich viel Platz ergriffen. Der Versuch, Neues einzuführen, mit tradierten Gewohnheiten zu brechen, stößt in jedem System auf wenig Gegenliebe. Hier war es nicht anders. Ich war der »neue Besen«, denen man gemeinhin nachsagt, sie kehrten besonders gut. Also beobachtete ich reservierte Zurückhaltung. Dann ideologisch begründete Ablehnung, die auf dem Parteiweg lanciert wurde. Ich erfuhr, wie recht Albert Einstein, der in Caputh einst seinen Sommersitz nahm, mit der Bemerkung hatte: »Ein Vorurteil ist schwerer zu spalten als ein Atom.«

Oder galt man als Divisionskommandeur inzwischen soweit dem irdischen Dasein entrückt und wurde denen »da oben« zugeschlagen, gegen die sich aller Unmut richtete, statt sich an der eigenen Nase zu greifen? Schuld waren stets andere. In der DDR (vor allem in ihrem Untergang) »die Bonzen«, »die Partei«, »die Kommunisten«. Heute: »Die da oben«, »die Politiker«.

Ich hielt unbeirrt an meiner Absicht fest, ein ergebnisorientiertes Arbeitsklima zu schaffen, Lösungswege gemeinsam zu suchen und gute Ausbildungsergebnisse zu erreichen.

Die Führung der 1. MSD bestand aus Oberst Henry Thunemann (Stabschef), Oberstleutnant Hartmut Selau (bis Herbst 1985, danach kam Oberstleutnant Armin Kunze, der von 1990 bis 2002 bei der Bundeswehr dienen sollte), Oberst Bernhard Beyer (Stellvertreter für Rückwärtige Dienste), Oberstleutnant Dieter Dreißig (Stellvertreter für Technik und Bewaffnung), Oberstleutnant Siegfried Meusel (Leiter der Politabteilung), und mir als Kommandeur. Gemeinsam versuchten wir, getreu dem Fahneneid unsere Aufgaben zu erfüllen.

Aber das war schwer. Zum Beispiel: Die Besetzung der sehr arbeitsintensiven Dienststellung des Kommandeurs eines Mot.-Schützenbataillons wurde weder im Kommando der Landstreitkräfte noch beim Militärbezirk langfristig geplant und damit abgesichert. Der Bataillonskommandeur war verantwortlich für ca. 400 Soldaten, für sehr teure und komplizierte Militärtechnik und die Ausbildung. Auf diese Aufgabe mußte man langfristig vorbereitet werden. Das unterblieb, man besetzte scheinbar auf Zuruf.

Ich betrachtete diese Praxis als eine Unterschätzung der Rolle und Aufgaben des Kommandeurs eines Mot.-Schützenbataillons. Ich schlug darum vor, für die Vorbereitung künftiger Kommandeure eines Mot.-Schützenbataillons ein Minimalprogramm mit geeigneten Kandidaten durchzuführen. Die Vorbereitung auf die neue Dienststellung sollte ein spezieller Führungslehrgang (bis zu 6 Monaten), ein Praktikum in einem Regimentsstab (ein bis zwei Monate) und ein doublierender Einsatz bei einem sehr guten Bataillonskommandeur umfassen. Es blieb beim Vorschlag.

Ein anderer – nämlich befähigte Offiziere in höheren Stäben bzw. Kommandos für einen Einsatz als Kommandeur eines Mot.-Schützenbataillons (MSB) zu verpflichten – blieb auch ohne Echo. Also hielten wir zwangsläufig an der Praxis fest, gute Kompanie- oder Stabschefs des MSB zu Bataillonskommandeuren zu machen. Sie zeigten Einsatzbereitschaft und Leistungswillen, um als Kommandeur zu bestehen. Vielen gelang es.

Im Ausbildungsjahr 1983/84 gehörte dazu die Vorbereitung auf den 35. Jahrestag der DDR. Der wurde zwar erst im Herbst begangen, doch er warf seine propagandistischen Schatten weit voraus.

Die operative Aufgabe der 1. MSD

Westberlin war nicht nur Gegenstand der Operativen Planungen der Militärs in Moskau oder Strausberg, sondern auch der in den NATO-Stäben und auf der Hardthöhe in Bonn. Das belegen etwa Texte von Sean M. Maloney in der Zeitschrift *Militärgeschichte* 1/1997 (»Notfallplanung für Berlin – Vorläufer der Flexible Response 1958–1963«) und Oberst i. G. Friedrich K. Jeschonnek in *Barett* 4/1996, 3/1997 und 1/1998 (»Militärische Krisen- und Kriegsplanungen für Berlin – Vorbereitungen zu einem Krieg, der nie stattfand). Oder in »Alliierte in Berlin 1945–1994 – ein Handbuch zur Geschichte der militärischen Präsenz der Westmächte«, erschienen 2002.

Nicht ohne Einfluß auf den Inhalt der Operativen Planung und deren laufende Aktualisierung waren für uns Papiere der NATO wie der Beschluß von Montebello vom Oktober 1983 über die Modernisierung der taktischen und operativ-taktischen Kernwaffen der NATO, das Luft-Land-Kriegsführungssystem der NATO, welches auf den Grundsätzen der *Air Land Battle Doctrine* der US-Streitkräfte entwickelt wurde, und das im Dezember 1985 veröffentlichte Konzept für die Bekämpfung von Folgestaffeln des Warschauer Vertrages, auch als FOFA-Konzept bekannt.

Das führte auf unserer Seite zur Bildung einer »Besonderen Gruppierung« unter der Führung des Chefs des Stabes des Kommandos der Landstreitkräfte. Ähnlich hätte vermutlich die Bundeswehr gehandelt, wenn die westlichen Siegermächte von 1945 der Sowjetunion eine Stadt in ihrer Zone zugestanden hätten.

Im Frühjahr 1984 meldete ich mich mit dem Leiter der Unterabteilung Operativ im Stab der 1. MSD, Oberstleutnant Uwe Sprunk, zur Einweisung in eine »besondere Aufgabe« im Hauptstab der NVA. Generalmajor Günter Jahr, im Hauptstab zuständig für die Erarbeitung der Operativen Planungen, belehrte uns über die Wahrung von militärischen Geheimnissen, was in einem besonderen Protokollbuch schriftlich quittiert wurde.

Bald erfuhren wir den Zweck der Einbestellung. Es ging um die Erarbeitung der Operativen Planung »Stoß« und die Formierung der dafür benötigten Kräfte und Mittel, eben als »Besondere Gruppierung« bezeichnet.

Nach einer allgemeinen Einweisung in den Kellerräumen des Hauptstabes begaben wir uns in ein kleineres Gebäude, das sogenannte Kleine Weiße Haus, und erhielten an einem etwa 12 mal 12 Meter großen Modell mit dem Westteil Berlins eine spezielle Einweisung. Ausgerüstet mit einem Stadtplan von Berlin und einem Handbuch mit den »Angaben über die bewaffneten Kräfte in Westberlin« fuhren wir in unsere Standorte zurück.

Vor der Abfahrt waren wir noch einmal von Generalmajor Günter Jahr auf die Einhaltung der Regeln des Geheimnisschutzes hingewiesen worden.

Dieser Einweisung folgten Erkundungsfahrten (Rekognoszierung) entlang der Grenze zu Westberlin. Kommandeure der einzelnen Grenzregimenter machten uns mit den Besonderheiten diesseits und jenseits der Grenze bekannt. Das Verhalten und die

Ausrüstung der uns begleitenden Sicherungsgruppe der Grenztruppen ließen vermuten, daß sie zu uns nur begrenztes Vertrauen besaßen.

Bis zum Herbst 1984 erarbeiteten wir im Kleinen Weißen Haus in Strausberg, gut abgesichert, die Operative Planung für die »Besondere Gruppierung«.

Bei der Planung und Bestimmung der Gefechtsaufgaben für

»Haus Spandau« in Wünsdorf. Dort hatten die Waffenbrüder der NVA ihre Zimmer, in denen sie gut geschützt arbeiten durften.

die Truppenteile und Einheiten sowie bei der Erarbeitung der Schlußfolgerungen aus der Beurteilung des Gegners und des Kräfteverhältnisses gingen wir stets davon aus, daß die NATO-Streitkräfte mit einer Aggression gegen die Staaten des Warschauer Vertrages beginnen würden. In diesem Zusammenhang würde Westberlin die Funktion eines Brückenkopfes erfüllen. Dort waren schon im Normalfall 12.400 Soldaten, davon 6.200 in Kampfeinheiten, stationiert. Hinzu kamen noch bis zu 16.000 Polizisten und eine gewisse Anzahl von Reservisten der Bundeswehr, die in Westberlin beruflich tätig waren. Insgesamt also eine durchaus ernstzunehmende militärische Gruppierung inmitten des Territoriums der DDR.

Die 1. MSD gehörte in Friedenszeiten zum Bestand des Militärbezirkes V. Jedoch mit Auslösung der Alarmstufe »Gefechtsbereitschaft bei Kriegsgefahr« oder auf besondere Weisung endete dieses Unterstellungsverhältnis, und die 1. MSD gehörte zum Bestand der »Besonderen Gruppierung«.

Die Dokumentation der Operativen Planung wurde im Herbst 1984 vom Befehlshaber und vom Chef des Stabes der »Besonderen Gruppierung« unterschrieben und vom Vorsitzenden des Nationalen Verteidigungsrates, Erich Honecker, bestätigt.

Zur Überprüfung der Ausarbeitungen wurde am 17. November 1984 gegen 19.00 Uhr, es war ein Freitag, Alarm ausgelöst. Stäbe, Verbände und Truppenteile der »Besonderen Gruppierung«, ausgenommen die Einheiten der Polizeibereitschaften und Kampfgruppen, wurden durch den Chef des Hauptstabes der NVA mobilisiert.

Der Zeitpunkt war ungewöhnlich, ein Novum in der Geschichte »Alarmierung von Verbänden«. Wir wurden überrascht. Es blieb beim Alarm.

Erst im Sommer 1985 und 1986 erfolgten entsprechende Übungen mit der Tarnbezeichnung »Bordkante-85« und »Bordkante-86«, an denen ich als Kommandeur der 1. MSD teilnahm. Die Kommandostabsübungen erfolgten im Raum Magdeburg.

Seit Anfang der 70er Jahre nutzten die Mot.-Schützenregimenter der 1. MSD für die Ausbildung im Orts- und Häuserkampf die gut ausgebauten Anlagen auf dem Truppenübungsplatz der Grenztruppen Streganz und auf dem Übungsplatz des Ministeriums des Innern bei Belzig.

Nunmehr wurde jedoch angewiesen, daß die Landstreitkräfte und somit die 1. MSD ein eigenes Orts- und Häuserkampfobjekt haben müssen. Die Idee wurde auf einem Truppenübungsplatz der polnischen Landstreitkräfte geboren, als Generale und Offiziere der Sowjetarmee, der NVA und der polnischen Armee im Verlauf der gemeinsamen Truppenübung »Freundschaft-84« dort entsprechenden Übungen beiwohnten. Generaloberst Horst Stechbarth raunte mir auf der Tribüne zu: »So etwas müssen wir in den Landstreitkräften und somit in der 1. MSD ebenfalls haben.«

Daheim kam er darauf zurück.

Ich gab zu bedenken, daß dafür Geld und Kapazitäten fehlten. Wir sollten diese lieber in den Bau eines Wohnheimes für Offiziere und Berufsunteroffiziere im MSR-2 einsetzen.

General Stechbarth nahm den Einwand zur Kenntnis und antwortete ungerührt: »Höre, mein Sohn, das verstehst du wohl noch nicht.«

Auf dem Truppenübungsplatz Lehnin bei Potsdam wurde ein »Häuserkampfobjekt« errichtet.

Aus Soldaten und Unteroffizieren, Baufacharbeitern verschiedener Gewerke wurde ein Arbeitskommando formiert. Als Bauleiter fungierte Oberstleutnant Scholze aus dem Stab der 1. MSD. Nach diesem sehr fleißigen und umsichtigen Pionieroffizier benannte der Chef Ausbildung der Landstreitkräfte, Generalleutnant Claus Winter, die im Jahre 1987 fertiggestellte Ausbildungsanlage. Er taufte sie auf den Namen »Scholzenslust«.

Am 2. November 1988 erfolgte in Scholzenslust eine Lehrvorführung zum Thema »Die Vorbereitung einer Ortschaft zur Rundumverteidigung und Führung des Verteidigungsgefechts in einer Ortschaft durch ein verstärktes Mot.-Schützenbataillon im Rahmen von Gefechtshandlungen zu Beginn des Krieges«. Generale und Offiziere aus dem Verteidigungsministerium waren erschienen, aus dem Kommando der Landstreitkräfte, aus den Kommandos der beiden Militärbezirke sowie aus den Mot.-Schützen- und Panzerdivisionen.

Nach 1990 erschienen Beiträge, in denen die Ausbildung der 1. MSD behandelt wurde. Die Autoren wollten damit die offensive Grundhaltung der NVA beweisen. Wer Scholzenslust dafür als Beleg nimmt, offenbart allenfalls sein Unwissen und damit seine Inkompetenz. Ausbildungseinrichtungen dieser Art gibt es überall auf der Welt. Selbst unweit des Züricher Flughafens kann man aus der Luft oder dem Auto sehen, wie Uniformierte den Häuserkampf proben. »Häuserkämpfe« erfolgen zudem auch bei der Verteidigung.

Und nebenbei: Seit dem 3. Oktober 1990 nutzt die Bundeswehr den Truppenübungsplatz Lehnin, und in Scholzenslust übten seither auch Soldaten einiger NATO-Armeen das Gefecht um eine bzw. in einer Ortschaft. Sie bereiteten sich damit auf ihren Einsatz in Afghanistan und im Irak vor.

Nach meiner Kenntnis hätte unsere »Besondere Gruppierung« zwar Westberlin im Krisenfall blockiert, aber im Falle einer Aggression der NATO hätten es die 35. MSD (Krampnitz), Teile der 90. Garde-Panzerdivision (Bernau) und die 6. selbständige Mot.-Schützenbrigade (Berlin-Karlshorst), also ausschließlich sowjetische Truppen, besetzt.

Mit dem Fla-Raketenregiment in der Kasachischen Steppe

Im Ausbildungsjahr 1983/84 standen taktische Übungen mit und ohne Gefechtsschießen für die drei Mot.-Schützenregimenter, das Panzer- und Fla-Raketenregiment sowie für die Raketenabteilung der 1. MSD im Programm. Diese Übungen hatte ich gemäß meinem Pflichtenkatalog persönlich vorzubereiten und zu leiten. Eine Delegierung dieser Verantwortung an den Stellvertreter für Ausbildung, Oberstleutnant Hartmut Selau, oder an den Chef Truppenluftabwehr, Oberst Hubert Resech, an den Chef Raketentruppen und Artillerie, Oberstleutnant Horst Schmalfuß, war nicht erlaubt. Bei der Vorbereitung und Leitung der Übungen des MSR und des PR hatte ich keine Schwierigkeiten. Doch die Leitung der taktischen Übung des Fla-Raketenregiments 1 war für mich eine neue Aufgabe. Während des Studiums an der Militärakademie und im Verlauf meines Einsatzes als Leiter der Operativen Abteilung im Kommando des Militärbezirkes V erlernte ich zwar die Einsatzgrundsätze und die Gefechtsmöglichkeiten eines Fla-Raketenregiments, aber das Führen eines FRR im Gefecht gehörte nicht zum Ausbildungsprogramm. Ich mußte lernen und üben.

Ich konsultierte den Chef TLA, Oberst Hubert Resech, und den Kommandeur des FRR-1, Oberstleutnant Klaus Fränkel. Beide waren sehr erfahrene Offiziere und somit akzeptable Ausbilder. Nicht wenige Stunden verbrachte ich in den Lehrklassen des FRR-1 in Brück bei Potsdam und im Ausbildungsgelände, um zu erleben, wie ein FRR unbekannte Stellungsräume bezog, wie die Feuerleitung unter den Bedingungen der wechselseitigen Verlegung von Teilen des Gefechtsstandes erfolgte, oder wie die Wartung, Instandhaltung der Technik und die Versorgung des Regiments unter feldmäßigen Bedingungen zu organisieren war.

Weitere Ratschläge und Hinweise erhielt ich vom Chef TLA der Landstreitkräfte, Generalleutnant Paul Kneiphoff, und vom Chef TLA des Militärbezirkes V, Oberst Heinz Apelt.

Die Übung des FRR-1 im fast 3.500 km entfernten Kasachstan war in keiner Weise vergleichbar mit Übungen auf den heimatlichen Truppenübungsplätzen Klietz oder Wittstock. Sie, einschließlich des Hin- und Rücktransports, stellte höchste Anforderungen an jeden Soldaten, Unteroffizier und Offizier sowie an die Technik. Wie sich aber zeigte, ließ diese höchste Belastung die Truppe zusammen- und jeden Einzelnen über sich hinauswachsen. Zuvor wurde jeder gegen Pocken, Typhus, Tetanus und Pest geimpft. Besonders gefürchtet war das Impfen gegen die Pest, weil es eine sehr schmerzhafte und langwierige Prozedur darstellte.

Das FRR-1 war ausgerüstet mit dem Fla-Raketenkomplex 2 K 11 KUB (NATO-Code: SA-6). Dieses Regiment wurde in den Jahren von 1980 bis 1982 auf der Basis des Flak-Regiments 1 (FR-1) formiert. Von 1982 bis zu seiner Auflösung ab 3. Oktober 1990 war das Regiment in Brück bei Potsdam stationiert. (In der »Flämig-Kaserne« lag seit 1991/92 das PzBtl 423 der PzBrig 42 »Brandenburg«, seit 2005 ist sie Sitz der Kommandantur des Truppenübungsplatzes Lehnin/Brück.)

Die Vorbereitung der Soldaten, Unteroffiziere und Offiziere sowie der Technik auf die Übung in der Nähe von Astrachan erfolgte in Lehrklassen und Werkstätten in der Kaserne sowie auf den Truppenübungsplätzen Lieberose bei Cottbus und Letzlinger Heide. Die konzentrierte Ausbildung auf diesen großen Plätzen bot die Möglichkeit, reale Zieldarstellungen der Luftstreitkräfte zu nutzen und die einzelnen Besatzungen bei der Abwehr von Luftangriffen optimal zu trainieren. Das Ziel der Ausbildung bestand darin, mit der ersten gestarteten Rakete das Luftziel zu vernichten.

Den Abschluß des vierwöchigen Aufenthaltes auf einem heimatlichen Truppenübungsplatz bildete eine Überprüfung in allen

Zum Fla-Raketenschießen in Kasachstan, September 1985.

militärischen Ausbildungsfächern. Damit erfolgte die Zulassung des FRR-1 zur Durchführung einer taktischen Übung mit Gefechtsschießen. Dieses Ausbildungsziel wurde im Sommer 1984 und 1986 erreicht. Sowjetische Militärspezialisten unterstützten uns bei der Vorbereitung. Generalmajor Nikolai Iljitsch Wowshenko half uns beispielsweise beim Zustandekommen gemeinsamer Ausbildungen mit dem sowjetischen FRR-287 (Roßlau) und dem Jagdfliegerregiment-833 (Jüterbog).

Die Verlegung des FRR-1 erfolgte in vier Transporten aus dem Standort Brück bis zum Entladebahnhof Tambowka, südlich der Kreisstadt Charabali, und dauerte bis zu zwölf Tage. Der Transport per Schiene erfolgte über Frankfurt, Warschau, Brest, Charkow und Wolgograd.

Paul Kneiphoff und Michael Brix haben einen Sammelband über die Truppenluftabwehr herausgegeben. Darin beschreiben einige Autoren sehr plastisch ihre Erlebnisse und Erfahrungen bei den Übungen mit Gefechtsschießen der Fla-Raketenregimenter der NVA in Kasachstan.

Paraden in Berlin

Wir kehrten aus der kasachischen Steppe zurück. In meinem Dienstzimmer erwartete mich ein Stapel Dienstpost und Unterschriftsmappen, die die Sekretärin Stabsfeldwebel Brigitte Becker vorsorglich auf dem Schreibtisch deponiert hatte. Doch bevor ich den ersten Aktenordner öffnete, nahm ich die Lagemeldung

Im Führungsfahrzeug der motorisierten Paradetruppen auf der Karl-Marx-Allee in der DDR-Hauptstadt

meines ersten Stellvertreters und Stabschefs, Oberst Henry Thunemann, entgegen. Oberstleutnant Hartmut Selau, der Stellvertreter für Ausbildung, informierte mich als nächster über die aktuellen Ergebnisse in der Ausbildung. Besonders interessierte mich die Analyse der Ergebnisse des Schießens mit Schützenwaffen sowie mit der Bewaffnung der Panzer, Schützenpanzer und SPW. Seinen Ausführungen war zu entnehmen, daß es noch nicht gelungen war, die Ausfallstunden zu kompensieren. Wir hatten während des Nationalen Jugendfestivals zu Pfingsten und in der Volkswirtschaft aushelfen müssen, wir bereiteten uns auf die Parade zum Jahrestag vor und schoben in bislang ungekanntem Maße Wache.

Bei der Abschlußüberprüfung vom 20. bis 28. Oktober 1984 wäre nicht sicher, so Selau, ob vier Fünftel die Note »Gut« erreichten, wozu wir uns verpflichtet hatten.

Das war wenig erfreulich.

Optimistischer waren die Ergebnisse in der Schutzausbildung (ABC-Abwehr) und im Sport (militärische Körperertüchtigung).

In Abstimmung mit der Divisionsführung und mit den Regimentskommandeuren, Chefs und Leitern im Divisionsstab wurden notwendige Entscheidungen getroffen.

Am 28. und 29. September 1984 wurden die an der Parade teilnehmenden Truppenteile und Einheiten sowie Sicherstellungskräfte in ihre Unterbringungsorte in Berlin verlegt. Gleich nach der Ankunft in diesen Quartieren begannen die Fahrzeugbesatzungen, vom Soldaten bis zum Offizier, mit der Vorbereitung der Panzer, Selbstfahrlafetten (SFL), Haubitzen und Raketen auf den großen Vorbeimarsch. Dazu gehörten die technische Überprüfung aller Bauteile der Fahrzeuge, die Herstellung einer einheitlichen Farbgebung der Fahrzeuge, einschließlich aller An- und Aufbauten, gemäß eines Musterkatalogs (Nutzungsvorschrift) und die Beseitigung festgestellter Mängel. Viel Respekt wurde der Arbeit der technischen Kontrollgruppen bei der Endabnahme der Fahrzeuge entgegen gebracht. Alle waren von einem Wunsch beseelt: es darf kein Fahrzeug bei der Parade stehenbleiben wegen technischer oder Fahrfehler. Das wäre ein schweres besonderes Vorkommnis, zivil ausgedrückt: eine Blamage für die NVA.

Am 2. Oktober wurde auf der Paradestrecke in der Karl-Marx-Allee die Vorprobe, ein gemeinsames Training aller Paradeeinhei-

Marsch durch die Bahnhofstraße in Plauen der aus Berlin von der Mai-Parade zurückgekehrten Einheiten der Offiziersschule, 2. Mai 1958.

ten, zwischen 22.00 und 24.00 Uhr absolviert. Die Generalprobe fand zwei Tage später statt. Diesen beiden abschließenden Trainings in Berlin folgten detaillierte Auswertungen. Es wurden bereits die besten Paradeeinheiten ausgezeichnet. Ich besuchte die Paradeteilnehmer der 1. MSD in ihren zeitweiligen Quartieren. Gemeinsam mit den Kommandeuren der Truppenteile und Einheiten konnte ich mich vom Eifer der Soldaten, Unteroffiziere und Offiziere überzeugen. Sie alle waren sehr motiviert.

7. Oktober 1984 – Tag der Ehrenparade

Anderentags stand in den Zeitungen, es sei die bisher größte und machtvollste Ehrenparade in der Geschichte der NVA und DDR gewesen. 35 Marschblöcke waren die Karl-Marx-Allee heruntergradiert, vierzehn zu Fuß und 21 motorisiert. Am Himmel hatten Transport- und Kampfhubschrauber gedröhnt.

Begonnen hatte alles pünktlich 10 Uhr. Lautsprecher hatten die 10 Glockenschläge vom Roten Rathaus übertragen. Generaloberst Horst Stechbarth, Kommandierender der Parade, gab die notwendigen Kommandos an die Paradeformationen zum Präsentieren. Es folgte seine Meldung an den Verteidigungsminister, Armeegeneral Heinz Hoffmann. Unter den Klängen des Präsentiermarsches näherten sich beide mit ihren Fahrzeugen dem Spitzenfahrzeug der motorisierten Formation.

Im Spitzenfahrzeug, ein SPW-40 P, hatte der Kommandeur der 1. MSD traditionell seinen Platz. Neben ihm wehte die Truppenfahne der 1. MSD.

Der Verteidigungsminister begrüßte die Truppen. Unsere Antwort war ein dreifaches »Hurra!« Nach der Begrüßung der Fußtruppen und Meldung an den Vorsitzenden des Staatsrates, begann der Marsch der Paradeformationen, angeführt vom Kommandierenden. Ihm folgten die Fußtruppen und die motorisierten Formationen.

»An der Spitze der motorisierten Truppen salutierte unter der Truppenfahne der Divisionskommandeur Oberst Hans-Georg Löffler, dessen Verband vor wenigen Tagen der Karl-Marx-Orden verliehen worden war«, meldete die Nachrichtenagentur *ADN*. Damit wurden die Leistungen mehrerer Generationen der Angehörigen der 1. MSD bei der Gewährleistung einer ständig hohen Kampfkraft, Gefechts- und Einsatzbereitschaft zum Schutz der DDR anerkannt und gewürdigt.

Insgesamt nahm ich an zehn Paraden in Berlin teil – als Offiziersschüler, Zugführer, Regiments- und Divisionskommandeur. Uns begeisterte stets die Kulisse der Tausenden Berliner, der Touristen und Familienangehörigen. Deren Grüße und Winken nahmen wir dankend auf.

Auf der Haupttribüne hingegen bewegte sich nichts. Die Mienen wirkten wie eingefroren, versteinert. War die politische Führung des Landes von ihrer Entscheidung, der Welt militärische Stärke zu demonstrieren, überrascht, verärgert oder betroffen? Oder glaubten sie, aus diplomatischen Gründen keine Gefühlsregung zeigen zu dürfen und gleichsam unbeteiligt sein zu müssen. Merkwürdig. Ich war nicht der einzige, der das so empfand.

Nach dem vierten Linienposten änderte sich das Bild wieder. Unter den Zuschauern herrschte eine gewisse Festtagsstimmung.

Zu den Zuschauern der Parade gehörten auch Soldaten, Unteroffiziere und Offiziere der US-amerikanischen, britischen und französischen Streitkräfte. Nach unseren Schätzungen werden es wohl 200 bis 300 aufklärungs- und fototechnisch gut vorbereitete Paradetouristen gewesen sein. Und hinterher gab es den obligatorischen Protest der westlichen Siegermächte: Die Parade habe gegen den entmilitarisierten Status der Stadt verstoßen.

Paraden zwischen Pro und Kontra

Nicht nur in Berlins Karl-Marx-Allee oder auf dem Marx-Engels-Platz fanden zwischen 1956 und 1989 Paraden statt. Auch westlich des Brandenburger Tores führten Fußtruppen und motorisierte Formationen der in Westberlin stationierten Kontingente der Streitkräfte der USA, Frankreichs und Großbritanniens Jahr für Jahr ihre Paraden durch. Im Ostteil Berlins marschierten Soldaten eines weltweit anerkannten Staates, der DDR – in Westberlin marschierten bei den Paraden die Söhne und Enkel der Sieger von 1945.

Heute denke ich, daß die Demonstration militärischer Stärke und Präsenz diesseits und jenseits des Brandenburger Tores zu den Ritualen des Kalten Krieges gehörte. Diese Paraden erfüllten eine politisch-ideologische Funktion.

In meiner Tätigkeit als Chef des Stabes im Kommando des Militärbezirkes V war ich beteiligt an der Erarbeitung von Analysen, Vorschlägen bzw. Empfehlungen, die das Pro und Kontra von Paraden deutlich machen sollten. Ich teile die Einschätzung, die in der Broschüre »10 Uhr Glockenschlag« von Generalen und Offizieren der NVA, die im Paradestab tätig waren, getroffen wurde: »Vorbereitung und Durchführung der Ehrenparade waren mit einem großen Kräfteeinsatz und Aufwand verbunden. Das belastete die teilnehmenden Truppen und eingesetzte Technik zusätzlich. Hinzu kamen erhöhte Anstrengungen zur Erfüllung der Ausbildungsaufgaben und die nicht unbedeutenden finanziellen Kosten (etwa 5 bis 10 Mio Mark). Deshalb wurden mehrfach Vorschläge von den Militärs unterbreitet, Paraden nur noch alle 5 Jahre, d. h. zu Jubiläen, durchzuführen […] Erkenntnisse, Motive und Argumente wurden den Verantwortlichen vorgetragen, ja auch geprüft, aber schließlich wurden alle Vorschläge abgelehnt.«

Auch Generaloberst Horst Stechbarth sah es so. Er erinnert sich: »Wir begannen mit einer Aufstellung aller finanziellen Mittel, die jedes Jahr zusätzlich benötigt wurden. Die technischen Dienste erbrachten den Nachweis, was an Motorstunden und Kilometerlimit für die Parade benötigt wurde. Die Ausbilder berechneten den Ausfall der Unterrichtsstunden an den Offiziersschulen und in der Truppe. Die Mitarbeiter des Transportwesens verwiesen auf den Wegfall der Autobahnsperrung fürs Training und der Eisenbahntransporte. Die Belästigung der Berliner Bevölkerung durch die nächtlichen Trainings unterbliebe ... Es waren handfeste Begründungen da, daß bei vernünftiger Einschätzung unser Vorschlag hätte Zustimmung finden müssen.«

Aber es blieb dabei: Die Paraden wurden alljährlich zum Nationalfeiertag der DDR durchgeführt. Am 7. Oktober 1989 fand die letzte Parade der NVA in Berlin statt.

Erlebte Waffenbrüderschaft

Meine erste Bezugsperson als Divisionskommandeur zu den mit der NVA verbündeten Streitkräften war der Vertreter des Oberkommandos der Vereinten Streitkräfte in der 1. MSD, Generalmajor Viktor W. Isupow. Die Vertreter des Oberkommandos wurden auch als Militärspezialisten bezeichnet.

Meine erste Bekanntschaft mit einem sowjetischen Militärberater machte ich 1955 während des Studiums an der Offiziersschule in Döbeln, er war ein Generalmajor. Wir Offiziersschüler nannten ihn scherzhaft »den Schatten« des Schulkommandeurs, Generalmajor Heinrich Heitsch, weil er sich stets in dessen Nähe aufhielt. Ich kann mich erinnern, daß er sehr oft an unserer Ausbildung in den Fächern Schießausbildung und Militärsport kontrollierend teilnahm.

Aus Gesprächen mit Offizieren, die das Mot.-Schützenregiment 3 mit aufgebaut haben, ist mir bekannt, daß seit 1951 drei bis vier sowjetische Offiziere als Militärberater in der Volkspolizei-Bereitschaft in Brandenburg eingesetzt waren.

Seit der Aufnahme der NVA in den Bestand der Vereinten Streitkräfte des Warschauer Vertrages, am 24. Mai 1958, befanden sich Vertreter des Oberkommandierenden der Vereinten Streitkräfte auf der Gehaltsliste der NVA. Auch in den anderen Armeen des Warschauer Vertrages waren Vertreter des Oberkommandierenden tätig.

Im Ministerium für Nationale Verteidigung der DDR hatte die Verbindungsgruppe eine Stärke von etwa zwanzig Mann, darunter bis zu acht Generalen. Der Leiter dieser Gruppe war in der Regel ein Armeegeneral der Sowjetarmee.

Des weiteren befanden sich Militärspezialisten bis zum Juli 1990 in den Kommandos der Teilstreitkräfte. Im Kommando der Landstreitkräfte bestand die Verbindungsgruppe aus drei Generalen. Ein Generaloberst wirkte als Militärspezialist beim Chef der Landstreitkräfte, je ein Generalleutnant bzw. Generalmajor waren beim Chef Raketentruppen und Artillerie sowie beim Chef Truppenluftabwehr tätig. Auch bei den Chefs der beiden Militärbezirke (III und V) gab es je einen Militärspezialisten (Dienstgrad: Generalleutnant). Ebenso in jeder Division (Generalmajor) sowie je ein Militärspezialist (ein Oberst) in den beiden Raketenbrigaden und Fla-Raketenregimentern der Militärbezirke.

Insgesamt sollen dem Vernehmen nach 60 bis 70 sowjetische Generale und Offiziere als Vertreter des Oberkommandierenden der Vereinten Streitkräfte in der NVA tätig gewesen sein, doch darüber gibt es wohl kaum Unterlagen.

Diese Militärspezialisten besaßen keine Weisungsbefugnis, erfüllten aber koordinierende und kontrollierende Aufgaben bei der Umsetzung von Plänen des Stabes der Vereinten Streitkräfte und des sowjetischen Generalstabes.

Nach meiner Wahrnehmung wurden die bei der NVA eingesetzten sowjetischen Spezialisten von den eigenen Landsleuten kritischer beäugt als von den DDR-Bürgern. Offenkundig wirkten die Bilder aus den Jahren zwischen 1941 und 1945 nach. Das Bild, das man von den DDR-Deutschen hatte, war zwiespältig. Zwei Sichten lassen sich beschreiben – eine deutschfreundliche und eine ablehnende. Und je nachdem, mit welchem Vertreter man es zu tun bekam, fiel auch der Umgang aus. Folglich gab es Waffenbrüder, die diese Bezeichnung auch verdienten, und Russen, die sich für den Nabel der Welt und uns für ihre Domestiken hielten.

Der Militärspezialist in der 1. MSD, Generalmajor Viktor Isupow, berichtete regelmäßig seinen Vorgesetzten – wie alle anderen Militärspezialisten auch – über das Leben in der Division, über Übungs- und Ausbildungsergebnisse. Davon erfuhr ich von seinem Dolmetscher, einem Oberleutnant der NVA, der diese Berichte zu schreiben hatte.

Trotz wiederholter Bitten an Isupow, mir eine Kopie seiner Berichte zu überlassen, gab er mir diese nicht. Ich dachte mir also meinen Teil.

Er nahm an allen Maßnahmen teil, die ich als Divisionskommandeur leitete. Dazu zählten Übungen, Dienstbesprechungen, Weiterbildungskurse mit den Kommandeuren und Offizieren der Truppenteile oder Gespräche mit Soldaten, Unteroffizieren und Offizieren zu ausgewählten Themen. Unser Verhältnis war kameradschaftlich, und auch familiär gab es viele Begegnungen.

Unser gutes Verhältnis endete kurze Zeit nach seiner Versetzung in die Sowjetunion. Er brach befehlsgemäß den Kontakt ab.

Seit meiner Tätigkeit als Regimentskommandeur (1973–1977) hielt ich die Anwesenheit sowjetischer Militärspezialisten in den Teilstreitkräften für überflüssig. Die Chefs der Militärbezirke, die Divisionskommandeure und Chefs der Waffengattungen waren inzwischen hinlänglich qualifiziert, ihre funktionellen Pflichten

Waffengeneral Molczyk überreicht am Übungsende die polnische »Medaille für Waffenbrüderschaft«, 5. März 1984.

eigenständig zu erfüllen. Es ging also ganz offenkundig nicht mehr ums Anleiten, sondern ums Aufpassen, nicht ums Beraten, sondern ums Bevormunden. Die Souveränität der DDR war in allen Bereichen eingeschränkt. Auch hier.

Nichts gegen den Austausch von Verbindungsgruppen in einer Krisensituation. Aber im normalen Alltag?

Mit unserer Patendivision, der 35. (sowjetischen) Mot.-Schützendivision in Krampnitz bei Potsdam, war die militärische Ausbildung das Hauptfeld der Zusammenarbeit. Auf der Grundlage eines »Planes der Waffenbrüderschaft«, der jährlich in feierlicher Form am »Tag der Sowjetarmee« (23. Februar) oder am »Tag der Nationalen Volksarmee« (1. März) unterzeichnet wurde, erfolgten Lehrvorführungen, Leistungsvergleiche und Sportwettkämpfe sowie die Teilnahme von Delegationen aus den Truppenteilen an Feierlichkeiten im »Regiment nebenan«. Kurzfristig angordnete Änderungen der Dienst- und Ausbildungsplanung sorgten aber häufig dafür, daß unsere sowjetischen Waffenbrüder nicht zu den verabredeten Maßnahmen bei uns erscheinen konnten.

Besuch einer Delegation des österreichischen Bundesheeres in Beelitz unter Leitung von Hans Moser, links neben Hans-Georg Löffler, Februar 1984.

Mit dem Kommandeur der 35. MSD, Oberst Alexander Wladimirow, verband mich ein freundschaftliches Verhältnis. Seinen Einladungen zu Veranstaltungen in Krampnitz oder zum Tee in seiner Wohnung folgten meine Frau und ich gern. Sprachliche Barrieren gab es nicht, da sich auch meine Frau in russischer Sprache unterhalten konnte. Oberst Wladimirow und seine Frau durften unsere Einladungen hingegen nicht annehmen. Die Vorgesetzten in Wünsdorf sahen es nicht gern, wenn Angehörige der Sowjetarmee zu Ausländern persönliche Kontakte unterhielten. Auch deutsche Waffenbrüder fielen unter dieses Verdikt.

Dies hatte jedoch keinen Einfluß auf unsere Zusammenarbeit. Beispielsweise bereiteten sich die Stäbe beider Divisionen sehr intensiv auf die gemeinsame Kommandostabs- und taktische Übung mit Gefechtsschießen, »Kampfgemeinschaft-85«, vor. Sie fand Anfang Juli 1985 auf fünf Truppenübungsplätzen statt und wurde vom Oberbefehlshaber der GSSD geleitet. Zu den Übungsteilnehmern gehörten der Stab der 3. Armee (Magdeburg) mit dem Befehlshaber Generalmajor Albert M. Makashow, der Stab und ein Mot.-Schützenregiment der 35. MSD (Krampnitz) sowie der Stab der 1. MSD und das MSR-2 (Stahnsdorf).

Nach der Auswertung der gemeinsamen Übung in Jüterbog-Altes Lager hatte Armeegeneral Saizew zu einem festlichen Mittagessen eingeladen. Zu Beginn des Essens entschuldigte er sich dafür, daß entgegen aller russischen Bräuche kein Wodka auf den Tischen stehe, doch Gorbatschow habe Alkohol in Kasernen und Ämtern verboten. Zu unserem Erstaunen begannen die sowjetischen Militärs mit unmißverständlichen Witzeleien. Aus dem Generalsekretär wurde ein »Mineralsekretär«. Bekanntlich heißt Wodka übersetzt »Wässerchen«. Doch der neue Generalsekretär hatte angewiesen, statt Wodka nur noch »mineralnaja woda«, also Mineralwasser, zu trinken.

Solcherart Respektlosigkeit gegenüber dem ersten Mann in Moskau hatte ich bei sowjetischen Militärs noch nie beobachtet. Und ich war mir nicht einmal sicher, ob es dabei ausschließlich um das Trinkverbot ging, was ihren Unmut hervorrief.

Dabei war der Generalsekretär nicht nur der erste Mann der Sowjetunion, sondern auch der Oberste Befehlshaber unseres Bündnissystems. Im Ernstfall auch unser Chef.

Schwedens Verteidigungsminister Anders Thunborg besucht in Begleitung von Horst Stechbarth die 1. MSD, Juni 1984.

Bei Übungen in Polen empfand ich den Begriff »Waffenbrüderschaft« besonders ausgeprägt. Das Verhältnis zwischen den Angehörigen der Armee Polens und der NVA, also der »kleinen Brüder« im Warschauer Vertrag, zeichnete sich durch gegenseitige Achtung aus. Soldatische Tugenden standen auf beiden Seiten hoch im Kurs. Es war stets sehr angenehm, wenn bei Übungen Polen Regie führten. So etwa bei der gemeinsamen Kommandostabsübung mit Darstellungstruppen »Drushba-84«, die in der Zeit vom 21. Februar bis zum 5. März 1984 auf polnischem Territorium durchgeführt wurde.

Beispielhaft war die taktische Übung mit Gefechtsschießen auf dem Truppenübungsplatz Drawsko Pomorski, 70 km östlich von Stettin, an der je ein Mot.-Schützenbataillon, verstärkt durch eine Panzerkompanie und eine Haubitzbatterie, aus dem Bestand des Schlesischen Militärbezirkes, aus der in Polen stationierten sowjetischen Nordgruppe und aus dem MSR-3 der 1. MSD teilnahmen.

Zum Abschluß der Kommandostabs- und taktischen Übung lobte uns Waffengeneral Eugeniusz Molzcyk. Mehrere Angehörige der 1. MSD, darunter der Kommandeur des MSR-3, Oberstleutnant Horst Balzer, und ich erhielten die polnische »Medaille für Waffenbrüderschaft« überreicht.

Zum besseren Verständnis zwischen den Streitkräften und zur Vertrauensbildung trugen Visiten von Militärdelegationen des Warschauer Vertrages und von Nationen außerhalb der NATO in der NVA und häufig auch in der 1. Mot.-Schützendivision wesentlich bei. Bei der Demonstration von Ausschnitten aus der Ausbildung konnten sich unsere Gäste vom Leistungsstand sowie von unserem Verständnis von militärischer Disziplin und Ordnung überzeugen.

Zu den Besuchern der 1. MSD gehörten in der Zeit meiner Tätigkeit als Divisionskommandeur eine Militärdelegation des Bundesheeres der Republik Österreich im Februar 1984 unter Leitung von Oberst i. G. Hans Moser, eine der Streitkräfte des Königreiches Schweden im Juni 1984 unter der Leitung des Verteidigungsministers Andreas Thunborg, eine der Streitkräfte Jugoslawiens im Juli 1985 unter der Leitung des Bundessekretärs für Volksverteidigung, Flottenadmiral Branko Mamula und eine Delegation der Streitkräfte Afghanistans im Oktober 1985 unter der Leitung des Verteidigungsministers

Generalleutnant Nazar Mohammed, den ich während des Studiums in Moskau kennengelernt hatte.

Es kamen Militärattachés in die 1. MSD und an meinem 48. Geburtstag am 10. Mai 1985 der stellvertretende sowjetische Verteidigungsminister Marschall Semjon Kurkotkin.

Abschied von der 1. MSD und von Potsdam

Am 3. Februar 1986 mußte ich mich beim Chef der Landstreitkräfte zum Kadergespräch melden. Auf dem Weg ins nahegelegene Kommando der Landstreitkräfte wurde mir bewußt, daß Generaloberst Stechbarth jetzt zum dritten Mal für meinen beruflichen Werdegang die Weichen stellte. Ich sollte Stellvertreter des Chefs des Militärbezirkes V und Chef des Stabes werden. Fünf Generale und zwei Offiziere befanden sich im Raum, als General Stechbarth mir seinen Vorschlag zur Kenntnis gab.

Im Protokoll vom 4. Februar 1986 wurde, allerdings diplomatisch verklausuliert, auch Kritisches vermerkt. Militärische Geradlinigkeit müsse auch Grenzen kennen, hieß es da, und hohe Forderungen und kameradschaftliches Verhalten dürften sich nicht ausschließen. Was wohl im Klartext heißen sollte, ich wäre zu streng beim Durchsetzen der Befehle. Waren es die Genossen nicht auch? Sie muteten meiner Familie und mir den fünften Wohnungswechsel binnen anderthalb Jahrzehnten zu.

Ende März 1986 teilte mir mein direkter Vorgesetzter, der Chef des Militärbezirkes V, Generalleutnant Manfred Gehmert, den Wortlaut seines Vorschlages an den Verteidigungsminister zu meinem Einsatz ab Herbst 1986 mit. »Oberst Löffler führt seit 1983 erfolgreich die 1. MSD. Seine Tätigkeit als Regimentskommandeur, in verantwortlichen Stabsdienststellungen des Militärbezirkes V und der Besuch der Militärakademie des Generalstabes der Streitkräfte der UdSSR sind die Grundlage für diese erfolgreiche Tätigkeit. Er hat sich Fähigkeiten und Erfahrungen angeeignet, die ihn für eine höhere Dienststellung befähigen. Oberst Löffler ist ein Offizier, der mit hohem persönlichen Einsatz, Umsicht und Initiative die gestellten Aufgaben erfüllt. Er ist in der Lage, große militärische Kollektive erfolgreich zu führen.

Ich schlage vor, Oberst Löffler als Stellvertreter des Chefs und Chef des Stabes des Militärbezirkes V einzusetzen.«

Wenige Tage später erhielt ich einen Auszug aus dem Befehl Nr. 26/86 des Ministers für Nationale Verteidigung, Armeegeneral Heinz Keßler. Er belobigte mich »mit einer Urlaubsreise in die Syrische Arabische Republik«.

Im Mai 1986 verlebten wir erstmals einen Urlaub in einem kapitalistischen Land; den Unkostenbeitrag für meine Frau in Höhe von 3.500 Mark zahlten wir gern. Unsere Gastgeber, die syrischen Streitkräfte, boten uns ein sehr interessantes Urlaubsprogramm, selbstverständlich verknüpft mit einigen militärischen Einlagen.

Bevor wir jedoch zu unserer Reise aufbrachten, feierten wir erstens den erfolgreichen Studienabschluß unseres Sohnes, seine Hochzeit und die Geburt unseres Enkels.

Am 29. September 1986 fand im Mot.-Schützenregiment 1 (Oranienburg) das militärische Zeremoniell zur Übergabe der 1. MSD an meinen Nachfolger Oberst Rolf Bogdanow statt. In Vorbereitung auf diesen Tag wurde ich an viele Begebenheiten der vergangenen drei Jahre erinnert.

Die Mehrzahl der Soldaten, Unteroffiziere und Offiziere waren unverändert bereit, ihr Vaterland zu verteidigen. Ihre unverändert hohe Leistungs- und Einsatzbereitschaft sowie der Wille zur Pflichterfüllung nahm ich als Beweis für eine gute Erziehung im Elternhaus, während der Lehrausbildung sowie an den Offiziers- und Unteroffiziersschulen.

Mit sehr viel Dankbarkeit denke ich an die vielen Weggefährten zurück, die mich bei der Erfüllung der mir gestellten Aufgaben tatkräftig unterstützten. Dazu gehörte auch mein Adjutant, Stabsoberfähnrich Reinhard Weiß. Doch es waren nicht nur die Fachoffiziere, ob Mot.-Schütze, Panzermann oder Artillerist, die zum Erfolg unserer Arbeit beigetragen hatten. Dazu zählten auch jene Offiziere, die nach der Ausbildung an der Offiziersschule und ihrem Einsatz als Zugführer als Politoffiziere eingesetzt wurden. Diese Politoffiziere beherrschten nicht nur das politische, sondern auch das soldatische Einmaleins und konnten ihren Kompaniechef oder Bataillonskommandeur unterstützen.

Die drei Jahre in Potsdam waren sehr arbeits- und lehrreich. Für meine neue Aufgabe war die Zeit in der 1. MSD sehr nützlich. In jenen drei Jahren entstanden Freundschaften, die noch heute existieren.

Am 3. Oktober 1990 übernahm Brigadegeneral Hans-Joachim Bromeis die Befehls- und Kommandogewalt über die 1. MSD, die seit dem 1. Juni 1988 Oberst Peter Priemer führte.

Bei einem militärischen Appell am 27. März 1991 wurde die 1. Mot.-Schützendivision nach 35 Jahren für aufgelöst erklärt. An jenem Tage übergab Brigadegeneral Bromeis in Anwesenheit des Befehlshabers des Wehrbereiches VIII (Neubrandenburg), Generalmajor Ruprecht Haßler, die neu formierte Heimatschutzbrigade 42 »Brandenburg« an Oberst Friedrich Freiherr von Senden.

IX.
Im Kommando des Militärbezirkes V

Bei der Verabschiedung aus der 1. Mot.-Schützendivision wurde mir Soldatenglück gewünscht und Zusammenarbeit angeboten. Beides nahm ich dankbar an. Mit diesen guten Wünschen begab ich mich Anfang Oktober 1986 nach Neubrandenburg ins Kommando des Militärbezirkes V, um die Dienstgeschäfte als 1. Stellvertreter des Chefs des Militärbezirkes und Chef des Stabes zu übernehmen. Mein Vorgänger, Generalmajor Horst Sylla, wurde am 1. November 1986 Chef des Militärbezirkes V, da Generalleutnant Manfred Gehmert die Führung der Militärakademie »Friedrich Engels« in Dresden übernahm.

Die Arbeit als Chef des Stabes bot mir die Möglichkeit, mehr als bisher militärwissenschaftlich und innovativ tätig zu werden. Dieser Umstand wurde dadurch begünstigt, daß ich durch meine Arbeit als Leiter der Operativen Abteilung (1977-1980) die Aufgaben des Kommandos des Militärbezirkes V im Garnisons- und Felddienst recht gut kennengelernt hatte. Ich kannte auch die Spielregeln, die im Kommando und für die Zusammenarbeit mit den vorgesetzten Instanzen und den Divisionen bzw. Wehrbezirkskommandos galten.

Da ich aus dem Hause kam, wurde mir keine Einarbeitungszeit zugestanden. Es stand sofort die Dienstplanung des Militärbezirkes für das Ausbildungsjahr 1986/87 und der Bericht zur Auswertung des Ausbildungsjahres 1985/86 auf dem Kalender.

Mein Aufgabenspektrum war sehr breit gefächert. Allein die Aufzählung der einem Chef des Stabes direkt unterstellten Abteilungen und Truppenteile macht das sichtbar. Ich füge die Namen der Abteilungsleiter und Kommandeure aus Respekt hinzu. Das waren die Operative Abteilung (Oberstleutnant S. Lautsch bis 1987 und Oberstleutnant K. Wendt), Abteilung Territoriale Arbeit (Oberst G. Kuhnke), Abteilung Personelle Auffüllung und Mobilmachung (Oberst K.-H. Überschär), Abteilung Allgemeine Fragen (Oberst A. Bujak, ab 1987 Oberst D. Voigtländer), Abteilung Aufklärung (Oberst F. Kühner), Abteilung Nachrichten/Fernmeldedienst (Oberst S. Zacher), Abteilung Militärtopografischer Dienst (Oberst B. Weigel), Abteilung Mechanisierung und Automatisierung der Truppenführung (Oberst M. Richter) und die Unterabteilung Funkelektronischer Kampf (Oberstleutnant D. Tolzin).

Zu den direkt unterstellten Truppenteilen gehörten das Nachrichtenregiment 5 in Fünfeichen bei Neubrandenburg (Oberstleutnant P. Eichstedt) und das Richtfunk- und Kabelbauregiment 5 in Fünfeichen (Oberst S. Krenz), Funk- und Funktechnische Aufklärungsbataillon 5 in Schwerin, ab Sommer 1989 in Glöwen (Oberstleutnant K. Heyde), Bataillon Funkelektronischer Kampf in Goldberg (Oberstleutnant H. Pfeiffer), die Spezialaufklärungskompanie 5 (Hauptmann O. Kersten) sowie das Wach- und Sicherstellungsbataillon 5, die Topografisch-geodätische Kompanie 5 und die Wartungseinheiten 5 und 15 für die geschützten Führungsstellen (Gefechtsstände) in Kreien bei Lübz und in Alt Rhese.

Für meine Tätigkeit im Stab des Militärbezirks gilt, was Armeegeneral S. M. Shtemenko, zwischen 1968 bis 1972 Chef des Stabes des Vereinten Oberkommandos der Streitkräfte des Warschauer Vertrages, in seinem Buch »Im Generalstab« formulierte: »Doch allein vermag auch der Tüchtigste wenig. Selbst der fähigste Chef des Generalstabes muß es verstehen, sich auf ein besonders ausgewähltes, ausgebildetes und organisiertes Kollektiv zu stützen. Er benötigt erfahrene Stellvertreter und Gehilfen, die ihm die Leitung der Arbeit dieses Kollektivs teilweise abnehmen können und die wie er über einen schöpferischen, forschenden Geist und große organisatorische Fähigkeiten verfügen.«

Die Mehrzahl der Offiziere im Kommando des Militärbezirkes verfügten über eine militärakademische Ausbildung und eine mehrjährige Truppenerfahrung. Eine zielgerichtete Weiterbildung und Training bildeten die Grundlage für ihre überzeugende Stabsarbeit.

*Im Oberkommando der Gruppe der
sowjetischen Streitkräfte in Deutschland*

Für meine neue Aufgabe war es unerläßlich, daß ich schnellstmöglich in die Operative Planung der 5. Armee und, soweit erforderlich und genehmigt, auch in die Aufgaben unserer Nachbarn rechts – die Vereinte Ostsee-Flotte (VOF) – und links – die 2. Garde-Panzerarmee der GSSD – eingewiesen wurde. Das galt auch für die Aufgaben der Luftstreitkräfte, der Kräfte der Luftverteidigung des Landes und der Grenztruppen.

Auf dem Truppenübungsplatz Drawsko Pomorski bei einer Truppenübung im Koalitionsbestand: Begrüßung durch Marschall Viktor Kulikow, Juli 1987.

Diese Einweisung erfolgte in der ersten Dekade des Oktober 1986 durch Generalleutnant Manfred Gehmert. Wir meldeten uns an, um in unserem Arbeitsraum im »Haus Spandau« in der Garnison Wünsdorf, dem Sitz des Oberkommandos der GSSD, zu gelangen und dort an den Dokumenten der »Operativen Planung« zu arbeiten.

Wünsdorf bei Zossen war seit 1910 für das Militär interessant. Dort entstanden zunächst das Truppenlager Zossen, die Militärturnanstalt und die Infanterieschießschule in der Gemarkung Wünsdorf/Zossen. Zwischen 1918 bis 1933 nutzten Freikorps und Reichswehr das Areal. In jener Zeit wurden Pläne für eine unterirdische und weitverzweigte Kommandozentrale für die deutsche Heeresführung erarbeitet, die nach 1933 in Angriff genommen wurden. Neben Kasernen, Ausbildungs- und Übungsplätzen sowie vielen technischen Einrichtungen wurde bis 1939 die Führungsstelle »Zeppelin« für das Oberkommando des Heeres mit den Bunkeranlagen Maybach I und II sowie einer Nachrichten-Zentrale errichtet.

Hier wurde auch der militärische Befehl zum Überfall auf Polen abgesetzt: Am 31. August 1939, gegen 17 Uhr, erhielt der Leiter der Nachrichten-Zentrale Order: »Fall Weiß; Y-Tag = 01. 09. 39, 04.45 Uhr«.

Am 21. April 1945 besetzten Teile der 3. Panzerarmee der 1. Ukrainischen Front unter Marschall I. S. Konjew fast kampflos die fast 590 Hektar große Garnison. Bis zum 9. September 1994 war sie ein besonderes Sperrgebiet. Von 1953 bis zum September 1994 arbeitete dort das Oberkommando der sowjetischen bzw. der GUS-Truppen auf deutschem Boden.

Nachdem mich Generalleutnant Manfred Gehmert dem Chef des Stabes und dem Leiter der Operativen Verwaltung des Oberkommandos der GSSD vorgestellt hatte, begann im »Haus Spandau« die Einweisung.

Das Gebäude, in dem die zur Westfront gehörenden Armeen, darunter die 3. und 5. Armee der NVA, ihre Arbeitszimmer hatten, nannten man deshalb so, weil jedes Fenster und die Eingangstür mit soliden Gittern gesichert waren und Wachposten selbst im Gebäude standen. Die Anspielung auf die Festung Spandau, wo die Nazi- und Kriegsverbrecher einsaßen – damals noch Rudolf Heß – war eindeutig.

Bis zum Herbst 1989 habe ich wiederholt tage- oder wochenweise an der Operativen Planung in Wünsdorf gearbeitet, stets unter Beachtung der sehr strengen Regeln des Geheimnisschutzes.

Alle Planungsdokumente – ob Befehlskarten an die 8. MSD oder 9. PD, ob Gefechtsbefehle oder Marschberechnungen – waren vom Befehlshaber der 5. Armee und seinem Chef des Stabes handschriftlich in Russisch niederzuschreiben. Für die Erarbeitung der rein defensiven Operativen Planung ab Spätherbst 1987 erhielten wir die Genehmigung, die Chefs bzw. Leiter der Waffengattungen, Spezialtruppen und Dienste hinzuzuziehen.

Bis 1987 wären im Falle einer Krisensituation alle Dokumente für die Vorbereitung und Führung einer Verteidigungsoperation auf dem Gefechtsstand der jeweiligen Armee erarbeitet worden.

Zu Beginn des Jahres 1987 mußte der »Entschluß des Befehlshabers der 5. Armee für die Verteidigung« in einigen Passagen aktualisiert und überarbeitet werden. Aus diesem Grunde arbeiteten Generalmajor Horst Sylla und ich mehrere Tage im Oberkommando der GSSD in Wünsdorf.

Die Operative Planung für die Fronten und Armeen des Warschauer Vertrages orientierte sich an der Möglichkeit einer Aggression seitens der NATO und ihrer Streitkräfte. Bei der Beurteilung der Streitkräftegruppierung der NATO gingen wir logischerweise von einem Angriff der NATO aus.

Logisch ist wohl, daß bei Kommandostabsübungen im Rahmen der Front den Armeen Aufgaben gestellt wurden, die nur zum Teil mit denen der Operativen Planung übereinstimmten. In diesem Zusammenhang ist die Frage berechtigt, ob die sehr auf Gegenschläge orientierten Übungsinhalte nicht auch eine östliche Variante der Abschreckung darstellten.

General Günter Kießling schrieb 1983 in *Heere international* einen aufschlußreichen Artikel mit dem Titel »Die Verteidigung Schleswig-Holsteins«. Darin hieß es: »So gilt es, einen potenziellen Aggressor abzuschrecken [...] Höhepunkte aller Übungsvorhaben ist die alle vier Jahre stattfindende Großübung *Bold Guard* [...] Dabei wird im allgemeinen die militärpolitische Demonstration unserer Verteidigungsfähigkeit im Vordergrund stehen [...] Deshalb muß sich die Übungslage soweit wie möglich an den Plänen für den Einsatz im Ernstfall (GDP) orientieren [...] Heute ist es ein Teil unserer Strategie der Abschreckung, dem potenziellen Gegner deutlich zu machen, daß wir vorne verteidigen werden.«

Der Oberkommandierende der GSSD, Armeegeneral Valeri A. Belikow, verhielt sich uns gegenüber sehr korrekt und freundlich, er respektierte unsere Arbeit und mich als Person. Vor der Bestätigung der aktualisierten Entschlußkarte fragte er seinen Chef des Stabes, »ob alles gründlich geprüft wäre«.

Der antwortete: »Jawohl.«

Danach erhielten wir ohne weitere Befragung die Unterschrift und den Bestätigungsvermerk vom Oberbefehlshaber.

Danach gab es Tee und Gebäck.

Einige Monate später wiederholte sich das bei einer größeren Kommandostabsübung. Ich meldete General Belikow einen Entschluß des Befehlshabers der 5. Armee. Das geschah 1.00 Uhr im

Passierschein für Wünsdorf

großen Dienstzimmer des Oberkommandierenden der GSSD. Nachdem die Meldung und die übliche Befragung zum Entschluß beendet waren, lud der Armeegeneral mich und den mich begleitenden Offizier zu einem »Frühstück« ein.

Er stellte uns viele Fragen zum Leben in der DDR und NVA, zum Studium in Moskau und zu unseren Familien. Auch er sprach über seine Familie, besonders über seine Enkel.

Armeegeneral Boris W. Snetkow, Oberkommandierender der GSSD vom 26. Januar 1987 bis zum 13. Februar 1990 war zurückhaltend, um nicht zu sagen abweisend. Und er schien auch ein wenig von Launen getrieben. Eine solche Beobachtung machte man häufiger bei Generalen und Offizieren der GSSD, die erstmals auf deutschem Boden eine militärische Aufgabe zu erfüllen hatten. Das lag, vermute ich, an einer gewissen Unsicherheit, die sich aus Unwissen speiste. Hinzu kam die nahezu pathologische Geheimniskrämerei im Gefolge mit Fraternisierungsverboten.

Oft gelang es jedoch, im Laufe der Zeit manchem die Unsicherheit zu nehmen. Etwa dem Chef des Stabes der 2. Garde-Panzerarmee, Garde-Generalmajor Alexander Pimenow. Zum Nutzen beider Armeestäbe entwickelten wir solide Arbeitsbeziehungen, pflegten eine gute soldatische Kameradschaft, und familiär gab es viele Begegnungen im sowjetischen Militärstädtchen in Fürstenberg. Einladungen zu Gegenbesuchen durften jedoch nicht angenommen werden. Treffen in meiner Dienststelle wurden jedoch nie zurückgewiesen. Das nutzten wir.

Ernennung zum Generalmajor

Am Vormittag des 26. Februar 1987 meldete ich mich beim Chef der Verwaltung Kader, Generalleutnant Harald Ludwig, im Ministerium für Nationale Verteidigung in Strausberg. Insgesamt hatten sich zwei Generale, ein Konteradmiral, zehn Oberste und ein Kapitän zur See im Foyer des Tagungszentrums versammelt. Nach der allgemein üblichen Feststellung der Vollzähligkeit erhielten wir die Information, daß die Beförderung und Ernennung von Generalen nicht wie bisher im Gebäude des Staatsrates, sondern im Gästehaus des Staatsrates am Döllnsee in der Schorfheide erfolge.

Am frühen Nachmittag erreichten wir mit dem Bus das Gästehaus am Döllnsee, wo bis 1945 Görings Leibjäger gewohnt hatte. Es gab einen Empfangssaal, wo wir antreten mußten. Erich Honecker kam mit Gefolge. Das waren Egon Krenz und Heinz Keßler, Fritz Streletz und Wolfgang Herger. Sodann beförderte und ernannte Honecker in seiner Eigenschaft als Vorsitzender des Nationalen Verteidigungsrates.

Die zur Ernennung angetretenen Offiziere, Generale und ein Admiral im Gästehaus am Döllnsee.

*Ernennung zum Generalmajor durch Erich Honecker,
26. Februar 1987. Links Egon Krenz, der für die Bewaffneten
Organe zuständige ZK-Sekretär. Hinter Honecker Verteidigungsminister Heinz Keßler.*

Der Stellvertreter des Ministers für Nationale Verteidigung und Chef der Politischen Hauptverwaltung der NVA, Generalleutnant Horst Brünner, wurde Generaloberst, Generalmajor Kurt Gottwald Generalleutnant und Konteradmiral Theodor Hoffmann Vizeadmiral. Die Obersten Wolfgang Hammer, Werner Hübner, Erwin Kohlmey, Manfred Nawrot, Harry Rathmann, Michael Schlothauer, Gerhard Stahr, Werner Tschesche, Klaus Zimmermann und ich wurden zu Generalmajoren sowie Kapitän zur See Egon Nitz zum Konteradmiral ernannt.

Nach Übergabe der Beförderungs- bzw. Ernennungsurkunden antwortete jeder von uns wie vorgeschrieben: »Ich diene der Deutschen Demokratischen Republik.«

Anschließend wurde ein Glas Sekt gereicht, es gab einen Smalltalk. Das war's. Danach fuhren wir nach Strausberg zurück. Auch auf der Rückfahrt wurde nur wenig geredet, was erstaunlich war. So unwichtig war doch dieser Akt nicht gewesen.

Im Lager für Bekleidung und Ausrüstung erhielten wir unsere neuen Uniformen. Das war ein sehr bewegender Moment. Nach 32 Dienstjahren, die oftmals sehr mühsam und entbehrungsreich waren, durfte ich die Uniform eines Generals überstreifen. Der Augenblick war hart erarbeitet.

Die Ernennung zum Generalmajor betrachtete ich als eine persönliche Auszeichnung. Doch mir war bewußt, daß ich ohne die Soldaten, Unteroffiziere, Offiziere und Zivilbeschäftigten, mit denen ich bisher zusammen gearbeitet hatte, nicht bis hierher gekommen wäre.

Ich verneigte mich in Gedanken vor ihnen allen.

Mein Fahrer, Unteroffizier Holger Seevers, lieferte mich erst nach 20 Uhr zu Hause ab. Dieser Abend gehörte der Familie, der ich sehr viel zu verdanken hatte.

Die neue Militärdoktrin der Warschauer Vertragsorganisation

Am 28./29. Mai 1987 tagte in Berlin der Politisch Beratende Ausschuß der Teilnehmerstaaten des Warschauer Vertrages. Mit großem Interesse studierten wir das Kommuniqué und die Erklärung über die neue Militärdoktrin. Erstmals hatte das Bündnis eine solche Doktrin formuliert.

Selbst wenn vieles, was dort stand, bereits Gemeingut war: Nunmehr trug es verbindlichen Charakter. Man sei der Ansicht, hieß es im Kommuniqué, »daß die Entwicklung in der Welt, die Veränderungen in den internationalen Beziehungen, die zunehmende gegenseitige Abhängigkeit der Staaten, der wissenschaftlich-technische Fortschritt sowie Waffen von unerhörter Zerstörungskraft ein neues Denken, ein neues Herangehen an die Fragen von Krieg und Frieden, an die Abrüstung« erforderten. »In einem Kernwaffenkrieg gäbe es keine Sieger.«

Es gehe darum, das Wettrüsten zu beenden und daß ein stärkeres Vertrauen in den Beziehungen zwischen den Staaten zu erreichen. »Die Teilnehmerstaaten des Warschauer Vertrages erklären, daß die Militärdoktrin Verteidigungscharakter trägt.«

Unter Punkt I der Erklärung über die neue Militärdoktrin hatte es geheißen: »Die Teilnehmerstaaten des Warschauer Vertrages werden niemals und unter keinen Umständen militärische Handlungen gegen einen beliebigen Staat oder Staatenbündnis beginnen, wenn sie nicht selbst einem bewaffneten Überfall ausgesetzt sind. Sie werden niemals als erste Kernwaffen einsetzen. Sie erheben keinerlei territoriale Ansprüche […] Sie betrachten keinen Staat und kein Volk als Feind.«

Auch wenn wir Militärs keine Illusionen hegten, daß eine solche Feststellung die Welt verändern würde, war die Annahme jedoch keineswegs unbegründet, daß eine Deeskalation der Spannungen eintreten würde.

In der Folgezeit mehrten sich die Anzeichen, daß es so sein könnte.

Das DDR-Staatsoberhaupt fuhr nun endlich nach Bonn, nachdem Moskau fünf Jahre lang dies verhindert hatte. Und auch diesmal intervenierte der Generalsekretär. Gorbatschow wollte vor Honecker an den Rhein reisen. Doch Honecker setzte sich so souverän durch wie 1983, als er eine »Koalition der Vernunft« einforderte, nachdem Moskau alle Abrüstungsgespräche abgebrochen hatte. Sein außenpolitischer Alleingang hätte ihm damals fast den Posten gekostet, aber es trug ihm und der DDR seinerzeit international hohe Wertschätzung ein.

Honecker als Staatsgast in der Bundesrepublik. Die Granden aus Politik und Wirtschaft umflatterten ihn. Jeder wollte mit ihm aufs Bild.

Moskau zieht die 12. Panzerdivision (Neuruppin), die 25. Panzerdivision (Vogelsang), die 11. Panzerdivision (Dresden) und eine Luftsturmbrigade (Cottbus) ab. Auf der Gegenseite holen die USA ihre 1. Panzerdivision (Ansbach) des VII. Armeekorps und die 8. mechanisierte Division (Bad Kreuznach) des V. Armeekorps in die Staaten zurück.

Nicht unwichtig für uns im Norden der Republik war die Ankündigung, daß durch Strukturveränderungen die Offensivmöglichkeiten der 1. Panzerdivision (Hannover) und der 3. Panzerdivision (Buxtehude) der Bundeswehr verringert werden sollen.

Aber im Kern blieb alles wie es war. Generaloberst Joachim Goldbach erklärte in einem Interview mit *Neues Deutschland* am 10. August 1993, warum das so war: »Es gab im Offizierskorps zu einzelnen Problemen widersprüchliche Auffassungen zur Armeeführung. Zum Beispiel zur Maßgabe, jederzeit 85 Prozent der Truppen in Gefechtsbereitschaft zu haben. Das war tatsächlich ein ausgemachter Unfug und lag einfach daran, daß die Armeeführung das Verhältnis zur Sowjetunion und zu deren höheren Militärführung immer völlig tabu hielt. Man war der Meinung, daß Geschlossenheit Vertrauen fördert. Und es waren Bestrebungen dabei, im sozialistischen Lager als Musterschüler zu gelten.

Diese schizophrene Situation führte vor allem in den 80er Jahren dazu, daß ein Teil des Offizierskorps recht kritisch war. Die Kritik ging nicht dahin, das System beseitigen zu wollen, sondern orientierte sich auf Reformen in der Armee und in der DDR.«

Es war aber nicht opportun, Befehle zu monieren. Es galt: »Befehl ist Befehl.«

Der langjährige Chef der Politischen Verwaltung der Landstreitkräfte, Wolfgang Rothe, schrieb dazu 1997 in seinem Buch »Jahre im Frieden«: »Wir müssen ehrlich zu der Schlußfolgerung kommen, daß wir fast 40 Jahre im Zustand erhöhter Gefechtsbereitschaft gelebt haben. Stets so, als würde in wenigen Augenblicken eine militärische Aggression beginnen!«

Mißtraute man höherenorts der eigenen Aufklärung? Den Analytikern, den Wissenschaftlern?

Die in Strausberg erarbeiteten Aufgaben für die Ausbildungsjahre, basierend auf Vorgaben aus Moskau, standen im Widerspruch zur aktuellen politischen Lage in Europa. Erkennbar wurde ein Widerspruch im Denken und Handeln der Politiker und Militärs im Warschauer Vertrag. Die vorgegebene These von einer »akuten Kriegsgefahr« war den Armeeangehörigen nicht mehr überzeugend zu vermitteln.

Das Schweigen über notwendige Reformen im System der Ausbildung, der Dienst-, Arbeits- und Lebensbedingungen der Armeeangehörigen, ob Soldat oder Offizier, erwies sich am Ende als kontraproduktiv. Dieses Schweigen war aber nicht nur für die NVA typisch. Auch heute hört man von Militärs, allerdings erst wenn sie aus dem Dienst ausgeschieden sind, wie notwendig Reformen und Einsparung von Ressourcen seien.

Die Abrüstungsverhandlungen in Wien und unsere defensive Militärdoktrin beeinflußten das Denken und Handeln der Bürger der DDR. Besonders die jungen Männer, ob Soldat oder künftiger Wehrpflichtiger, stellten immer lauter die Frage nach dem Sinn des Soldatseins. Die Bereitschaft der jungen Männer zum freiwilligen Dienst in der NVA, sei es als Unteroffizier oder Offizier, ging seit 1986 stetig und vor allem empfindlich zurück. Es war auch ein Indiz dafür, daß man sich von dem Staat DDR zurückzog. Es war kein Gemeinwesen mehr, dem man dienen mochte. Nicht für Geld und gute Worte.

In dem Maße, wie der Nachwuchs ausblieb, nahm die Belastung der anderen zu. Die Fehlstellen bei Offizieren und Unteroffizieren, besonders in den Mot.-Schützen- und Panzereinheiten, führten zu einer weiteren Belastung der Bataillonskommandeure und Kompaniechefs. Für die Kommandeure, Chefs und Leiter sowie für die Parteisekretäre und Politstellvertreter in den Regimentern und Bataillonen wurde es nicht einfacher, zumal sie nun die zusätzliche Pflicht hatten, den »engen Zusammenhang zwischen dem erfolgreichen Kampf um die Festigung der Ergebnisse der Entspannung und der dazu notwendigen täglich garantierten Gefechtsbereitschaft zu erläutern«.

Intensivierung der Ausbildung

In den Befehlen des Ministers für Nationale Verteidigung über die Aufgaben der Nationalen Volksarmee in den Ausbildungsjahren 1988 und 1989 waren keine lagebedingten Korrekturen in den Forderungen an die Stäbe und Truppen feststellbar. Die völlige Abhängigkeit von den Vorgaben aus Moskau kam in den Präambeln der Befehle Nr. 100/87, Nr. 100/88 und in der ersten Fassung des Befehls Nr. 100/89 deutlich zum Ausdruck. Dort hieß es: »Zur zielstrebigen und qualitätsgerechten Realisierung der von der Partei-, Staats- und Armeeführung gestellten Aufgaben, der gemeinsamen Militärdoktrin und der Direktive des Oberkommandierenden der Vereinten Streitkräfte sowie der Empfehlungen des Generalstabes der Streitkräfte der UdSSR für die Nationale Volksarmee [...] sind die Kampfkraft, Gefechts- und Mobilmachungsbereitschaft der Führungsorgane, Truppen und Flottenkräfte unablässig zu vervollkommnen.« (GVS-Nr. A 459600)

Um diese Forderungen zu erfüllen, überarbeiteten wir die Pläne zur Herstellung einer höheren Stufe der Gefechts- und Mobilmachungsbereitschaft sowie die Pläne der monatlichen Trainings von einzelnen Schwerpunkten zur Herstellung der Gefechts-

1. März 1988: Appell des Leitungsbauregiments 5 (Neubrandenburg-Fünfeichen).

bereitschaft. Besondere Schwerpunkte waren: die frühzeitige Entfaltung der Kräfte und Mittel der Aufklärung und des funkelektronischen Kampfes; die Beherrschung und sichere Anwendung der Pläne zur Überführung der Stäbe und Truppen in eine höhere Stufe der Gefechtsbereitschaft und zur Entfaltung bei weiterer Verkürzung der Zeitnormative; eine verbesserte Ausbildung zur kurzfristigen Eingliederung und Sicherung der vollen Beherrschung neu zugeführter und modernisierter Waffensysteme,

Führungs- und Sicherstellungstechnik; eine periodische Abstimmung und gemeinsame praktische Trainings mit den Truppen der GSSD zur Beherrschung des gleichzeitigen Verlassens gemeinsamer Standorte; die Verbesserung des Schutzes der Kasernen und Depots vor Luftangriffsmitteln und Präzisionswaffen des potenziellen Gegners.

Dem Standortältesten in Schwerin, dem Chef des Wehrbezirkskommandos, Generalmajor Alfred Walter, gelang es, mit dem Kommandeur der 8. MSD, Oberst Manfred Jonischkies, und dem Kommandeur der sowjetischen 94. Garde-Mot.-Schützendivision, Oberst Alexander V. Rogow, einen Plan für gemeinsame Trainings zum gleichzeitigen Verlassen der Kasernen in und um Schwerin zu erarbeiten und auf dieser Grundlage in den Jahren 1988 und 1989 gemeinsame Alarmtrainings durchzuführen. Begünstigt wurde diese gemeinsame Ausbildung dadurch, daß die 94. Garde-MSD im Krisenfall zum Bestand der 5. Armee (NVA) gehörte.

Der zuletzt genannte Ausbildungsschwerpunkt, der Schutz vor Präzisionswaffen und die Bekämpfung von Präzisionswaffen des möglichen Gegners, bereitete uns erhebliche Sorgen. Mit sehr viel Sorge und Respekt verfolgten wir die konzentrierte Modernisierung der taktischen und operativ-taktischen Aufklärungs-, Führungs-, Waffenleit- und Bekämpfungssysteme sowie die Einführung neuer Munitionsarten, wie die sogenannten Bomblets und die »intelligente« Munition in den Streitkräften der NATO.

Einen besonderen Einfluß auf die Inhalte der Aufklärung, Ausbildung oder der Operativen Einsatzplanung in der NVA und den Armeen des Warschauer Vertrages hatten die Programme der NATO-Staaten zur vorrangigen Bekämpfung von Zielen in der Tiefe der gegnerischen Gruppierung. Intensiv wurden die westliche militärische Fachliteratur, aber auch die verschiedenen Übungen der NATO-Streitkräfte analysiert. Wertvolle Beispiele für die Einteilung der Präzisionswaffen lieferten die Herbstmanöver »Autumn Forge«.

Zur wirksamen Bekämpfung der Präzisionswaffen wurde es ab 1986/87 aus östlicher Sicht dringend erforderlich, einen Komplex von Aufgaben zu erfüllen. Dazu gehörten die Organisation und Durchführung einer ununterbrochenen Aufklärung, die Planung und Führung der Bekämpfung von Präzisionswaffen mit konventionellen und anderen Waffen sowie die Störung und Niederhaltung der Führungs- und Waffenleitsysteme durch den massiven Einsatz von Mitteln des funkelektronischen Kampfes. Selbstverständlich zählten dazu auch aktiv geführte Gefechtshandlungen der Truppen.

Analysen verschiedener Übungen der NATO-Streitkräfte und militärfachliche Literatur ergaben, daß die bis 1986/87 angewandten Methoden zur Bekämpfung gegnerischer Führungs-, Aufklärungs- und Waffensysteme nicht mehr ausreichten. Um die Bekämpfung des Gegners besser planen, koordinieren und führen zu können, wurde in allen Armeen des Warschauer Vertrages, so auch in der 5. Armee der NVA, eine Operative Führungsgruppe formiert. Diese Führungsgruppe wurde vom Chef des Stabes, also von mir, geführt. Zum Bestand dieser Gruppe gehörten die Chefs Raketentruppen und Artillerie, Armeefliegerkräfte und Truppenluftabwehr sowie je ein Offizier der Verbindungsgruppen zur Marine, zur 2. Garde-Panzerarmee (GSSD) und zur 3. Luftverteidigungsdivision. Im Verlauf der Front-Kommandostabsübung »Sewer-88« waren die Planung, Koordinierung und Führung der

2. Juni 1988: Begrüßung durch Brigadegeneral Zbigniew Zalewski, Chef des Stabes des Pommerschen Militärbezirks.

Aufklärung und Bekämpfung der Präzisisionswaffen eine spezielle Lehraufgabe.

Neue Militärdoktrin und Operative Planung

Ab Herbst 1987 begannen wir mit einer völlig neuen operativen Planung. In der ersten Etappe erarbeiteten der Chef des Militärbezirkes V, Generalmajor Horst Sylla, und ich im Oberkommando der GSSD in Wünsdorf den Entschluß des Befehlshabers der 5. Armee für die Verteidigungsoperation.

Nach dem Erhalt des Bestätigungsvermerks durch den Oberkommandierenden der GSSD, Armeegeneral Boris W. Snetkow, begann die zweite Etappe zur Erarbeitung der Operativen Planung für die Führungsebene Division und Armeetruppenteile.

Die Erarbeitung der Gefechtsbefehle und Anordnungen für die Divisionen und Armeetruppenteile erfolgte in der geschützten Führungsstelle im Verteidigungsministerium.

Diese neue Situation gab uns die Möglichkeit, nach der »Methode der aufeinanderfolgenden Arbeit« auf der Grundlage der Vorgaben aus Wünsdorf, der Operationsdirektive, alle Gefechtsbefehle und -anordnungen zu erarbeiten. Ebenso konnten die Divisionskommandeure im klassischen Sinne ihre »Entschlüsse für die Verteidigung« fassen.

In der dritten Etappe erarbeiteten die Divisionskommandeure alle erforderlichen Gefechtsdokumente für ihre Regimenter mit der Unterstützung der Chefs und Leiter des Kommandos des Militärbezirkes V. Hierfür standen Arbeitsräume im Operativ-taktischen Ausbildungszentrum in Neubrandenburg zur Verfügung.

Parallel zu den genannten Arbeiten in Strausberg und Neubrandenburg wurde im vorgesehenen Verteidigungsstreifen der Divisionen und Verteidigungsabschnitte der Mot.-Schützen- und Panzerregimenter eine umfassende Rekognoszierung durchgeführt.

Ich erinnere mich gern an die gute und kameradschaftliche Zusammenarbeit mit dem Kommandeur der 94. Garde-Mot.-Schützendivision, Oberst Alexander W. Rogow, mit dem Kommandeur des in Güstrow stationierten selbständigen Panzerregiments 138, Oberstleutnant Boris D. Below, und mit dem Kommandeur des selbständigen Panzerregiments 221, Oberstleutnant Dimitri P. Pilipenko, in Ludwigslust. Mehrfach brachten diese

*Verteidigungsminister Heinz Keßler besucht die an »Schild-88«
teilnehmenden NVA-Soldaten, Juni 1988.*

Kommandeure und Offiziere des Divisionsstabes bzw. der Regimentsstäbe zum Ausdruck, daß sie gerne »unter unserer Regie« an Übungen oder Stabstrainings teilnehmen. Ihnen gefielen die Einhaltung der Zeitpläne, die Art und Weise der Arbeitsorganisation, der Umgangston und die Respektierung der Leistungen des Soldaten und des Verbindungsoffiziers.

Im Verlaufe der Rekognoszierung mußte ich wiederholt in Geländeabschnitte in der Nähe der Staatsgrenze der DDR zur BRD. Bei der Bestimmung des Verlaufs von vorgeschobenen Stellungen und Stellungen im Sicherungsstreifen im Abschnitt Dömitz-Darchau mußte ich zeitweilig den Kolonnenweg am bzw. auf dem östlichen Elbdeich nutzen. Dadurch bekam ich erstmalig seit meiner Kindheit die Möglichkeit, einen Teil der Kurstadt Hitzacker an der Elbe zu sehen, also der Stadt, in der ich 1944 eingeschult wurde und das Schwimmen erlernt hatte. Meine Gedanken und Empfindungen konnte ich jedoch weder den mich begleitenden Offizieren der Grenztruppen noch Offizieren im Kommando

> **DDR-Verteidigungsminister bei „Schild 88" in Polen**
>
> Armeegeneral Heinz Keßler besuchte Soldaten der NVA
>
> Warschau (ADN). Die an der Übung „Schild 88" in der Volksrepublik Polen beteiligten Stäbe und Truppen zeichneten sich am Dienstag bei Verteidigungshandlungen aus. Bei der Planung und Organisation des Gefechts wiesen die Angehörigen der Nationalen Volksarmee, der Polnischen Armee, der Sowjetarmee und der Tschechoslowakischen Volksarmee ihr militärisches Können zum Schutz des friedlichen Aufbauwerkes ihrer Völker nach. Beeindruckend wurde das enge Zusammenwirken zwischen den Streitkräften der Verbündeten demonstriert.
>
> Am Nachmittag besuchte DDR-Verteidigungsminister Armeegeneral Heinz Keßler, Mitglied des Politbüros des ZK der SED, die an der Übung teilnehmenden Angehörigen der Nationalen Volksarmee. Generalmajor Georg Löffler meldete, daß sie mit großer Einsatzbereitschaft an der Seite der Waffenbrüder alle Aufgaben vorbildlich erfüllt haben. Minister Keßler dankte den Armeeangehörigen für die bisherigen Ergebnisse und wünschte ihnen für den weiteren Verlauf von „Schild 88" viel Erfolg.
>
> Am selben Tag gab es zahlreiche Freundschaftstreffen der Übungsteilnehmer.

Neues Deutschland, 8. Juni 1988

des Militärbezirkes V mitteilen. Nur meiner Frau erzählte ich nach der Rückkehr davon.

Die neue Militärdoktrin und Übungen

Entsprechend den militärischen Grundsätzen der neuen, defensiv ausgerichteten Militärdoktrin war die bisher gewohnte Übungspraxis nicht mehr anwendbar. Ein Umdenken wurde erforderlich, und die Kenntnisse über die Organisation und Durchführung einer standhaften Verteidigung mußten verstärkt vermittelt und gefordert werden. Zu diesem Zweck wurden Weiterbildungslehrgänge und verschiedene Lehrvorführungen durchgeführt. Ab dem Sommer 1987 gehörten militärwissenschaftliche Untersuchungen, Erprobungen und spezielle Lehrvorführungen zur Problematik »Verteidigung« zum Inhalt der Kommandostabs- und Truppenübungen.

Im Juli 1987, zwei Monate nach der Veröffentlichung der neuen Militärdoktrin fand unter der Bezeichnung »Freundschaft-87« auf dem polnischen Truppenübungsplatz Drawsko Pomorski eine Kommandostabsübung mit Darstellungstruppen statt.

Begrüßung an der Grenze von polnischen Militärs.

Übungsteilnehmer waren je ein Stab einer Mot.-Schützendivision und ein Mot.-Schützenregiment aus dem Pommerschen Militärbezirk (Polen), aus der sowjetischen Nordgruppe der Truppen und aus dem Militärbezirk V der NVA. Aus dem Militärbezirk V nahmen der Kommandeur, Oberst Rolf Bogdanow, und der Stab der 1. Mot.-Schützendivision sowie das Mot.-Schützenregiment 1, Kommandeur Oberstleutnant Armin Schneider, teil. Eine kleine operative Gruppe aus dem Kommando des Militärbezirks V und ich arbeiteten im Leitungsstab mit. Der Leitende der Übung war der von mir sehr geachtete Generaloberst Wojciech Baranski.

Die Besonderheit dieser gemeinsamen Übung bestand darin, daß die drei Mot.-Schützenregimenter das Gefecht zur Abwehr eines Angriffs des Gegners, das Gefecht in der Tiefe des Verteidigungsraumes und Gegenangriffe mit Gefechtsschießen durchzuführen hatten. Die Handlungen der drei Mot.-Schützenregimenter und die Führungstätigkeit der drei Divisionskommandeure wurden sehr aufmerksam von einer Kontrollgruppe aus dem Stab der Vereinten Streitkräfte unter der Leitung des Oberkommandierenden, Marschall der Sowjetunion Viktor G. Kulikow, verfolgt. Nach dieser Übung wurden im Stab der Vereinten Streitkräfte weitere Empfehlungen für die Ausbildung zum Schwerpunkt »Verteidigung« erarbeitet und an die verbündeten Streitkräfte überreicht.

Ein Jahr später, im Juni 1988, nahm ich letztmalig an einer Übung in Polen teil. Ich erhielt die Aufgabe, mit dem Stab der 5. Armee an der Front-Kommandostabsübung »Schild-88« teilzunehmen. Dabei sollte ich in der Rolle des Befehlshabers der 2. Armee (NVA) handeln. Der Chef des Militärbezirkes V, Generalleutnant Horst Sylla, der eigentliche Befehlshaber der 5. Armee, leitete zur gleichen Zeit die Mobilmachungsübung mit dem Ausbildungszentrum 19 auf dem Truppenübungsplatz Klietz.

Auf die Teilnahme an der großen Übung im Koalitionsbestand in Polen freute ich mich sehr. So hoffte ich auf das Wiedersehen von Generalen und Offizieren, mit denen ich schon an mehreren gemeinsamen Übungen teilgenommen hatte bzw. die ich vom Studium in Moskau kannte. Zu einigen von ihnen bestand ein sehr freundschaftliches Verhältnis, so mit dem Chef des Stabes des Pommerschen Militärbezirkes, Brigadegeneral Zbigniew Zalewski. Des weiteren wollte ich, abgestimmt mit den Chefs und Leitern im Armeestab, eine verbesserte Arbeitsorganisation auf dem Gefechtsstand nach Erhalt einer Gefechtsaufgabe oder im Verlaufe der Operation erarbeiten und danach handeln.

Diese Front-Kommandostabsübung stand unter der Leitung des polnischen Verteidigungsministers, Armeegeneral Florian Siwicki, und diente der weiteren Vervollkommnung der Truppenführung im Koalitionsbestand und des Zusammenwirkens aller Teilstreitkräfte.

An der Übung im Nordwesten Polens nahmen neben dem Stab der 2. Front (Polen) Armeestäbe und Darstellungstruppen teil, insgesamt bis zu 14.500 Mann.

Im Zusammenhang mit der Umsetzung der militärischen Grundsätze der neuen Militärdoktrin in der Ausbildung der Stäbe und Truppen sollte die Übung »Schild-88« einige Voraussetzungen schaffen und Lösungswege aufzeigen.

Besondere Schwerpunkte und Lehrfragen waren das Zusammenwirken der Land-, Luft- und Seestreitkräfte beim Übergang des »Aggressors« zum Angriff, die Durchführung einer Luftverteidigungsoperation und die Seelandeabwehr.

Die Bedeutung für die weitere Ausbildung aller Streitkräfte des

Warschauer Vertrages war groß. Deshalb waren die Führung des Stabes der Vereinten Streitkräfte, alle Verteidigungsminister der Staaten des Warschauer Vertrages und der Vorsitzende des polnischen Staatsrates, Armeegeneral Wojciech Jaruzelski, als Gäste erschienen.

Auch die Chefs mehrerer Militärakademien beobachteten den Verlauf der Übung.

Verständlich, daß wir uns auf die Entschluß- und Lagemeldungen an den Oberbefehlshaber der 2. Front, Generaloberst Wojciech Baranski, äußerst intensiv vorbereiteten.

Wir haben die Examen bei dieser großen Übung bestanden. Unsere gemeinsame Arbeit war erfolgreich.

So konnten die Übungsteilnehmer aus dem Kommando des Militärbezirkes V beweisen, daß wir unser Handwerk beherrschten. Unterstützung erhielt ich im Verlaufe der Übung von Oberst Willi Prinz (Chef Raketentruppen und Artillerie), Oberst Siegfried

Lotte Ulbricht besuchte 1988 den Truppenteil »Bruno Kühn« (LBR-5). Bruno Kühn war ihr Bruder und 1944 als sowjetischer Militäraufklärer von den Nazis in Brüssel hingerichtet worden.

Zacher (Chef Nachrichten/Fernmeldewesen), Oberst Fred Kühner (Leiter Operativ), Oberst Hans Kutzbach (Chef Rückwärtige Dienste) und Oberst Dieter Bunkahle von der Politverwaltung.

In den Streitkräften des Warschauer Vertrages war schon seit Jahren die Planung des Einsatzes von Kern- und chemischen Waffen untersagt. Daher waren wir verwundert über die Information, daß bei der NATO-Übung »Wintex/Cimex« im Februar und März 1989 ca. 40 Kernwaffenschläge geplant wurden.

Erste Begegnung mit Offizieren der Bundeswehr

Im April 1989 fand auf den Truppenübungsplätzen Letzlinger Heide und Klietz die taktische Übung »Zyklus-89« mit der 8. Mot.-Schützendivision (Kommandeur Oberst Manfred Jonischkies) und Teilen der 1. Mot.-Schützendivision (Kommandeur Oberst Peter Priemer) zum Thema »Die Division in der Verteidigung« statt.

In der 33jährigen Geschichte des Militärbezirkes V sollte es die letzte Divisionsübung sein – was wir damals jedoch nicht ahnten.

Obwohl das Panzerregiment 8 (Goldberg) nach dem 15. April 1989 aufgelöst werden sollte, nahm es noch an der Übung teil und erreichte bei der Übungsetappe »Gegenangriff« mit Gefechtsschießen die Note »Gut«.

Diese Übung wurde auf der Grundlage der Beschlüsse von Stockholm von Offizieren der Bundeswehr beobachtet.

Es war meine erste Begegnung mit Offizieren der anderen deutschen Armee. Ich erhielt vom Chef des Hauptstabes, Generaloberst Fritz Streletz, telefonisch die Aufgabe, die Beobachtergruppe am 9. April zu empfangen sowie auf dem Truppenübungsplatz Letzlinger Heide und am 10. April auf dem Truppenübungsplatz Klietz Auskünfte über die Teilnehmer und den Ablauf der Übung zu erteilen.

Am frühen Nachmittag des 9. April traf die Beobachtergruppe unter der Leitung des Oberstleutnant i. G. Klaus Arnold am vereinbarten Treffpunkt bei Letzlingen ein. Nach kurzer Begrüßung und gegenseitiger Vorstellung fuhren wir auf den Truppenübungsplatz. Wir hatten unsere Kommandeure instruiert, daß sie bei Befragungen durch die Beobachter die korrekten Bezeichnungen der Einheiten und Regimenter, den Standorten des Truppenteils, die tatsächlichen Turmnummern an den Panzern und die taktischen Zeichen an den Fahrzeugen nennen sowie Angaben über den Verlauf der Übung oder die Zeiten der Rückverlegung in die Standorte machen dürften.

Es sollte nicht der Hauch eines Mißtrauens entstehen.

Es war für mich interessant zu beobachten, mit welcher Sachkunde und Korrektheit die Beobachter ihre Gespräche mit Oberst Peter Priemer, dem Leiter der Gegnerdarstellung, führten.

Auch beim Briefing am Morgen des 10. April gab es keinerlei Nachfragen. Auf soldatische Art erfolgte die Verabschiedung.

Abrüstungsmaßnahmen in der NVA

Am 23. Januar 1989 äußerte Erich Honecker gegenüber dem schwedischen Ministerpräsidenten überraschend, daß die NVA bis Ende 1990 einseitig und unabhängig von Verhandlungen um 10.000 Mann, 600 Panzer (je Division ein Panzerregiment) sowie 50 Jagdflugzeuge vom Typ MiG-21 verkleinert werden würde. Die DDR werde ihre Verteidigungsausgaben um 10 Prozent senken.

Ich kann mich nicht erinnern, daß darüber mit uns Militärs in der Truppe gesprochen worden war. Schließlich hatte das konkrete Auswirkungen.

Die Führung des Militärbezirkes V erhielt nunmehr die Aufgabe, daß die PR-1 (Beelitz), PR-8 (Goldberg) und PR-23 (Drögeheide) bis zum 30. April 1989 ohne Abstriche das Ausbildungsprogramm zu erfüllen hätten und ab dem 1. Mai bis zum 24. Oktober 1989 aufzulösen seien.

Es war für alle Beteiligten nicht einfach, diese Aufgabe zeitgerecht zu erfüllen und sozial verträglich diese Reduzierungsmaßnahme zu gestalten.

Weiterhin wurde in Übereinstimmung mit den KSZE-Verhandlungen das Mot.-Schützenregiment 28 (Rostock) aus dem Bestand der 8. MSD herausgelöst, in Küstenverteidigungsregiment 18 umbenannt und an das Kommando der Volksmarine übergeben. Wilfried Kopenhagen vermerkte dazu in seinem Buch »Die Landstreitkräfte der NVA«: »So verringerte sich im Zählverfahren für KSZE kosmetisch der Bestand der Landstreitkräfte; und auf diese Weise kam die Bundesmarine nach der deutschen Einheit auch zu Panzern T 55.«

Zerfällt der Warschauer Vertrag?

Ende Mai 1989 erhielt ich vom Chef des Hauptstabes die Aufgabe, als Vertreter der NVA an der Front-Kommandostabsübung »Balkan-89« in Bulgarien teilzunehmen. Am 4. Juni traf ich in Begleitung eines Offiziers vom Kommando der Landstreitkräfte in Sofia ein. In einem Hotel der bulgarischen Streitkräfte gab es ein freundliches Wiedersehen mit guten Bekannten aus Warschau, Budapest und Prag. Diese Übung hatte die Vorbereitung und Durchführung einer Verteidigungsoperation im Koalitionsbestand zum Inhalt. Zum Bestand der 1. Front gehörten zwei bulgarische Armeen, eine rumänische und eine sowjetische Armee.

Aus der Idee der Front-Kommandostabsübung war ersichtlich, daß Jugoslawien im Krisenfall neutral bleiben, daß Griechenland vor Beginn eines Krieges aus der Gemeinschaft der NATO austreten würde und nur die Türkei einen Angriff gegen Bulgarien führen könnte.

Erstaunt war ich darüber, daß die Vertreter der rumänischen Streitkräfte sehr auffällig eine besondere Rolle spielten. Dazu

Solche Übungspausen sind inzwischen Geschichte.

gehörte, daß ihre Entschluß- und Lagekarten nicht russisch beschriftet waren und die Meldungen an den Oberbefehlshaber der Front nur in rumänisch und mit Inanspruchnahme eines Dolmetschers erfolgten.

Während der Übung waren wir in der Nähe des Leitungsstabes in Zelten untergebracht, das war fast »kriegsmäßig«. Im Zeltlager und bei der Einnahme der Mahlzeiten vermieden die Rumänen jeden Kontakt zu den Generalen und Offizieren der verbündeten Streitkräfte. Das stieß auf Mißfallen. Besonders kritisch über das Verhalten der Rumänen äußerte sich der Befehlshaber der 10. Armee aus dem Odessaer Militärbezirk. Mit den Marschkolonnen des Armeestabes hatte er bei Nacht und mit maximaler Geschwindigkeit unter strenger Aufsicht der Polizei das rumänische Gebiet zwischen Galati/Reni und Calarasi/Silistra passieren müssen.

Mit etwas Verwunderung nahm ich zur Kenntnis, daß wiederum die Vertreter der polnischen und ungarischen Armee sehr kritisch über die Sowjetunion sprachen und deren Führungsrolle in den Vereinten Streitkräften explizit in Frage stellten.

Der mich begleitende Oberstleutnant und ich unterließen jeglichen Kommentar. Doch es war nicht zu überhören und zu übersehen: Es knirschte heftig. Und wir stellten uns heimlich die Frage: Wie stabil und fest ist das Bündnis noch?

Die Übung in Bulgarien war für uns sehr lehrreich und gab mehrere Anregungen für die Ausbildung der Stäbe und Truppen der Landstreitkräfte der NVA. Das war das einzig Positive am Aufenthalt in Bulgarien. Das andere gab ich meinem Vorgesetzten gefiltert wieder. Ich wollte meine Verunsicherung nicht übertragen.

Versetzung ins Ministerium für Nationale Verteidigung

Im März 1989 erfuhr ich bei einem Kadergespräch beim Chef der Landstreitkräfte, daß ich ab Januar 1990 in den Hauptstab versetzt werde solle, und zwar in den Dienstbereich des Stellvertreters des Chefs des Hauptstabes für Organisation (personelle Auffüllung, Mobilmachung [Stellenplan- und Ausrüstungsnachweis = STAN]), zu Generalleutnant Günter Leistner.

Einerseits freute ich mich über die neue Aufgabe, da der gesamte zu bearbeitende Komplex ein sehr interessantes Arbeitsgebiet darstellte. Etwas Bedenken hatte ich dahingehend, daß für mich als Mann aus der Truppe der Einstieg in die ministerielle Arbeit und Lebensweise nicht sehr einfach sein würde, da die Mehrzahl der Chefs, Leiter und Mitarbeiter im Verteidigungsministerium dort schon sehr lange saßen. So wurde jeder Neue wie ein fremder Eindringling sehr kritisch ins Visier genommen.

Andererseits wäre ich noch gern in Neubrandenburg geblieben, denn ich kannte das Terrain aus den verschiedenen Dienststellungen im Militärbezirk V sehr gut.

Nach einer Lehrvorführung am 28. Oktober 1989 begann ich mit der Übergabe der Dienstgeschäfte an meinen Nachfolger, Christian Reiche, Generalmajor seit dem 7. Oktober 1989 und bisher Kommandeur der 9. Panzerdivision.

Am 3. November 1989 wurde ich aus dem Militärbezirk V und aus den Landstreitkräften der NVA verabschiedet.

Zum Abschluß meiner 34 Dienstjahre in den Landstreitkräften erhielt ich den »Vaterländischen Verdienstorden« in Bronze. Ebenso freute ich mich über das Abschiedsgeschenk, eine Militäruhr »Komandirskije«, die mir mein Partner in der 2. Garde-Panzerarmee, Generalmajor A. T. Pimenow, überreichte. Der Chef der Spezialaufklärungskompanie 5, Hauptmann Olaf Kersten, überreichte mir ein Fotoalbum mit dem Vermerk, daß ich zum Ehrenmitglied der 1. Gruppe ernannt worden sei.

Soldaten der Spezialaufklärungs-Kompanie (Glöwen).

Eigentlich sollte ich ab dem 13. November 1989 an einem sechswöchigen Weiterbildungslehrgang teilnehmen und mit Beginn des Jahres 1990 mit der Einarbeitung in die neue Dienststellung beginnen. Der Lehrgang wurde storniert, die Lageentwicklung in der DDR und die Einleitung des Umschwungs, der Wende, zwang zur Korrektur so mancher Pläne und Vorhaben.

Am 18. Oktober war Erich Honecker zurückgetreten und Egon Krenz zum Generalsekretär gewählt worden. Die Volkskammer machte ihn am 24. Oktober zum Staatsratsvorsitzenden und zum Vorsitzenden des Nationalen Verteidigungsrates. Das Staatsschiff trieb aber bereits seit Monaten kieloben. Im Frühsommer hatte Ungarn seine Grenze zu Österreich geöffnet, und nachdem Tausende DDR-Bürger durch dieses Loch im »Eisernen Vorhang« geströmt waren und täglich im Westfernsehen aus den Aufnahmelagern im Bundesgebiet berichtet wurde, schien es kein Halten mehr zu geben. Nun stürmten jene, die dem Land den Rücken kehren wollten, die BRD-Botschaften in Budapest, Prag und Warschau.

Als ich am frühen Morgen des 10. November, vor der Abfahrt nach Strausberg, das Radio einschaltete, um wie gewohnt Nachrichten zu hören, wurde ich von der Meldung überrascht, daß die Grenzübergänge nach Westberlin geöffnet seien. Allein an der Grenzübergangsstelle Bornholmer Straße seien bis zu 20.000 Bürger der DDR in den Westteil der Stadt gegangen.

Um mehr zu erfahren, rief ich den Operativen Diensthabenden (OpD) im Kommando an. Auch er hatte keine Informationen von den vorgesetzten Stäben erhalten.

Auf der Fahrt nach Strausberg kamen uns unablässig Autos entgegen. Auch der Kraftfahrer, Unteroffizier Weber, der sonst gern plauderte, schwieg. Was war da los?

Ich erwartete im Ministerium helle Aufregung, doch dort war alles normal und ruhig. Nein, für die NVA und die sowjetischen Truppen auf dem Gebiet der DDR werde keine höhere Stufe der Gefechtsbereitschaft ausgelöst, die Westgruppe der sowjetischen Truppen wird bis auf weiteres keine Übungen durchführen und in den Kasernen bleiben, hieß es.

X.
Das letzte Jahr der NVA – im Verteidigungsministerium

Am Sonnabend, dem 12. November 1989, fand im Tagungszentrum des Verteidigungsministeriums eine ungeplante Parteiversammlung statt, an der auch die Armeeführung teilnahm. Gegenstand der Versammlung war die Lage in der DDR und die Frage »Wie weiter?« Eine äußerst kontrovers geführte Diskussion und die »Sprachlosigkeit« der Armeeführung zwangen zur Fortsetzung der Versammlung am Abend des 14. November. Es war zu spüren, daß sich in den ver-gangenen Jahren und Monaten viel Frust und Unverständnis über das Verhalten des Verteidigungsministers und der Politischen Hauptverwaltung angesammelt hatten.

Die Kritik an der Führung war so massiv, daß der Verteidigungsminister, Armeegeneral Heinz Keßler, der Chef der Politischen Hauptverwaltung, Generaloberst Horst Brünner, und dessen Stellvertreter, Generalleutnant Manfred Volland, – sichtlich über den Verlauf der Versammlung verärgert – ihren Rücktritt bekanntgaben. Das war, so meine damalige Empfindung, der Beginn der Aufhebung aller Regularien, mit denen die SED die NVA bis dato führte. Wenige Wochen später wurden entsprechende Passagen aus dem Verteidigungsgesetz der DDR gestrichen, etwa jene im Gesetz vom 13. Oktober 1978: »Die Landesverteidigung der DDR beruht auf der von der Arbeiterklasse ausgeübten politischen Macht, die sie unter der Führung ihrer marxistisch-leninistischen Partei

Tagungszentrum des DDR-Verteidigungsministeriums in Strausberg bei Berlin, seit 1991 Akademie für Information und Kommunikation der Bundeswehr (AIK)

im Bündnis mit der Klasse der Genossenschaftsbauern, mit der Intelligenz und den anderen Werktätigen wahrnimmt.«

Die Führung der NVA mußte sich in jenen Novembertagen ungefilterte und ungeschminkte Wahrheiten anhören, die sie bis dahin entweder verdrängt oder bewußt nicht wahrhaben wollte. Dafür hatten, wie überall im Lande, der lange Berichtsweg von unten nach oben und die vielen Kontrollinstanzen dazwischen gesorgt. Die häßliche Wahrheit wurde von Ebene zu Ebene hübscher geschminkt, und als sie ihr Ziel erreichte, erschien sie als strahlende Schönheit. Daß es sich so verhielt, war also nicht nur dem Empfänger geschuldet, der es so wünschte. An diesem Vorgang waren sehr viele beteiligt.

Gleichwohl: Die Führung haftete dafür – sie war die Führung. Sie kannte die Mechanismen. Sie hätte sie verändern können und müssen. Das tat sie nicht. Nun kam die Quittung.

Und je mehr insistiert und gefragt wurde, desto klarer wurde auch, daß manche Vorgabe aus dem Verteidigungsministerium nicht nur der veränderten Realität im Lande, sondern auch nicht jener auf der internationale Bühne mehr entsprach. Und aus der Armee wurde zugleich eine Reservearmee für die Volkswirtschaft gemacht.

Das wird sehr deutlich beim Lesen der ersten Fassung des Befehls Nr. 100/89 und des Befehls Nr. 100/88 des Ministers für Nationale Verteidigung. Im Befehl Nr. 100/88 hieß es: »Der Stand der Aggressionsbereitschaft des Gegners und seine Handlungsabsichten sind ständig aufzuklären und zu analysieren, um eine Überraschung zu verhindern und jederzeit die erforderliche Reaktionsfähigkeit der Nationalen Volksarmee zu sichern [...] Es ist des weiteren der Einsatz von Angehörigen der NVA zur Lösung volkswirtschaftlicher und militär-ökonomischer Aufgaben als fester Bestandteil der Pflichterfüllung in hoher Qualität zu realisieren.«

Im Ausbildungsjahr 1987/88 kamen monatlich ca. 5.400 Armeeangehörige und 310 Kraftfahrzeuge in der Volkswirtschaft zum Einsatz. Im Jahre 1989 waren es schon 10.000, darunter 95 Lokführer und 30 Rangierer.

Trotz dieser und anderer Widersprüche wurde von Minister Keßler befohlen, »die politische Arbeit hat voll im Zeichen des 40. Jahrestages der DDR, ihres erfolgreichen Weges sowie ihrer stabilen und dynamischen Weiterentwicklung zu stehen«.

Die DDR war zu jener Zeit, und das sah jeder inzwischen, weder wirtschaftlich noch politisch stabil. Von einer »dynamischen Weiterentwicklung« konnte keine Rede mehr sein. Das Bewahren des Erreichten wäre bereits ein Erfolg gewesen.

Ich unterstützte jede Handlung und jede Festlegung, die zur Verbesserung der Dienst- und Arbeitsbedingungen der Armeeangehörigen, zur Minderung der überlasteten Ausbildungsprogramme oder zur Entlastung der Zugführer, Kompaniechefs oder Bataillonskommandeure von zusätzlichen Aufgaben beitrug.

Als Admiral Theodor Hoffmann am 18. November zum neuen Verteidigungsminister und im Dezember Generalleutnant Manfred Grätz zum Chef des Hauptstabes berufen wurde, schöpfte nicht nur ich Hoffnung. Ich verband damit auch Erwartungen, die ich dem Minister am 19. November in einem persönlichen Brief mitteilte. Gleichwohl: Die eingeleitete Verjüngung der Führung der NVA und der Teilstreitkräfte kam um einige Jahre zu spät. Ich teilte die Auffassung vieler Kameraden, daß das langjährige Ausüben einer Dienststellung nicht in jedem Falle positiv für die Truppe war. Beispielsweise waren der Chef der Landstreitkräfte und der Chef der Luftstreitkräfte/Luftverteidigung schon seit 1972 im Amte.

Die ab Jahreswechsel 1989/90 beginnende, zum Teil abrupte Entlassung von älteren Generalen und Admiralen hätte bei Vorhandensein einer Dienstlaufbahnordnung, die auch ein Renteneintrittsalter bestimmte, verhindert werden können. In der Sowjetarmee sprach man scherzhaft vom »Dienen bis zum Tode«. Das war keine Lösung. In unseren Gesprächen wurde geäußert, daß ein Minister bis zum 65. Lebensjahr, ein Generaloberst bis zum 63., ein Generalleutnant bis zum 62. und Generalmajor bis zum 60. Lebensjahr, und Oberste und Kapitäne z. See, die keine Aussicht auf eine Generals-/Admiralsdienststellung hatten, bis zum 60. Lebensjahr ihren Dienst in der NVA ausüben und dann ausscheiden sollten.

Wir meinten auch, wenn jemand beruflich sehr belastet ist, wie etwa der Kommandeur einer Mot.-Schützendivision, dann wäre der Wunsch nach einer Entlassung schon von selbst gegeben! In jenen Monaten kam es auch in der NVA zu kritischen Auseinandersetzungen über die Ursachen für das Scheitern des Sozialismus in der DDR und den anderen Staaten des Warschauer Vertrages.

Es begann auch für mich ein nicht einfacher Prozeß des Lernens und des Umdenkens.

Als die bisher staatstragende Partei, die SED, ihren Führungsanspruch auf die NVA aufgab, wurde damit auch der Verbleib in der Partei zur Disposition gestellt. Unter jenen, die ihre Mitgliedschaft beendeten, war auch ich. Danach habe ich jedes Angebot zur Mitgliedschaft in einer Partei konsequent zurückgewiesen. Eine »Parteiarmee« halte ich weder für zeitgemäß noch wünschenswert. Es widerspricht meinem Verständnis von Demokratie.

Erste Versuche einer Militärreform

Am 25. November 1989 tagte erstmals die vom neuen Verteidigungsminister berufene »Kommission für Militärreform«. Sie stand unter Leitung des Hauptinspekteurs der NVA, Generalleutnant Prof. Dr. Hans Süß. Diesen hatte ich im September 1989, während einer zehntägigen Inspektion der selbständigen Truppenteile des Militärbezirkes V, kennengelernt. Ich erlebte ihn als einen sehr sachkundigen und im Umgang mit den Soldaten, Unteroffizieren und Offizieren als sehr korrekten Vorgesetzten. Er war aus der Sicht der Truppe wesentlich sympathischer als sein Vorgänge.

Die Konzeption zur Durchführung der Militärreform sah vor, daß alle Armeeangehörigen und Zivilbeschäftigten aktiv an der Umsetzung der Militärreform mitwirkten. Das war die Absicht, doch nicht alle in der NVA fühlten sich angesprochen, nicht jeder wollte eingefahrene Gleise verlassen und längst überfällige Korrekturen in der Ausbildung oder im allgemeinen Dienstablauf der Stäbe und Truppen unterstützen. Es gab Widerstand und Passivität. Das mußten wir beispielsweise auch bei der Erarbeitung von Teilbeiträgen zur Realisierung der »Führungskonzeption des Ministers für Nationale Verteidigung für die Fortführung der Militärreform der DDR« vom 8. Februar 1990 hinnehmen.

Ferner wurden sicherheitspolitische Leitsätze und eine Konzeption für eine eigenständige Militärdoktrin der DDR erarbeitet sowie mit der Erarbeitung einiger Grundsatzbefehle begonnen.

Der Befehl Nr. 100/89 des Verteidigungsministers über die Aufgaben der NVA im Ausbildungsjahr 1989/90 wurde überarbeitet und mit Wirkung vom 21. Februar 1990 an die Truppen übergeben. An die Stelle des »Klassenauftrages« war der »Verfassungsauftrag« getreten.

Die Erarbeitung von Teilbeiträgen an diesen und weiteren Grundsatzbestimmungen stellte an die Mitarbeiter der Verwaltung Organisation und mich neue Anforderungen. Es kamen keine Vorgaben des Nationalen Verteidigungsrates oder aus Moskau.

Die Militärreform wurde Opfer der politischen Entwicklung und bis zum Sommer 1990 lediglich in Teilen realisiert.

Einsatz als Chef der Verwaltung Organisation

Am 31. Januar 1990 endete meine zweieinhalbmonatige Einarbeitungszeit in die neue Dienststellung als Chef der Verwaltung Organisation im Hauptstab der NVA. In dieser bewegten Zeit gab es für meine Frau und mich wieder einen Wohnungswechsel. Wir zogen von Neubrandenburg nach Strausberg in eine Drei-Zimmer-Wohnung.

Seit dem 14. November 1989 unterstützten mich die drei Abteilungsleiter in der Verwaltung Organisation sehr kameradschaftlich. Das waren der Leiter der Abteilung »Strukturen und Stellenpläne der Nationalen Volksarmee und der Grenztruppen der DDR«, Oberst Dieter Schaaf, der Leiter der Abteilung »Koordinierung und Dislozierungsdienst«, Oberst Hademar Leiterer, und der Leiter der Abteilung »Nachweis der materiellen Ergänzung und Bestand der NVA und Grenztruppen der DDR«, Oberst Horst Nerlich. Aus den Bezeichnungen der drei Abteilungen ging der Inhalt meines neuen Arbeitsgebietes hervor.

Am 2. Februar 1990 übernahm ich protokollarisch die Verwaltung Organisation von deren bisherigem Chef, Generalmajor Herbert Schmerler. Meinen Vorgänger kannte ich bisher nicht, wir bekamen in den Tagen der Übergabe erstmals miteinander zu tun. Seit 1963 war er in der Dienststellung des Chefs der Verwaltung Organisation, das waren 27 Dienstjahre im gleichen Büro. Schon mit Beginn seiner Dienstzeit als Polizist, im Jahre 1948, gehörte die Personal- bzw. Kaderarbeit zu seinen Aufgaben. Er gehörte zu der Gruppe von Berufssoldaten, die, wie man in der Truppe sagte, »noch nie eine Kompanie zum Essen geführt haben«. Generalmajor Herbert Schmerler hatte sich im Verteidigungsministerium und im Hauptstab der NVA einen besonderen Platz erobert. So wie er waren sehr viele Generale und Offiziere mehr als zehn bis fünfzehn Jahre in ihren Dienststellungen bzw. im Verteidigungsministerium tätig.

Das hatte unweigerlich zur Folge, daß eine Vielzahl von Befehlen, Anordnungen und Entscheidungen, die in Strausberg erarbeitet und veranlaßt wurden, nicht in jedem Falle die wahre Situation der Truppe berücksichtigten, einige waren wenig truppenfreundlich und nicht zeitgemäß. Das habe ich während meiner Dienstjahre als Regiments- und Divisionskommandeur mehrfach feststellen müssen. Diese für mich unverständliche Praxis in der Kaderarbeit hatte aber auch zur Folge, daß vielen jungen, gut ausgebildeten und talentierten Offizieren der Weg in eine höhere Dienststellung versperrt blieb.

Von der NVA zum Territorialheer-Ost?

Anfang des Jahres 1990 tagte in Berlin die deutsch-deutsche Friedenskonferenz. Die Friedensforscher diskutierten über die reale Chance zur Beendigung des Ost-West-Konfliktes, die Möglichkeit zum Aufbau einer europäischen Friedensordnung und die Entmilitarisierung der DDR. Kapitän zur See Dr. Siegfried Fischer von der Militärakademie »Friedrich Engels« meinte, daß »der Wegfall des alten Feindbildes die Erosion der NVA befördert« und »ein Staat, der mit seinem einstigen Hauptfeind zusammenwächst, kein Militär mehr braucht«.

Also: kein Gegner mehr – Nationale Volksarmee adé?

Über die Perspektive der NVA wurde sehr viel diskutiert und gerätselt. Viele hofften, daß eine zahlenmäßig verjüngte und reformierte ostdeutsche Armee Teil der gesamtdeutschen Streitkräfte werden könnte. Diese Hoffnungen basierten auf Äußerungen Rainer Eppelmanns, Minister ohne Portepee in der Regierung Modrow, die der Pfarrer am 19. Februar 1990 in Strausberg machte. Er erklärte, daß nach den Wahlen in der DDR am 18. März 1990 eine gemeinsame Militärkommission zwischen der NVA und der Bundeswehr gebildet werden sollte. Mittelfristig müsse es aus seiner Sicht im gesamteuropäischen Prozeß die NVA geben.

Später, dann schon als Minister für Abrüstung und Verteidigung im Kabinett de Maizière, sprach er am 2. Mai 1990 auf der Kommandeurstagung der NVA davon, daß die NVA »schrittweise bis 1992/93 auf eine Gesamtstärke von 100.000 Armeeangehörigen« gebracht werden solle.

Gegenüber der *Berliner Zeitung* (24. Juli 1990) verneinte er bereits eine Fort-Existenz der NVA und sagte, »die DDR-Armee soll als ein Territorialheer in das vereinigte Deutschland eingehen«.

Ähnlich äußerte sich auch der Staatssekretär Werner E. Ablaß zu Beginn des Monats Juni 1990.

Mit »preußischer Gründlichkeit« arbeiteten wir an verschiedenen Modellen neuer Strukturen, Stellenpläne und Ausrüstungsnachweise (STAN) für das Ministerium für Abrüstung und Verteidigung sowie für die Teilstreitkräfte. Die Publikation *Militärreform in der DDR* informierte darüber ausführlich in den Ausgaben Nr. 8, 17 und 20/1990.

Das waren die Arbeiten am STAN-2000 (ab 5. 1. bis 29. 5. 1990), am STAN-93 (vom 5. 6. bis 6. 8. 1990) und am STAN-95

Verteidigungsminister Theodor Hoffmann und sein Nachfolger, Pfarrer Rainer Eppelmann.

(vom 6. 8. bis 14. 8. 1990). Ergänzend dazu entstanden Varianten für neue Bezeichnungen für Dienstgrade, Dienststellungen sowie »Grundsätze zur neuen Dislozierung der NVA« und Strukturbilder für die neu zu schaffenden »Wehrbereiche«. Für diese Arbeit nahmen wir sehr konsequent Anleihen bei den Strukturen oder Dienstgraden der Bundeswehr.

Die Offiziere der Verwaltung Organisation und ich waren bis zum Treffen Gorbatschows und Kohls im Kaukasus am 15. und 16. Juli 1990 von der Notwendigkeit unserer Arbeit überzeugt.

Mir wurde nach dem Gipfel jedoch klar, daß unsere Arbeit an den neuen Strukturen (STAN-93-95) allenfalls Beschäftigungstherapie war, eine Methode zum Stillhalten, Täuschen und Tarnen. Auch das Schicksal der NVA war in den Bergen des Kaukasus endgültig besiegelt worden. Dieses war auch daran erkennbar, daß Ton, Umfang und Diktion der Berichte über die DDR und die NVA in den westdeutschen Medien sich änderten.

Am 20. August 1990 traf ein Vorkommando der Bundeswehr unter der Leitung des Brigadegenerals Eckhart Richter und des Ministerialdirigenten Gunnar Simon in Strausberg ein. Aufgabe dieses 17 Mann starken Vorkommandos war es, sich einen endgültigen Überblick über den Personalbestand, die Struktur, Organisation, Bewaffnung und Ausrüstung der NVA zu verschaffen.

In der Verwaltung Organisation arbeiteten Oberst i. G. Hans Speidel, Oberst i. G. Frech, Oberstleutnant i. G. Lahmann und Fregattenkapitän Nicolai an den erwähnten Dokumentationen. Die Zusammenarbeit mit ihnen erfolgte mit aller soldatischen Vernunft, denn uns war daran gelegen, daß unser Dienstbereich ordnungsgemäß an die Bundeswehr übergeben würde.

Diesen Auftrag erfüllten wir, jedoch schweren Herzens!

Bei der Realisierung dieser vielfältigen Aufgaben wurde ich von meinem direkten Vorgesetzten, Generalleutnant Günter Leistner, dem Stellvertreter des Chefs des Hauptstabes für Organisation, unterstützt. Und so manchen wertvollen Rat und Hinweis für die Erfüllung meiner funktionellen Pflichten, aber auch für Umgangsformen im Verteidigungsministerium, erhielt ich vom Generalmajor Werner Patzer, dem Chef der Verwaltung Personelle Auffüllung.

Dienstreise nach Bonn-Hardthöhe

Am 15. Juni 1990 reiste ich erstmals nach Bonn ins Bundesministerium der Verteidigung. Zur Delegation des Ministeriums für Abrüstung und Verteidigung gehörten fünf Generale, fünfzehn Offiziere und ein ziviler Mitarbeiter. Wir Militärs trugen Uniform. Der Leiter der Delegation der NVA war der Staatssekretär Werner E. Ablaß. Wir flogen von Marxwalde über Prag nach Köln-Bonn. Der Luftkorridor von Berlin nach Westdeutschland blieb noch immer den Westalliierten vorbehalten.

Schwerpunkte unserer Gespräche auf der Hardthöhe waren die Gewährleistung der Kompatibilität der Organisation deutscher Streitkräfte, besonders ihrer Führungsstrukturen; Aufgaben und Bestand der Führungsstäbe im Bundesministerium der Verteidigung; welche Vorteile sichert die Wehrverwaltung, ihre Aufgaben und wie sollte sie strukturiert sein; Organisation der Personal- und Haushaltsführung.

Die Delegation des Bundesministeriums der Verteidigung und der Bundeswehrverwaltung, ca. 30 Generale, Offiziere und höhere Beamte, stand unter der Leitung des Staatssekretärs Dr. Karl-Heinz Carl.

Die Arbeitsgespräche erfolgten in einer sachlichen und sehr informativen Atmosphäre. In dem Abschlußbericht, den wir zu erarbeiten hatten, stand: »Deutlich wurde erkennbar, daß unter strenger Beachtung des Primats der politischen Führung die erforderliche Kompatibilität in der Organisation deutscher Streitkräfte, besonders ihrer Führungsstrukturen, hergestellt werden muß.«

Staatssekretär Dr. Karl-Heinz Carl, ein gebürtiger Thüringer, meinte zum Abschluß, unsere weitere gemeinsame Zusammenarbeit müsse von Gründlichkeit und Zielstrebigkeit geleitet sein. Und: Es werde in der Perspektive nur eine Armee in Deutschland geben, d. h. die gesamtdeutsche Bundeswehr.

Ab dem 26. Juni 1990, nach Arbeitsgesprächen im Gästehaus der NVA, Schloß Wilkendorf, müßten in der NVA die notwendigen Strukturen erarbeitet werden. Carl empfahl uns, die Arbeiten an der Struktur-93 der NVA zu beenden. Die neu zu erarbeitende Struktur der NVA solle der Bundeswehrstruktur 2000 angeglichen werden, die 1996 in Kraft treten solle.

Die Führung der Bundeswehr, so hieß es, werde sich in ihren

Handlungen in Vorbereitung auf die Wiedervereinigung Deutschlands von den Beschlüssen der NATO-Ratstagung (»Botschaft von Turnberry«) und der 31. Kommandeurstagung der Bundeswehr am 13. Juni 1990 in Fellbach leiten lassen.

Damals hatten wir einige Nuancen, die die Perspektive der NVA und ihrer Führungskräfte betrafen, überhört. Vielleicht war es zu jener Zeit sinnvoll.

Nach den Konsultationen in Bonn am 15. Juni und in Schloß Wilkendorf am 26. Juni 1990 begannen wir wieder preußisch gehorsam mit dem Skizzieren neuer Strukturbilder unter Verwendung von Grundsatzdokumenten und Strukturmustern aus der Bundeswehr.

Eine gelungene Irreführung.

Abschied von unseren sowjetischen Waffenbrüdern

Infolge der Zwei-plus-Vier-Gespräche in Ottawa vom 11. bis 14. Februar 1990, des Kaukasus-Gipfels am 15./16. Juli 1990 und der Vorbereitung des Einigungsvertrages wurde der weitere Aufenthalt der sowjetischen Westgruppe der Truppen (WGT) gegenstandslos und deren Rückzug aus Deutschland bis zum Ende des Jahres 1994 festgelegt. Dieser Termin wurde später »auf Wunsch der russischen Regierung« auf den 30. August 1994 vorverlegt.

Bereits am 31. Juli 1990 beendeten die sowjetischen Militärspezialisten, die Vertreter des Stabes der Vereinten Streitkräfte in der Nationalen Volksarmee, ihre Tätigkeit in der DDR und kehrten in ihre Heimat zurück.

Gern folgten wir der Einladung des für den Dienstbereich Organisation zuständigen sowjetischen Militärspezialisten, Generalmajor Gennadi Morossow, zu einem Abschiedsessen. Erinnert wurde an eine langjährige kameradschaftliche Zusammenarbeit. Angedeutet wurde aber auch, daß die Anwesenheit der Militärspezialisten oder Militärberater schon längst überflüssig war.

Wir spürten, wie schon bei den letzten Aufenthalten in Wünsdorf, daß sich die Vertreter der Sowjetarmee immer reservierter verhielten. In Wünsdorf meinte einer zu mir, daß die NVA zum Feind überlaufe.

Ich ersparte mir die Gegenfrage, wer da als erster übergelaufen sei und die Existenz der DDR zur Disposition gestellt habe. Ungehörig war die Feststellung des Russen durchaus.

Feststellbar war, daß viele unserer sowjetischen Partner, ob Chef des Stabes einer Armee oder Divisionskommandeur, die einen intensiven Kontakt zu den Angehörigen der NVA aufrecht hielten, vorzeitig in die Sowjetunion zurückbeordert wurden. Das war bedauerlich.

Mit der Wiedervereinigung am 3. Oktober 1990 endeten viele Verbindungen. Moskau verfolgte nun in bezug auf Deutschland andere Interessen.

Nach 35 Dienstjahren – Abschied aus den Streitkräften

Am 15. September 1990 erfolgte die Entlassung aller Generale, Admirale und Oberste, die das 55. Lebensjahr erreicht hatten. In sehr bewegender Form verabschiedete sich am 19. September der Chef des Hauptstabes, Generalleutnant Manfred Grätz, von den Angehörigen des Hauptstabes.

Wann mußte ich gehen?

Die Antwort erhielt ich am 27. September.

Es hieß, daß der Minister für Abrüstung und Verteidigung, Rainer Eppelmann, am 28. September um 15.30 Uhr die letzten 24 Generale und Admirale der NVA entlassen wolle. Der Termin fand statt, doch der Minister war »verhindert«. Staatssekretär Werner E. Ablaß überreichte uns die Entlassungsurkunde gemäß dem Befehl Nr. 43/90 »über die Reduzierung der NVA und Strukturveränderungen«. Laut diesem Befehl war ich berechtigt, den Dienstgrad »Generalmajor a. D.« (außer Dienst) zu führen. Doch das hatte sich am 3. Oktober 1990 erledigt.

Der Minister sprach uns »in Würdigung gewissenhafter Pflichterfüllung in den Streitkräften der DDR« seinen Dank aus. Auch das zählte nach dem 3. Oktober 1990 nicht mehr.

Mir wurde mitgeteilt, daß ich gemäß der Versorgungsordnung der NVA ab Oktober 1990 eine Versorgungsleistung von 2.010 DM abzüglich Krankenversicherung erhalten sollte und mir ein Entlassungsgeld von 2.500 DM gezahlt werde. Eine finanzielle Abfindung, wie häufig behauptet, gab es für Berufssoldaten nicht.

Im Rahmen einer Dienstversammlung übergab ich am 2. Oktober 1990 meine Dienstgeschäfte an meinen bisherigen Stellvertreter, Oberst Dieter Schaaf, verabschiedete mich von den Angehörigen des Dienstbereiches Organisation und dankte ihnen für die gute Zusammenarbeit und Aufgabenerfüllung.

Vor dem Verlassen des Areals des Verteidigungsministeriums hatte Brigadegeneral Peter Jacob vom Verbindungskommando der Bundeswehr in Strausberg zu einer kleinen Abschiedsrunde eingeladen. Teilgenommen hatten von der Bundeswehr Brigadegeneral Jacob, Oberst i. G. Manfred Backerra, Oberst i. G. Hans Speidel und Oberst i. G. Dr. Wolfgang Schikowski und von der NVA die Generalmajore Lothar Engelhardt, Michael Schlothauer und ich. Damit wurde eine sechswöchige deutsch-deutsche Zusammenarbeit in aller Korrektheit beendet.

Der folgende Tag, der »Tag der deutschen Einheit«, wurde für mich und viele andere zum ersten Tag der Arbeitslosigkeit. Er war kein Feiertag.

Nach der Auflösung der NVA und meiner Entlassung wurde mir schmerzlich bewußt, daß für mich und Tausende meiner Kameraden ein wohl geordnetes soziales Netz zerrissen war.

Dienstübergabe an Oberstleutnant i. G. Lahmann von der Bundeswehr, 2. Oktober 1990

Die letzten 24 Generale und Admirale der NVA wurden am 28. September 1990 entlassen – von einem Staatssekretär. Hans-Georg Löffler: Fünfter von links

Der ehemalige Arbeitgeber oder Dienstherr existierte nicht mehr. Daraus folgte, daß die Sozial- und Krankenversicherung neu geordnet werden mußte.

Erledigt war die bisherige medizinische Betreuung von mir und meiner Familie in den NVA-eigenen Lazaretten und Polikliniken. Die NVA-Wohnungsverwaltung existierte nicht mehr, und so entstand die Frage nach dem neuen Vermieter, nach dem künftigen Mietpreis. Auch mein Telefonanschluß war bis zum 2. Oktober 1990 im Besitz der NVA. Wann schaltete die Bundeswehr diesen Dienstanschluß ab? Diese und weitere Fragen bewegten mich in den Tagen und Wochen nach meiner Entlassung. Wer konnte helfen, wer konnte in dieser Situation ein Ratgeber sein?

Uns fehlte die Lobby fürs weitere Fortkommen.

Es war nicht einfach, denn der Großteil der ehemaligen Berufssoldaten der NVA war ebenfalls auf der Suche nach Arbeit, der Teilnahme an einer Umschulung oder nach einem Einstieg ins Rentnerdasein.

Epilog des Autors

Der Kalte Krieg beeinflußte meinen beruflichen Werdegang und mein Leben. Ich ging stets davon aus, daß mein Dienst in den Streitkräften der DDR notwendig, richtig und gerecht ist.

Der ehemalige Generalinspekteur der Bundeswehr, General Klaus Naumann, stellte in seiner Einleitung zum Buch »NVA – Anspruch und Wirklichkeit« fest: »Niemand darf den Stab über die brechen, die sich der NVA zur Verfügung stellten.« Und weiter: »Die Geschichte der NVA ist ein Teil deutscher Geschichte.«

Obwohl der Dienst in der Nationalen Volksarmee nicht im Widerspruch zu den dafür gültigen völkerrechtlichen Regeln stand, obwohl wir uns weder der Wende, noch der Herstellung der Einheit unseres deutschen Vaterlandes in irgendeiner Form entgegen stellten und obwohl die Mehrzahl von uns dazu beitrug, dass die Nationale Volksarmee diszipliniert, organisiert und ohne besondere Vorkommnisse an die Bundeswehr übergeben werden konnte, gab und gibt es in den Medien Beispiele von grober Diskriminierung, politisch unkorrekten Bewertungen und militärisch fehlerhaften bzw. völlig falschen Darstellungen.

Für mich ist es nach wie vor unverständlich, daß die ehemaligen Angehörigen der NVA als »Gediente in fremden Streitkräften« und »gedient außerhalb der Bundeswehr« eingeordnet sind, oder daß es zur Zeit noch nicht offiziell erlaubt ist, hinter dem erworbenen Dienstgrad den Zusatz »der Reserve« bzw. »außer Dienst« zu führen.

Am Abend des 2. Oktober 1990 endete nach 35 Dienstjahren mein Leben als Soldat. Trotz des Wissens um die bevorstehende Entlassung war auch ich bemüht, meinen Arbeitsbereich korrekt an die Vertreter der Bundeswehr zu übergeben.

Hervorzuheben ist, daß die Wochen der Zusammenarbeit mit den Offizieren und Beamten der Bundeswehr, bis auf kleine Ausnahmen, korrekt verliefen. Die Durchführung gemeinsamer Aufgaben durch Vertreter der zwei ehemals gegnerischen Streitkräfte einer Nation ist ohne historisches Vorbild. Doch es gelang. Somit entsteht die Frage: Fühlten wir uns Deutsche, die nach 1945 gegen unseren Willen von den Siegermächten gegeneinander gestellt wurden, wirklich als unversöhnliche Feinde?

Ich bin gern Soldat gewesen, und meine Tätigkeit als Berufssoldat der NVA in den einzelnen Entwicklungsphasen der militär- und sicherheitspolitischen Situation im Verlaufe des Kalten Krieges finde ich noch heute gerechtfertigt. Es war ein bescheidener Beitrag zur Sicherung des Friedens und zur Verhinderung des Krieges auf deutschem Boden.

Zur Wertung dieser 35 Jahre als Soldat sei ein Auszug aus dem Buch »Das letzte Kommando« von Admiral a. D. Theodor Hoffmann gestattet: »Daran jedenfalls, daß dieser Kalte Krieg nicht in einen heißen hinüberwuchs und sich in Europa trotz schärfster politischer und sozialer Gegensätze nicht der Funke eines Dritten Weltkrieges, eines alles zerstörenden atomaren Infernos entzündete, daran hat auch die Nationale Volksarmee ihren Anteil. Dessen brauchen sich die ehemaligen Armeeangehörigen und Zivilbeschäftigten nicht zu schämen, heute und morgen nicht.«

Mit großem Interesse las ich Theodor Fontanes Buch »Der deutsche Krieg«. Es ist eine nachdenklich stimmende Darstellung des letzten deutsch-deutschen Krieges, der in der berühmten Schlacht von Königsgrätz seinen Höhepunkt fand. Daraus schlußfolgernd sollen wir darüber glücklich sein, daß der Kalte Krieg kein heißer Krieg wurde und es zu keinem Bruderkrieg kam!

Auf dem Weg ins gemeinsame Deutschland

Der Beginn des Weges ins gemeinsame Deutschland erhielt durch die zu erwartende, letztlich abrupt vollzogene Entlassung aus den Streitkräften und den Einstieg in die Arbeitslosigkeit am 3. Oktober 1990, dem ersten »Tag der deutschen Einheit«, einen recht bitteren Beigeschmack. Ich war mir im klaren darüber, daß dem 3. Oktober 1990 die Einführung der kapitalistischen, der marktwirtschaftlichen Strukturen in den neuen Bundesländern folgen würde. Nach den Ergebnissen der Volkskammerwahlen im März 1990 und der Währungsunion konnte die Aufgabe der Nationale Volksarmee nicht darin bestehen, die Herstellung der staatlichen Einheit mit Gewalt zu verhindern. Das wäre politisches Abenteurertum gewesen. Das sollten jene bedenken, die das Handeln der NVA-Reformer im Wendejahr 1989/90 in Zweifel ziehen.

Bei der Bewertung dieser völlig neuen Lebenssituation, besonders für Bürger der ehemaligen DDR, mußte und muß ich berücksichtigen, daß es in jenen Tagen und Wochen tausende Bürger in ähnlicher Art betraf. Gut war, daß meine Frau berufstätig war, und das ununterbrochen seit unserem Kennenlernen im Jahre 1959. Auf dieser Weise konnte eine kritische Lage für unsere Familie verhindert werden. Gestützt auf meine stets optimistische Grundeinstellung zum Leben sagte ich mir: Ein Resignieren, ein

Aufgeben darf es nicht geben. Es wird einen beruflichen Neuanfang geben.

Schon im Juli 1990, in persönlicher Bewertung der Konsultation mit Vertretern der Bundeswehr am 26. Juli bei Strausberg und des »Kaukasus-Gipfels« verschickte ich meine ersten Bewerbungen für einen beruflichen Neuanfang nach dem Tag der Entlassung. Es kamen viele Absagen, ohne und mit manchmal sehr eigenartigen Begründungen. Das war deprimierend.

Im Jahre 1991 nahm ich an mehreren Lehrgängen eines renommierten Verlages und eines größeren Versicherungsunternehmens in Westberlin teil. Mehrfach trainierte ich mich als Verkäufer von Versicherungen und als Fachberater im Außendienst eines Verlages. So konnte ich neben der Ausbildung in der Vertriebsarbeit erste Unterschiede in Denk- und Verhaltensweisen sowie in der Allgemeinbildung zwischen Ost- und Westberlinern feststellen. Diese Erkenntnisse waren nicht unwichtig auf dem »Weg nach Deutschland«.

Im Herbst 1991 erhielt ich eine Einladung zum Einstellungsgespräch beim Leiter der Abteilung Vermessung, Dipl.-Ingenieur Stein, ein ehemaliger Panzerkommandant im MSR-1, jetzt im

Auf der Transportministerkonferenz Europas im April 1997: Bundesverkehrsminister Matthias Wissmann (CDU) am Stand der DE-Consult, NVA-Generalmajor a. D. Löffler erläutert

Dienstreise nach Moskau im Februar 1994: Admiral a. D. Theodor Hoffmann, General a. D. Hans-Georg Löffler und Armeegeneral a. D. Wladimir Shuraljow (Mitte).

Ingenieurunternehmen der Deutschen Reichsbahn in Berlin tätig. Ich bekam eine Anstellung »auf Probe« (ein total neuer Begriff). Es begann für mich eine sehr interessante Zeit. Wochentags war ich auf Baustellen der Bahn in und außerhalb Berlins unterwegs und am Wochenende hatte ich Ausbildung in der Vermessungslehre und an den -geräten. Ich erfüllte die Bedingungen einer Probezeit und bekam in meinem Leben den ersten Arbeitsvertrag. Die jetzt erhaltene Chance, schon fast 55jährig, wollte ich nicht aufs Spiel setzen und bemühte mich stets um eine gute Aufgabenerfüllung.

Es folgte ab 1993 der Einsatz als Vertriebsingenieur und ab 1995 die Tätigkeit als Leiter Vertrieb im Regionalbereich Ost unseres jetzt gesamtdeutschen Ingenieurunternehmens der Deutschen Bahn.

Es war und ist keine einfache, doch eine sehr nützliche Sache, für die Ingenieurbüros in Berlin, Schwerin oder Cottbus Aufträge zu beschaffen – sei es für den Brücken- oder Verkehrswegebau, Hochbau, die Bauüberwachung oder Projektsteuerung. In diesem großen Ingenieurunternehmen der Deutschen Bahn, mit seinen Niederlassungen und Ingenieurbüros in ganz Deutschland, wurde im Herbst 1994 eine Wiedervereinigung gefeiert. Seitdem arbeiten ost- und westdeutsche Ingenieure gemeinsam – ob in Berlin, Dresden, Hannover oder München, an der Planung von verschiedenen Verkehrsprojekte. Das heißt, daß es neben der Bundeswehr

Mit Ehefrau Christina, 2005

auch andere Bereiche in Deutschland gibt, wo eine deutsch-deutsche Zusammenarbeit vollzogen ist.

Seit meiner Tätigkeit im Vertrieb begann für mich, bedingt durch die vielfältigen Gespräche zur Arbeits- bzw. Auftragsbeschaffung, sei es in den Senatsverwaltungen in Berlin, im Verkehrs- und Bauministerium in Potsdam, in den Landesbauämtern oder bei Fachmessen im Ausland, eine Zeit des Umdenkens, des Vortastens und der Neuorientierung, ohne meine Biographie zu verleugnen. Das half bei der Suche des Weges ins gemeinsame Deutschland.

Mit dem Erreichen des Rentenalters wechselte ich meine Tätigkeit im Ingenieurunternehmen von einer Vollzeitkraft zu einem Mitarbeiter auf Honorarbasis. Dieser Arbeitsvertrag gilt bis zu meinem 70. Geburtstag am 10. Mai 2007.

Ich danke allen, die mir geholfen haben, das Material für dieses Buch zu beschaffen. Ich danke jenen, die mir ihre Erinnerungen an die Jahre des gemeinsamen Marschierens auf der Straße des Soldaten für dieses Buch anvertrauten. Viele ehemalige Soldaten, Unteroffiziere, Offiziere und Zivilbeschäftigte haben mir so auch geholfen, mein Gedächtnis über den Dienst und das Leben in der NVA aufzufrischen.

Herzlichen Dank sage ich Admiral a. D. Theodor Hoffmann, der das Vorwort schrieb. Ich bin sehr stolz darauf, daß uns seit unserer gemeinsamen Arbeit im Norden der DDR eine ehrliche Kameradschaft und Freundschaft als Soldat und Mecklenburger verbindet.

Abschließend wünsche ich mir, daß es uns in Deutschland gelingt, einen endgültigen Weg von der einstigen Konfrontation zur Kooperation und zum Abbau noch existierender Feindbilder zu finden.

Dieses für eine gute Zukunft in unserem gemeinsamen Vaterland – Deutschland.

Hans-Georg Löffler

**Drei Jahrzehnte verdrängt – aber nie vergessen.
Das Buch über die Nazis, die an der Wiege
der Bundesrepublik standen.
Reprint der dritten, erweiterten Auflage**

BRAUNBUCH

Kriegs- und Nazi- verbrecher

IN DER
BUNDESREPUBLIK
UND IN
WESTBERLIN

STAAT
WIRTSCHAFT
VERWALTUNG
ARMEE
JUSTIZ
WISSENSCHAFT

REPRINT DER 3.
UND ERWEITERTEN
AUFLAGE

Das »Braunbuch« ist ein Standardwerk. Die DDR zog es Ende der 60er Jahre aus dem Verkehr, um die sich anbahnende Normalisierung der Beziehungen zwischen Bonn und Berlin nicht zu gefährden. Das Buch galt als Einmischung in die inneren Angelegenheiten der Bundesrepublik, weil es deren Führungspersonal denunzierte. Doch die Fakten stimmen.
Mit einem Vorwort von Norbert Podewin (damals Mitarbeiter) und einem Gespräch mit Professor Gerhard Dengler (damals Leiter der Redaktion) über Entstehung und Bedeutung des »Braunbuchs«.

446 S., XVIII S. und 48 Tafeln, geb., 22,50 Euro, ISBN 3-360-01033-7
www.edition-ost.de

edition ost

Gespräche zwischen SED und SPD: Ein Resultat war das »Gemeinsame Dokument«. Der Streit um den Charakter der Begegnungen und die Deutung des »Papiers« hält bis heute an.

Erich Hahn
SED und SPD
Ein Dialog

edition ost

Zwischen 1984 und 1989 standen SPD und SED in einem intensiven Dialog. 1987 wurden die Expertengespräche zu einer gemeinsamen Erklärung verdichtet. Im Papier waren globale Probleme erörtert worden, die sich bis heute nicht erledigt haben. Im Gegenteil. Erstmals berichtet ein Teilnehmer über diese konstruktiven Runden, über die nie Protokoll geführt worden war.

280 S., brosch., 14,90 Euro, ISBN 3-360-01038-8
www.edition-ost.de

edition ost

Die DDR ist Geschichte. Das Wissen darüber bei den Nachgeborenen gering. Erstmals werden sachlich in Frage und Antwort Grundkenntnisse über dieses Land vermittelt.

Fragen an die DDR
Alles, was man über den deutschen Arbeiter-und-Bauern-Staat wissen muß

edition ost

Die Autoren besuchten Bildungseinrichtungen in diesem Land. Sie notierten die Fragen der Schüler und die Klagen der Lehrer. Sie folgten Hinweisen von Studenten und anderen jungen Menschen, die diese DDR nur noch aus den Medien kennen. Kompetent und kurzweilig antworten hier Fachleute auf die Fragen. Sie wollen Wissenslücken füllen und Vorurteile und falsche Darstellungen korrigieren, die im Umlauf sind. Kurz: Dies ist ein Kompendium, an dem nicht vorbeikommt, wer sich über die DDR als Ganzes kundig machen möchte. Und das gilt nicht nur für Gymnasiasten.

192 S., brosch., 9,90 Euro, ISBN 3-360-01045-0
www.edition-ost.de

edition ost

Die juristische Aufarbeitung der DDR – eine Bilanz dieses besonders aufregenden Kapitels der problematischen deutschen Rechtsgeschichte

Friedrich Wolff

Einigkeit und Recht
Die DDR und die deutsche Justiz

edition ost

Der bekannte Strafverteidiger Friedrich Wolff beschäftigt sich in seiner Untersuchung mit diesen Fragen:
War die DDR nun ein Unrechtsstaat? War sie die zweite deutsche Diktatur? Sprachen die Richter, wenn sie die ehemaligen DDR-Bürger verurteilten, im Namen des Volkes? Sind wir ein Volk, sind wir das Volk, in dessen Namen Recht gesprochen wird? War es Recht, das Wessis über den Streit von Ossis mit Wessis, über Renten, Arbeitsverhältnisse, Immobilien und über das Volkseigentum sprachen? Sind wir also ein Volk?

192 S., brosch., 12,90 Euro, ISBN 3-360-01062-0
www.edition-ost.de

edition ost

Bei der Betreuung von Westhäftlingen in DDR-Gefängnissen kooperierten Westdiplomaten und MfS. Wie eng die Zusammenarbeit wirklich war, ist bis heute weithin unbekannt.

Peter Pfütze
Besuchszeit
Westdiplomaten
in besonderer Mission

edition ost

Zwischen 1974 und 1989 besuchten etwa dreieinhalbtausendmal Vertreter Bonns in der DDR inhaftierte Landsleute. Peter Pfütze, zuletzt Abteilungsleiter in der Hauptabteilung IX des MfS, nahm an den meisten Gespräche teil. Die einstigen Mitarbeiter der Ständigen Vertretung der BRD schweigen sich bis heute darüber aus, deshalb berichtet nun Pfütze: sachlich, detailliert. So professionell und unaufgeregt, wie Westdiplomaten und MfS-Mitarbeiter damals miteinander umgingen. Erstmals wird dieses Kapitel deutsch-deutscher Zusammenarbeit damit öffentlich gemacht.

224 S., brosch., 14,90 Euro, ISBN 3-360-01073-6
www.edition-ost.de

edition ost

Ein Buch über den Bundesnachrichtendienst, das sich wie ein Spionagethriller liest. Allerdings agieren hier weit weniger perfekte Agenten als in den Romanen.

Helmut Wagner

Schöne Grüße aus Pullach

edition ost
Das Neue Berlin

Die Spionageabwehr der DDR spielte in der publizistischen Aufarbeitung des MfS bislang kaum eine Rolle.
Dafür gibt es zwei Gründe.
Zum einen müßte man dann auch darüber reden, daß auswärtige Dienste – namentlich der BND – intensiv gegen die DDR gearbeitet haben. Und das nicht immer auf feine, demokratische Weise.
Zum anderen würde offenbar, wie miserabel mitunter die westdeutschen Geheimdienstler ihren Job machten. Die DDR-Abwehr (Hauptabteilung II) kam ihnen meist auf die Schliche.

237 S., brosch., 12,90 Euro, ISBN 3-360-01020-5
www.edition-ost.de

edition ost

ISBN 978-3-360-01072-8

2. Auflage 2007

© 2006 Das Neue Berlin Verlags GmbH
Neue Grünstraße 18, 10179 Berlin
Alle Nachdrucke sowie Verwertung in Film, Funk und
Fernsehen und auf jeder Art von Bild-, Wort- und Tonträgern
sind honorar- und genehmigungspflichtig.
Alle Rechte vorbehalten.
Titel: ansichtssache – Büro für Gestaltung Berlin
Fotos: Archiv Löffler
Druck und Bindung: Salzland Druck, Staßfurt

Die Bücher der edition ost und des Verlags Das Neue Berlin
erscheinen in der Eulenspiegel Verlagsgruppe.

www.edition-ost.de